献给吾妻，帕特丽夏，

怀着爱和感激

西南刑事法与毒品犯罪研究学术文库
重庆市高等学校优秀人才支持计划资助项目之阶段成果

少年司法制度

（第二版）

美国法精要系列之一

［美］巴里·C. 菲尔德　著
高维俭　蔡伟文　任延峰　译

中国人民公安大学出版社
·北　京·

图书在版编目（CIP）数据

少年司法制度/（美）菲尔德（Feld，B. C.）著；高维俭，蔡伟文，任延锋译. —北京：中国人民公安大学出版社，2011. 8

（西南刑事法与毒品犯罪研究学术文库）

ISBN 978-7-5653-0499-6

Ⅰ. ①少… Ⅱ. ①菲…②高…③蔡…④任… Ⅲ. ①青少年犯罪—司法制度—研究—美国 Ⅳ. ①D971. 26

中国版本图书馆 CIP 数据核字（2011）第 139786 号

版权登记号 图字：01-2011-4462

西南刑事法与毒品犯罪研究学术文库

少年司法制度

［美］巴里·C. 菲尔德 著

高维俭 蔡伟文 任延峰 译

出版发行：中国人民公安大学出版社

地 址：北京市西城区木樨地南里

邮政编码：100038

经 销：新华书店

印 刷：北京蓝空印刷厂

版 次：2011 年 8 月第 1 版

印 次：2011 年 8 月第 1 次

印 张：10. 125

开 本：880 毫米×1230 毫米 1/32

字 数：278 千字

印 数：1~3000 册

书 号：ISBN 978-7-5653-0499-6

定 价：35. 00 元

网 址：www. cppsup. com. cn www. porclub. com. cn

电子邮箱：zbs@ cppsup. com zbs@ cppsu. edu. cn

营销中心电话：010-83903254

读者服务部电话（门市）：010-83903257

警官读者俱乐部电话（网购、邮购）：010-83903253

法律图书分社电话：010-83905745

“西南刑事法与毒品犯罪研究学术文库”编委会

西南刑事法与毒品犯罪研究学术文库

总序

西南政法大学法学院自建立以来一直是我国西部地区刑事法教学与研究的一个重镇。同时，它也是我国西部地区唯一一个刑法学博士学位授权点，多年来为我国培养了大批优秀法学人才。学科教师队伍中，老中青不同层次都不乏优秀学者，也产出了很多有价值的科研成果。

刑法学科长期研究领域的一个重要方面就是毒品犯罪研究。以刑法学为依托，西南政法大学在十年前建立了“毒品犯罪与对策研究中心”，这是我国西部最早建立的毒品问题研究基地，并被重庆市政府认定为“重庆市人文社会科学重点研究基地”。因此，西南政法大学的毒品问题研究与刑事法研究从来都是紧密联系的。以与法律有关的毒品问题研究为起点，西南政法大学对毒品问题的研究逐步扩大到各个方面，并产生了一批优秀成果，如由我校赵长青教授主编的《禁毒全书》被人们称为一部有关禁毒专题的“百科全书”，并被江泽民主席作为礼品赠送给联合国禁毒署。毒品问题研究是西南政法大学刑事法学研究的一个突出特色和强项。我们这次推出的“西南刑事法与毒品犯罪研究学术文库”就突出了西南政法大学法学院研究领域中的这一特色。

出版这套文库，对西南政法大学法学院来说不仅是郑重推出了一批优秀的研究成果，还有着特殊的意义，这就联系到西南政法大学（以下简称西政）自 2009 年起一轮具有深刻意义的重大改革。

我们西政学子历来有着深切关怀学校发展命运的长期传统，尽管西政是块金字招牌，但如何使它重新崛起，近年来一直是西政新老学子们心中的共同关切。2009 年 3 月以来，西南政法大学党政领导推出了一系列重大改革措施，包括二级管理体制改革、引进海内外高层次人才等，力图实现“改革提高，突出特色，促转型升格，建高水平大学”的目标，简称“转型升格”。现在，“转型升格”的战略目标确立了，做什么，怎么做，西政学子上下一致的一个共同认识可以反映在李昌麒教授为全校党政领导所作的“关于学习科学发展观”的报告中，那就是“多出成果、快出成果、出好成果”。在这样的背景下，法学院与其他学院共同担负着“大幅提高学术研究水平、产生优秀学术成果”的重任。在学院诉讼法学科已是全国重点学科的情况下，刑法学科急起直追，实现“学术创新，成果丰收”就成为学院工作的重中之重。全体学科成员深刻认识到共同担负的历史使命，决定同心同力实现新的学科规划，为西南政法大学转型升格，为刑事法与毒品问题研究实现新的突破，作出历史贡献。“西南刑事法与毒品犯罪研究学术文库”就是这一共同努力的一个成果。

这套丛书在研究内容、研究方法上有其自身特色：

在研究内容上，丛书包含了刑法基本理论研究，包含了对国际著名刑法学基本思想、基本理论的历史比较研究，包含了刑事法与毒品犯罪问题的内在关联性研究等。

在研究方法上，丛书作者们尝试引入实证方法，尤其是在毒品犯罪问题研究上，以经验调查为基础，获得关于毒品犯罪问题的科学数据，并对数据做出科学的统计分析，以达成具有实践意义的研究结论。

丛书作者们秉持西南政法大学“理论与实践相结合”的优良学风，选题上密切关注刑事法与毒品犯罪问题研究的重大现实问题，以达到理论与实践的结合。作者们普遍保持开放的心态和开阔的视野，重视国际文献的发展，重视借鉴国际先进的刑事法理论与实践，重视毒品犯罪问题的政策与控制的经验，结合我国国情，实现内容上和成果上的新的突破。

我们期望并相信，经过组织者、作者和出版者的共同努力，这套“西南刑事法与毒品犯罪研究学术文库”一定会对我国这方面的研究作出有价值的贡献。

刘建宏
2011 年 2 月 31 日

阿瑟·R. 米勒（ARTHUR R. MILLER）
纽约大学，教授
哈佛大学，名誉法学教授

格兰特·S. 纳尔逊（GRANT S. NELSON）
派普丁大学，法学教授
加州大学洛杉矶分校，名誉法学教授

A. **本杰明·斯宾塞**（A. BENJAMIN SPENCER）
华盛顿 & 李大学法学院，法学副教授

詹姆斯·J. 怀特（JAMES J. WHITE）
密歇根大学，法学教授

译者序

《少年司法制度》是本人策划并倾力译就的第三本（也很可能是最后一本）关于少年司法的译著。前两本是我独译的，本书是我与蔡伟文、任延峰合译的。

第一本是《少年司法的一个世纪》，商务印书馆 2008 年版。这本书以广大的视野描绘了少年司法一个世纪的历史发展状况，以及在此历程中走在前列的诸多国家的相关理论与实践状况。该书的主要特点在于信息量大。其对中国读者的主要作用在于：提供了一个总体了解国外少年司法制度理论与实践状况的信息窗口。

第二本是富兰克林 · E. 齐姆林的《美国少年司法》，中国人民公安大学出版社 2010 年版。对中国读者而言，这本书具有两方面的突出价值：一方面，该书对少年司法的基本原理予以了深刻的分析，并予以了浅显的表达，其有助于读者迅速地掌握少年司法制度的基本原理；另一方面，该书对少年犯罪以及少年司法的一些重要问题予以了精到的实证分析，其分析过程有助于研究者把握正确的相关研究思考方法，其分析结论有助于读者形成合理的相关制度理念。该书兼具教科书和学术论著的价值。

而《少年司法制度》则是一本具体而系统地阐述美国少年司法的实体法律与程序法律的实际运行规则的教科书。这是一本典型的英美普通法（即判例法）的教科书，其包含的相关判例达 600 余个，其对相关判例的分析也是比较深入细致的。同时，该书对美国联邦和各州相关重要法条的引注约合 800 条次。本书以少年案件处理的基本流程为框架，展开了对美国少年司法的实体制度和程序规则的细致阐述和深入评论，其对中国读者的借鉴价值应当是非常显著的。

这三本译著各有侧重，相得益彰。至此，我也终于大体完成了比较系统地介绍国外（主要是美国）少年司法制度的学术夙愿——尽管相对于国外浩叠繁多的少年司法著述而言，这三本译著无论如何也称不上全面。虽然异常辛劳——这种辛劳也只有经历过这种辛劳的人方能深切体会，我亦倍感欣慰！受益也颇多！接下来的工作应当是写作一本立足于中国的少年法学专著了吧。同时以及然后的工作，便应当是深入实践，并不断地往返于理论与实践之间了。

我国少年司法制度的深入探索与系统完善工作方兴未艾，我愿与读者诸君共进！

聊为序。

高维俭

2011 年 2 月 28 日于

西政敬业楼

译者简介

高维俭，西南政法大学教授、博士生导师，西南政法大学毒品犯罪与对策研究中心研究员，重庆市涪陵区人民检察院副检察长，北京大学 2004 届刑法学博士，2009—2010 年中美富布赖特研究访问学者（美国加州大学伯克利分校）。主要研究领域：刑法学、刑事政策学和少年法学。代表作：专著《刑事三元结构论》和《罪刑辨证及其知识拓展》；论文《刑事学科系统论》（载《法学研究》2006 年第 1 期）；译著《美国死刑悖论》、《少年司法的一个世纪》和《美国少年司法》。

蔡伟文，浙江工商大学法学院教师，西南政法大学 2009 级刑法学博士研究生。

任延峰，西南政法大学 2009 届刑法学硕士，英语专业八级。

分工情况：第 1 ~ 3 章，高维俭、任延峰；
第 4 ~ 7 章，高维俭；
第 8 章，蔡伟文、高维俭；
高维俭负责全书的统稿、审定。

目　录

序 言

少年犯是“犯罪问题”的一个重要组成部分。他们向少年政策和刑事司法政策提出了艰难而有趣的问题——我们如何应对儿童是罪犯和罪犯是儿童的问题。本“美国法精要”（Nutshell）之《少年司法制度》（Juvenile Justice Administration）着力关注少年法院管辖范围内的少年犯罪行为和非犯罪的不良行为（non - criminal misconduct），[①] 并对学校、法律执行、司法以及行政部门的相关对策予以考察。本书不论及儿童虐待（child abuse）、需要扶助和缺乏照管（dependency and neglect），抑或少年法院或家事法院的儿童照管案件诉讼。本书所关注的“儿童权利”问题范围只及于：因越轨行为（delinquency）和身份犯（status offenses）而与少年违法犯罪的侦查、起诉程序相关的问题。如同所有“美国法精要”著作，本书致力于简明地揭示相关的法律问题，从而为少年司法的学习者、不常从事少年法院业务实践而被指定或受聘请代理少年案件的律师，以及为致力于少年司法法律改革的立法者和政策官员提供相应的资讯。

在少年司法的领域中，各州实为其“实验室”。少年法院的司

① misconduct，也即“不当行为”，主要指尚未构成普通刑事法意义上的犯罪行为，但却有犯罪危险倾向的行为，并因而为少年司法所关注，属于少年法院的管辖范畴。本书将其译为“不良行为”，主要是考虑与我国《预防未成年人犯罪法》中规定的“不良行为”概念相衔接。——译者注

法活动不是任何一个单独的法律渊源所统辖的。相反，联邦最高法院的宪法裁决、州法院的宪法和非宪法裁决、成文法、少年法院程序规则以及行政管理程序相互组合，规定着少年司法制度的不同方面。如此一来，各州针对少年犯的法律和政策颇有不同。本书将为学习者和实践者提供相应的必要背景知识，以供理解州成文法、法院程序规则以及联邦与州司法裁判意见所涉及的政策问题。

三个对抗性的政策主导思想影响着少年司法制度的差异：相关的法律和行政后果是用以规制"少年"的，而非规制"成年人"的；在名义上，该司法体系的程序和实体内涵强调"矫治"（treatment，或"治疗"）而非"惩罚"；以及在这样一个"矫治儿童"而非"惩罚成年人"的体系中，"裁量"与"规则"之间存在某种紧张冲突。在各州政策存在分歧之处，本书就相同问题的不同对策予以鉴别，以令不熟悉该领域的读者能够了解相关法律选项的范围。本书考察了相关的核心教义，而没有拓展其引文或法院裁判意见的争论、立法以及学术评论。读者还可以参考我的案例教材中的案例和注解——《少年司法制度案例与资料教材》。① 为了方便学习和有助于知识的可转换性，本书应承了该案例教材的组织结构。

本书的篇章结构安排为：首先回顾少年法院的起源，然后顺应少年越轨案件的典型流程依次展开。第一章论说了少年法院的起源和当代历史。第二章聚焦于少年法院对少年越轨者和身份犯的管辖权问题。第三章在少年司法的背景下，对刑事诉讼程序的法律执行问题进行了分析，并有选择性地对搜查与拘捕、讯问以及类似的争议问题进行了分析。本章考察了因罪犯为儿童或地点为少年特定机构（如学校）而产生的程序差异。第四章分析了案件滤筛、转处以及其他非正式方法——以解决没有少年法院正式干预的少年越轨案件的转处问题。第五章对审前羁押和除了保释以外的少年保护或

① Barry C. Feld, *Cases and Materials on Juvenile Justice Administration*, 2nd Ed., West Group 2004.

保证其到庭接受审判的措施进行了考察。第六章考察国家如何以及何时将少年置于刑事法院而非少年法院中予以审判。本章考察了审判放弃管辖、法定犯罪排除和检察官主导起诉等法律机制的工作原理，以及作出“成年人”判决所适用的标准和程序。本章还描述了刑事法院将少年视同成年人审判的法律后果。第七章分析了少年在越轨案件和身份犯案件审判中的程序权利。第八章探究了可供少年法院适用的案件处置程序和不同判决选项。

明尼苏达大学法学院2002级的卡特里娜·库兹巴赫·马丁（Katrina Kutzbach Martin）和2003级的德里克·菲奇（Derek Fitch）为本书第一版的诸多论题提供了卓越的研究助理工作。2009级的卡洛琳·克伦肖（Caroline Crenshaw）兴致勃勃且富有创造性地回应了我恣意妄为的升级第二版的研究要求。法学院的各级学生为本书提供了更新的学术热情和必要的批判解决方案。系主任盖伊－乌列·查尔斯（Guy－Uriel Charles）和福瑞德·莫里森（Fred Morrison）为此提供了慷慨的夏季研究资助金和组织支持。

我将本书献给我的妻子，帕特丽夏·菲尔德（Patricia Feld），我四十年的人生伴侣，我两个极好的孩子——阿里和朱莉娅（Ali and Julia）的母亲。为我们所分享的人生，我对帕特丽夏的感激之情难以言表。她的支持、鼓励和耐心使我在职业生涯和个人人生方面得以不断成长，并使我每天的生活都欢欣、愉悦。

2008年10月

第一章 导 论

时至19世纪早期，美国法律体系一直将违反刑律的少年犯视为成年罪犯一样对待。古典的刑事法律认为：制裁的威慑力并不会对那些分不清对错的少年起作用，应当免除严重精神病患者和年幼儿童的刑事责任。参见桑福德·J. 福克斯：《少年法院中的责任问题》。[①] 普通法的未成年辩护事由（infancy defense）是为少年提供保护的仅有的正式理论。如果法院判定少年应承担刑事责任，则会对其施加与成年犯同样的刑罚判决，包括死刑，并将其送交与成年犯相同的刑罚执行机构。

19世纪末，将少年视同成年人予以同样的惩罚引起了进步时代改革者（Progressive reformers）的担忧。他们创设了少年法院，将其作为非正式的福利体系以及刑事司法体系的转处性的替代物。少年法院法官基于儿童“最佳利益”（best interests）处理案件，而非因其犯罪对少年予以惩罚，且国家以“国家亲权”（parens patriae）、“代父母”（surrogate parent）的角色行使职责。在1967年的“高尔特案件”[②] 中，联邦最高法院赋予了少年在越轨案件审判中的一些宪法性程序权利。转而，高尔特案件及其随后的正当处理原则（due process）决定促进了各州对少年法院程序、管辖权以及法

① Sanford J. Fox, *Responsibility in the Juvenile Court*, 11 Wm. & Mary L. Rev. 659 (1970).

② In re Gault, 387 U.S. 1 (1967).

学理论的修正。在随后的30年，司法之判决与立法之修订将少年法院从一个名义上的康复矫治性的社会福利机构转型为一个更具刑事性和惩罚性的少年机构。始于20世纪60年代的“生育高峰”（baby boom）导致了少年犯罪的增长以及20世纪90年代都市少年杀人犯罪的急剧增加，从而在政治上促发了针对少年犯罪的强硬政策，并进而导致了更为严厉的少年司法判决以及案件移送政策。在更为晚近的时期内，儿童发展心理学家的研究表明：儿童的思想与行为异乎于成年人，并以此提醒决策者：国家缘何需要少年和成年人的不同类型的司法体系。本章简要考察了少年法院的起源、“宪法归化”（constitutional domestication）、强硬时代的政策，以及更为晚近的聚焦于儿童如何异于成年人的有证为据的政策（evidence - based policy）。

一、少年法院的起源

历史学家将首批少年法院的诸多特征追溯至更早以前的19世纪中期东部城市出现的“避难所”（Houses of Refuge）。参见戴维·J. 罗斯曼：《良知与便利：进步时代美国的避难所及其替代物》（以下简称罗斯曼：《良知与便利》）。[①] 避难所是第一个对少年予以正式的社会控制的专业机构，且于此，少年矫正机构的隔离先于其司法体系的分立。参见约翰·萨顿：《愚笨儿童：美国之少年越轨控制》（以下简称萨顿：《愚笨儿童》）。[②] 伴随着工业化、移民潮、都市化进程的爆发，避难所于1825年首先出现于纽约和波士顿。后来被纳入少年法院的诸多法律特征首先出现在了创设避

① David J. Rothman, *Conscience and Convenience*: *The Asylum and its Alternative in Progressive America* (1980).

② John Sutton, *Stubborn Children*: *Controlling Delinquency in the United States* (1988).

难所的法律中。关于避难所的立法体现了三方面的法律创新：在少年犯和成年犯之间作出了正式的以年龄为基础的区分以及相应的机构分隔；不定期刑（indeterminate commitment）的适用；以及“政府监护”法权（parens patriae legal authority）的扩展，以至于涵盖了少年刑事犯和缺乏照管以及不服管教的儿童（neglected and incorrigible children）。参见桑福德·J. 福克斯：《少年司法改革之历史视角》。① 19世纪中期，刑罚改革者构建了第二种类型的少年机构——少年矫正所（the reformatory），② 以庇护和改造少年越轨者。与都市避难所不同，矫正学校的主办者将他们安置在乡村地区，以为其提供一种有益身心健康的农业环境。

1899年7月1日，进步时代改革者在伊利诺伊州库克郡（Cook County）建立了第一个少年法院。20世纪的前四分之一时期内，为儿童单独设置法院的思想迅速在其他州得以传播。单独的少年司法体系创建反映了人们对少年不良行为的认识以及国家相应角色的显著变化。儿童期与社会控制——这两种文化观念的变化与一个世纪前的现代化和工业化相伴而生，推动了单独的少年法院的建立。1870年至第一次世界大战期间，铁路使美国从乡村农业社会转型为都市工业社会，经济得以迅速现代化。主要来自东欧和南欧的新一代移民涌进日益膨胀的城市，涌现了很多少数族裔聚居地和贫民窟。与比他们早几代移民过来的占主导地位的盎格鲁-撒克逊美国人相比，这些人具有不同的语言、信仰和文化。自其伊始，少年法院便力图同化、整合、美国化和控制这些涌进东部和西北部工业化中心城市的儿童。参见安东尼·普拉特：《儿童拯救者：少年越轨之发明》（1977年）（以下简称安东尼：《儿童拯救者》；史蒂文·施洛斯曼：《爱与美国越轨少年：进步时代少年司法之理论与

---

① Sanford J. Fox: *Juvenile Justice Reform: An Historical Perspective*, 22 Stan. L. Rev. 1187 (1970).

② 也译作“感化院”、“矫正学校”。——译者注

实践》(1977年);戴维·S.塔嫩豪斯:《创建中的少年司法》(2004年)。①

现代化、城市化和移民潮造成了许多社会问题,进步改革运动即应此而生。进步改革者们相信由专家指导的国家善举可以缓解这些社会疾病。他们创设了不同种类的公共机构来灌输他们的中产阶级价值观,同化并使这些移民美国化,令穷人成为如同他们一样的品性更为端正的公民。

家庭结构和功能的变化伴随着经济的变革。经济活动从家庭作坊式转变为其他的工作环境,并对妇女和儿童的角色造成了重大的改变。家庭生活变得更加私密,女性更加专注于家庭,尤其是在中产和上层阶层,一种关于儿童期和青春期作为人生之显著发展阶段的新观点得以产生。过去的两三个世纪以前,年龄并非独立法律身份以及社会分格的基础。社会通常将少年视为缩小的成年人,其父母的小版本。参见菲利普·阿里斯:《儿童期的几个世纪》(1962年)。② 然而,时至19世纪后期,人们日渐将儿童视为脆弱、无辜、被动和需要扶助的人,需要诸多方面的人生准备。有关儿童的新观念改变了抚养儿童的传统做法,对父母监管其子女的道德和社会发展施加了更大的责任。进步时代的诸多改革项目具有一个共同的以儿童为中心的主题思想:少年法院法、童工与福利法以及义务教育法都反映和提升了变化中的儿童期观念。

犯罪原因理论学说的变化激发了进步时代的多项刑事司法改革。古典刑法将犯罪归因于行为者的自由意志。与之相对,实证犯罪学认为:犯罪是被决定的,而不是被选择的;是先前原因作用的

---

① Anthony Platt, *The Child Savers*: *The Invention of Delinquency* (1977); Stevem Schlossman, *Love and the American Delinquent*: *The Theory and Practice of Progressive Juvenile Justice* (1977); David S. Tanenhaus, Juvenile Justice in the Making (2004).

② Phillipe Aries, *Centuries of Childhood* (1962).

产物，而非自由意志的产物。犯罪学对犯罪行为的决定论解释减轻了罪犯的道义责任，并重点关注对罪犯的改造，而非因其犯罪行为而对其予以惩罚。通过对罪犯矫治予以医学上的类比，一个逐渐兴起的社会科学专家阶层造就了“康复矫治理念”（Rehabilitative Ideal）。进步运动是否为一个专为救助贫穷和移民儿童的人道主义运动，抑或同时还是为扩展其对他们的社会控制而进行一种“精英主义”的努力？尽管历史学家对此有所争议，但进步时代的“儿童拯救者”还是将少年法院描述为慈善的、非惩罚性的以及治疗性的。少年法院将有关儿童的新观念与社会控制的新策略予以融合，并由此而创设出一种用以代替刑事司法的司法—福利体系，以将儿童从成年人刑事程序中转移出来，并以此推行关于儿童依赖性的新概念。

鉴于青春期的社会结构的变化，进步时代的改革者将少年自治（youthful autonomy）的理论视为恶意的。少年法院对恣意妄为的儿童施以管辖，对父母的权威和控制予以加强，并允许国家在父母被证明不称其职之时进行干预。“国家亲权”之法律学说（the legal doctrine of *parens patriae*），即当父母不能或不愿履行其责任时，或当儿童对社会造成问题时，国家替代其自然父母对其施加控制的权利与责任，为这种干预提供了正当理由。国家亲权学说源自英国的衡平法院（chancery court）对封建继承之王室利益的保护，该学说确立了王室对未成年孤儿的财产的管理权。在美国的殖民地中，地方的济贫法授权政府将儿童与其赤贫或失职的父母分离开，并代行其父母职责。1838 年，在“克劳斯案”① 中，宾夕法尼亚州最高法院援引“国家亲权”学说来论证将少年送入避难所的正当性，否决了反对监禁问题少年的法律诉请，并不加批评地接受了避难所管理者的人道主义诉求。

少年法院工作人员采用非正式的、自由裁量的程序来诊断少年

---

① Ex parte Crouse, 4 Whart. 9 (Pa. 1838).

越轨的病因，并开出相应的治疗处方。通过将儿童与成年人分离，并适用用以替代刑罚的康复矫治措施，少年法院摒弃了刑事法学理论及其程序安全保障。少年法院采用非公开的审理方式，适用非正式的诉讼程序，并对律师和陪审团予以排除。为了避免刑事指控之污名，他们遣用了委婉的语词：以“诉请”（petitions）而非“指控”（indictments）或“控告”（complaints）来启动诉讼程序；“裁决”（adjudicate）少年成立“越轨行为”（delinquency），而非对其予以犯罪之“审判”（criminal trial）；并对其予以可能包括送入“训导学校”（training schools）的“处置措施”（dispositions），而非对其予以可能导致判刑入监的“量刑审理”（sentencing hearings）。少年法院的司法管辖范围涵盖了少年遭受虐待（abuse）、需要扶助（dependency）或缺乏照管（neglect）的案件，以及那些被指控犯有刑事罪行的少年案件，以及被指控为非刑事“身份犯”（status offenses）的少年案件，如“恣意妄为”（waywardness）、“顽愚不化”（stubbornness）、“屡教不改”（incorrigibility）和“执拗不顺”（disobedience）。因此，改革者将少年法院诉讼程序定性为民事的，而非刑事的。从理论上而言，儿童之“最佳利益”、社会背景以及福利指导着其相关处置措施的采取。由于法官只是将少年罪行视为其“真实需要”的征兆，他们因此而对少年加诸可能及于其整个未成年期的非确定性的、非罪刑均衡性的处置措施。

少年法院的康复矫治理想预设了这样一个专业法官——他们受过社会科学和儿童发展学识方面的专门培训，他们的感情投入和洞察力有助于个别化处置决定的作出。改革者期望：社会服务工作人员、临床医生、缓刑官都能帮助法官作出以儿童最佳利益为目标的决定。他们还认为，对儿童的社会环境予以科学的分析将会揭示出适当的病因诊断以及治疗处方。少年法院对其诊断和治疗的自由裁量权予以最大化，并重点关注于儿童的人格以及生活方式，而不是其犯罪行为。早期少年法院的法律与实践因司法管辖区的不同而有所不同，且在很大程度上倚赖于主审法官的个性。无论如何，进步时代的少年法院包含了一些共同的显著特性：非正规程序与非公开、非污名化的审理；个别化矫治与康复理念；以及将少年分隔于成年人的矫正机构。尽管有着这些良好的意图，少年法院的仁爱美辞与其现实之间还是存在重大的差距。

二、少年法院的宪法归化

在其存在的前半个世纪中，少年司法体系轻易地排除了偶尔的法律挑战和批评，而直到20世纪60年代，才遇到持续的或系统的考验。在“肯特诉合众国案”[①]中，联邦最高法院首发其难，即在此案中，该法院要求对旨在将少年移送刑事法院视同成年人予以指控的放弃司法管辖听证会（judicial waiver hearings）加以一些基于正当处理原则（due process）[②]的程序规范，详见本书第六章第一部分。联邦最高法院关于少年司法的相关决定，是20世纪60年代具有更为广泛意义的“正当处理原则革命”的一部分。其旨在控制政府的权力，改革刑事诉讼程序，并扩大少数族裔的公民权利。

在1967年的“高尔特案”[③]中，联邦最高法院从实质上将少年法院从一个社会福利机构转变成了一个更为正式的法律机构。此次“宪法归化”（constitutional domestication）向少年司法体系与成年人刑事司法体系的程序与实体的相互融合迈出了第一步。高尔特案

---

① Kent v. United States, 383 U.S. 541 (1966).

② 正当处理原则(due process)，即“the legal principle of due process”(正当处理的法律原则)，通常被译为“法律正当程序原则”。其基本含义大体包括两个基本方面：其一，在实体方面，司法应当遵循既定的合理的规则和原则；其二，在程序方面，未经适当的法律程序与安全保障，任何人不得被剥夺其生命、自由和财产。鉴于该原则不仅限于程序方面的意义，以及“程序”一词在我国法学中的特定含义，译者将其译为“正当处理的法律原则”，而非“法律正当程序原则”。——译者注

③ In re Gault, 387 U.S. 1 (1967).

涉及一个少年的越轨裁决和监禁判决，该少年被怀疑向一个邻居打了一个下流的电话——该邻居声称：该电话“具有令人恼怒的侵犯性，是少年所为，是关于性方面的”。15岁的杰拉尔德·高尔特被拘押，并被拘留了一整夜而没有通知其父母，且在第二天出庭接受审理。缓刑官提交了一份诉请，该诉请只是宣称：高尔特是一个需要法院照料和监管的越轨少年。控方证人没有出庭，且法官没有听取任何经过宣誓的证词，也没有对庭审过程予以记录。在庭审中，法官就打电话一事对高尔特予以了问话，而他作出了一些明确否认的回应。该法官既没有向高尔特及其父母告知其保持沉默、获取律师辩护的权利，也没有为其指定辩护律师。庭审结束后，高尔特被押回拘留室。在一周后的处置审理中，该法官将高尔特判入“州立工读学校”（the State Industrial School），“及于其未成年期（即直至21岁），除非经由法律正当程序而更早获释”。如果高尔特为成年人，其可能的判决结果为不超过50美元的罚金或两个月的监禁；然而作为一名少年，他被判处的监禁长达6年，及于其整个未成年期。

联邦最高法院并没有对进步时代少年司法改革者关于康复矫治理念的美辞照单全收，而是对少年司法体系的惩罚性的现实予以了审视。回顾少年法院的历史，联邦最高法院注解道：对少年司法程序安全保障予以否决的传统理论包含了这样的信念，即其诉讼程序既非对抗性的，亦非刑事性的，且由于国家担当着“政府监护”的职能，相关儿童所享有的权利为被监护权，而非自由权。然而，联邦最高法院对这些主张予以了否决，因为程序保障的弃置所导致的结果往往是恣意妄断，而非“细致入微的、富于同情的、个别化的治疗”。尽管希望保留少年司法的潜在利益，但该法院鉴于累犯、康复矫治之失利、“越轨”标签之污名、信息保密之缺漏以及案件处理之恣意妄断等方面的现实，坚持对少年法院的主张予以坦诚的评估。该法院注解道：免予宪法程序保障的少年司法并没有减少少年累犯，也没有降低居高不下的犯罪率。该法院还同时强调了少年机构监禁的严酷现实。然而，该法院并没有简单地将越轨制裁措施等同化于刑罚，也没有将刑事被告人的所有权利延伸于少年越轨者。相反，在避免令少年案件诉讼全盘刑事化的同时，该法院规定了“公平处遇”所必要的一些基本程序安全保障。这些“基本”权利包括：获得指控罪名提前告知的权利、获取公平与非歧视审理的权利、获取律师帮助的权利、获取与证人对质及交叉盘问机会的权利，以及避免自证其罪的特权。

尽管该法院对少年司法体系的现实状况予以了讨论，并对一些程序安全保障措施予以了规定，但却将其适用范围限定于决定某儿童是否实施了越轨行为的裁决听证会或审判中。该法院声称：设置一些程序保障不会削弱少年法院处理及矫治少年的能力。高尔特案件的判决坚持认为：审判中的程序保障对于查明真相（即准确查明事实）和通过限制政府权力来保障个人自由（即防止政府迫害）都是不可或缺的。

与其有限的适用范围相对照，该法院依凭“基本公平”的宽泛理念以及联邦宪法第十四修正案的正当处理原则条款而非第六修正案的具体规定，来赋予少年越轨者获取告知、律师帮助以及与证人对质的权利。该法院明确地援引了第五修正案来赋予少年在越轨诉讼中避免自证其罪的特别权利。该法院对第五修正案的援引即为少年越轨案件裁决程序安全保障的双重功能的明证——该双重功能，即确保准确查明事实和防止政府的迫害。如此一来，该法院承认，少年司法体系具有了与对抗性的刑事司法体系相当的功能。高尔特案件反映了该法院对少年法院问题的举棋不定。一方面，该法院认识到：对少年犯罪行为的非自愿的监禁至少具有隐含的惩罚性；但另一方面，其却拒绝将成年人的所有刑事程序安全保障给予越轨少年。

在之后的决定中，联邦最高法院进一步阐发了少年越轨诉讼的刑事属性。在"温希普案"[1] 中，该法院裁定：国家对少年越轨行为的证明必须达到"排除合理怀疑"的程度，而非较低层次的民事证明标准。由于权利法案中并没有包含刑事案件证明标准的明确规定，温希普案件的判决首先主张：宪法要求在成年人刑事诉讼中适用排除合理怀疑的证明标准。随后，鉴于刑事标准在其中的同等重要作用，该法院将同样的证明标准及于少年越轨案件诉讼中。该法院总结道：防止缺乏事实依据的有罪判决以及防范政府权力之需要，其重要性足以超越少年法院的治疗使命，并侵蚀少年法院与刑事法院之间的差异。

温希普案件一年后，在"麦基弗诉宾夕法尼亚州案"[2] 中，联邦最高法院拒绝将成年人刑事诉讼中的所有程序安全保障适用于少年越轨诉讼中。麦基弗案件的判决再一次依据宪法第十四修正案，而不是宪法第六修正案，主张：获取陪审团审判的权利并非宪法对少年越轨诉讼的基本要求，因为如此的诉讼对"基本公正"的唯一要求即"准确查明事实"，而法官可以如陪审团一样地满足此要求。通过单一地强调准确查明事实，该法院显著地脱离了其之前在高尔特案件中的分析，即在高尔特案件中，其分析依托于准确查明事实和避免政府压迫的双重原理。事实上，高尔特案件的判决主张：少年越轨者依据宪法第五修正案享有避免自证其罪的特权，以防止来自于政府的压迫，尽管其可能有碍事实的查明。然而，审理麦基弗案件的法院却否定了少年需要防止政府之侵害，遣用了家长式少年法院法官的神话，并摒弃了那种认为少年法院的内在封闭性可能令查明案件事实有所偏颇的观点。在某种程度上，联邦最高法院之所以对获取陪审团审判的权利予以否决，乃是因为其认为：少年法院是在"治疗"少年，而不是在"惩罚"少年，尽管该法院并没有分析其间的区别。治疗和惩罚之间的区别是少年法院独立及

① In re Winship, 397 U. S. 358 (1970).

② Mckeiver v. Pennsylvania, 403 U. S. 528 (1971).

其程序差异的基本正当理由。参见巴里·C. 菲尔德:《少年法院与罪行原则:惩罚、治疗及其产生的差异》。[①] (下文简称菲尔德:《惩罚、治疗》)。在否决少年享有获取陪审团审判之宪法权利时,麦基弗案件之判决强调的是其可能对少年法院案件诉讼的非正式性、灵活性和秘密性产生的负面影响。尽管麦基弗案件之判决发现了少年司法程序的缺陷,但该法院仍然判定:加诸陪审团审判并不能弥补这些缺陷,反而会令少年诉讼程序过于正式和具有对抗性。最终,该法院担心:将成年人刑事诉讼的所有程序安全保障赋予少年将侵损独立少年司法体系的基本原理。某些州将赋予少年陪审团审判权利作为其州法律的一个事宜。详见本书第七章第一部分。

麦基弗案件判决的4年后,在"布里德诉琼斯案"[②] 中,联邦最高法院认为:在其因同一罪行获得了少年法院的裁决之后,宪法第五修正案之避免双重危险条款(the double jeopardy clause)禁止对该少年再次予以成年人的刑事指控。尽管该法院通过将权利法案之具体规定适用于各州诉讼程序的方式来分析相关争议问题,但其对相关问题的解决乃是通过确认少年越轨诉讼与成年人刑事审判之间的功能相当性及其被告人的一致利益的方式来实现的。

三、"强硬"政策——20世纪70年代至90年代

联邦最高法院的"正当处理原则革命"与校园骚乱事件、不断攀升的生育高峰时期的犯罪率以及20世纪60年代中期的种族反叛事件相呼应。共和党政客将这些事件概括为"法律与秩序"的危机,并顺应南方白人选民的种族仇恨和对学校隔离的抵制情绪,策划了一种保守主义的逆流,以围绕种族问题和公共政策进行政治

① Barry C. Feld, The Juvenile Court Meets the principle of offense: Punishment, Treatment, and the Difference it Makes, 68 B. U. L. Rev. 821 (1988).

② Breed v. Jones, 421 U.S. 519 (1975).

联盟的重组。参见巴里·C. 菲尔德:《种族、政治与少年司法:沃伦法院与保守主义“逆流”》。[①] 从20世纪70年代到90年代,保守主义政客将犯罪作为种族问题的代码,以赢得竞选上的优势,并鼓吹更为严厉、更加强硬的刑事政策,从而对全国范围内的少年司法制度造成了影响。80年代中期,快克可卡因(crack cocaine)市场暴增于内陆城市,少年毒贩将自己武装起来,黑人少年中的杀人犯罪率急剧攀升。都市暴力犯罪的增加,伴随着都市核心地带的去工业化(deindustrialization)以及黑人下层阶级的出现,为少年犯罪对策的强硬化提供了政治上的动因。对少年法院康复矫治暴力罪犯以及保护公共安全能力的担忧,促使了将更多的少年视同成年人予以指控的政策。

通过20世纪80年代晚期以及90年代早期的积累,几乎每个州都颁行了相关法律——旨在将少年移送刑事法院的程序予以简便化,或要求少年法院法官对那些留在更具惩罚性的少年司法体系中的少年施加确定刑或强制最低刑的判决。参见帕特丽夏·托比特等:《严重暴力少年犯罪之国家对策》。[②]成文法的变化在关于放弃管辖的法律中应用了罪行标准,以作为构架和限制司法裁量权、引导起诉决定以及将某些罪行从少年法院管辖范围中自动排除的量刑指导规则。详见第六章第二、三部分。政客们的精简话语——“成人犯罪,成人年龄”或者“足以实施其犯罪,足以达到其年龄”,例示了其对青春期问题的观念重构,并代表了其应对犯罪的政策——相关政策没有将年幼因素正式认可为一种量刑的减轻情节。类似的立法变化也影响了法官对少年越轨者的量刑处遇,详见第八章第二部分。放弃管辖和量刑策略都没有强调康复矫治和罪犯

① Barry C. Feld, Race, Politics and Juvenile Justice: The Warren Court and the Conservative "Backlash," 87 Minn. L. Rev. 1447 (2003).

② Patricia Torbet, et al., *State Responses to Serious and Violent Juvenile Crime: Research Report* (1996).

的需要，而是注重个人的责任以及司法体系的惩罚，并将判决建立在罪行的严重程度和前科记录的基础之上。这些变化将少年司法理论以及量刑处遇政策从康复主义转变为报应主义，从注重犯罪人转变为注重罪行的严重程度，从关注“可矫治性”和儿童“最佳利益”转变为关注公共安全和惩罚，并将自由裁量权从司法部门向立法和行政部门转移。

四、青春期少年行为能力与责任能力的重新评估

少年司法产生约一个世纪后，广大公众、决策者以及政治方面对其感到不满意，并由此产生了相互矛盾的推动力。一些政客鼓吹“强硬”政策，并批评少年法院没能采取更为严厉的报应主义策略，以令少年犯罪者对其行为负责，并将其视同成年人予以对待。少年法院的支持者则批评他们没能满足其服务对象（少年）的需求——许多少年有心理问题、缺乏教育、贫穷和被虐待。他们还谴责了少年司法运作中导致少数族裔监禁比例失衡的种族不平等问题。一般公众则感觉：少年司法体系缺乏矫治罪犯、减少少年犯罪以及保护公共安全的能力。

从20世纪90年代中期开始，约翰·D. 与凯瑟琳·T. 麦克阿瑟基金会（thc John D. and MacArthur Foundation）主办了一个名为“少年发展与少年司法”的网站[①]（Network on Adolescent Development and Juvenile Justice）（以下简称ADJJ），为少年司法政策提供有证据支撑的基本原理。ADJJ网站以交叉学科的研究方法来考察儿童与成年人发展的差异，并以此来考虑少年的身心不成熟性对少年司法体系建构的内在意义。该研究项目重点关注三大主题，即少年的行为能力、责任能力以及变化的潜在可能性。行为能力之研究聚焦于如下问题，即少年如何思考、其决策能力及其相应的局限性

① 参见http://www.adjj.org。

如何影响其参与刑事司法体系或少年司法体系的能力。责任能力之研究重点在于少年刑事责任及其该当惩罚程度的问题，并拟为少年制裁措施的类别化减轻提供相应的基本原理。变化潜在可能性之研究拟考察越轨之根源以及促进少年弃绝犯罪的因素。ADJJ 网站业已出版了一系列的编著与独著，其研究倡导对先前施用的“强硬”政策的重新审视与改良。麦克阿瑟基金会正在与几个州的决策者合作，以推行与少年身心发展相适应的少年司法政策。

五、结论

尽管具有其仁爱的美辞与愿望，进步时代的“儿童拯救者”所设计的少年法院为歧视性的，即对移民予以“美国化”，对贫困者予以控制，并为区分“我们的孩子”和“他人的孩子”提供了某种强制性的机制。参见罗斯曼：《良知与便利》。① 一个世纪后，种族不平等和少数族裔监禁比例的失衡仍然是少年司法制度的典型特征。参见巴里·C. 菲尔德：《坏孩子：种族与少年法院之转型》（以下简称菲尔德：《坏孩子》）。② 在追寻康复理念的过程当中，进步时代的改革者们将少年法院定位在了法律与文化方面的几条错误路线上。他们创设了少年司法体系和刑事司法体系的诸多二元概念：既为儿童，又为成年人；既为决定论，又为自由意志论；既为需要扶助性的，又为有责性的；既为治疗性的，又为惩罚性的；既为程序非正式性的，又为程序正式性的；既为自由裁量性的，又为法律规则性的。

由于高尔特案件及其后果，过去的 40 年见证了这些二元概念

---

① 注同前文。

② Feld, Barry C., Bad Kids: *Race and the Transformation of the Juvenile Court* (1999) [hereinafter Feld, *Bad Kids*], 16, 19, 27, 49, 181, 188, 190, 193, 213, 228, 231, 237, 323, 338, 345, 347, 351, 352, 354, 356, 358.

从前者到后者的转变。高尔特案件促成了少年法院体系的程序革命，其并非有意为之，但却不可避免地转变了少年法院原初的进步时代的观念。按照进步时代改革者的拟想：从根本上而言，不法行为之追究次要于儿童“真实需要”之决定。他们所预想的是：为了康复矫治的需要而实施干预，而非为了惩罚犯罪而实施干预。尽管麦基弗案件的判决拒绝将获取陪审团审判的权利赋予少年，但高尔特案件和温希普案件引入了抗辩的模式、避免自证其罪的特权、获取律师辩护的权利、刑事证明标准以及事实和法律上的有罪性作为实施干预的宪法意义上的前提条件。通过强调少年越轨案件审理程序的规范性，高尔特案件将少年越轨案件审理的焦点从儿童的“真实需要”切换到了法律罪责的证明上，并将犯罪行为与强制干预之间的关系予以正规化。同时，设置少量的程序正义还可令少年法院施以更严厉的惩罚得以合法化。

在其后的30年中，法院的决定、法律的修改以及行政管理上的变化将少年法院从一个社会福利机构转型成为一个规模缩小的、次一等级的、为少年设置的刑事法院。这些趋势中包含了少年法院的程序、管辖范围以及法理上的变化。除了少年法院和刑事法院之间的程序融合以外，司法管辖权的改革还将许多非犯罪的身份犯从少年法院中移转出来，并将越来越多的严重少年犯移送至刑事法院。少年法院量刑政策的法理变化不再强调康复矫治，而是越来越重视对普通越轨少年的惩罚。

有关少年的相互抗争的两种文化及法律观念推动了少年法院从社会福利机构向刑罚机构的转型。一方面的法律及文化将少年视为天真的、脆弱的、具有依赖性的“孩子”，应当获得其父母和政府的保护和养育。另一方面的法律及文化又将少年视为精力旺盛的、自治的、具有几乎“如同成年人”责任能力的人，而公众需要获得保护以免受其犯罪行为的侵害。“少年法学”的矛盾冲突使得决策者可以有选择性地掌控“清白”与“责任”之间的对抗性的社会构造，以最大限度地实现对少年的社会控制。在过去的30年中，种族问题与犯罪问题的交错促进了相关的少年司法政策的形成，即利用这些交替性的结构来进行某种形式的“犯罪学意义上的治疗类选法”。[①] 在其“柔和方面”，少年法院改革将非犯罪的身份犯（主要是女性和白人）从少年法院中移转出来，并将其置于社会控制的“隐蔽体系”——私营的精神健康和药物依赖机构中。详见第八章。当国家将身份犯的管辖权从少年法中完全移除，对避免犯罪或越轨判决之污名予以了再定义，并对非犯罪的违法少年所能够接受到的处置措施予以了限制的时候，对身份犯的转处、非监禁化、非犯罪化已经改变了少年法院的相应作用。在其“强硬方面”，国家将越来越多的少年移送至刑事法院予以成年人的指控，其中的少数族裔比例失衡。详见本书第六章。当国家在“强硬方面”和“柔和方面”缩小其管辖范围，其余的越轨少年接受到的处置措施便愈加反映出“司法模式”以及刑法教义的影响作用，即基于当前罪行以及前科的均衡性原则和确定性原则，而非根据儿童“最佳利益”，来决定干预的时间长度、场所以及强度。最后，少年法院处置措施对罪犯需要的满足日益让位于犯罪性质以及刑罚的传统理由，与此同时，少年法院的正式程序安全保障越来越类似于成年人的刑事诉讼程序。

尽管高尔特案将少年法院从一个社会福利机构转变成了一个更具法律性的机构，但“书面上的法律”与“实践中的法律”之间存在重大的差异。各州继续掌控着有关儿童与成人或治疗与惩罚的灵活概念，以最大限度地实现对少年的社会控制。一方面，几乎所有的州都采用“综合考量”（totality of the circumstances）下的“知情、明智和自愿弃权”的成年人标准，来判断少年对米兰达权利和获取律师帮助权利的放弃，尽管少年缺乏成年人的法律行为能力。详见本书第三章和第七章，巴里·C. 菲尔德：《儿童正义：获

① 治疗类选法（triage），即根据紧迫性和救活的可能性等在战场上决定对哪些人予以优先治疗的方法。——译者注

取律师辩护权利与少年法院》(以下简称菲尔德:《儿童正义》)。[1] 另一方面,尽管少年法院变得更具惩罚性,但大部分州仍然否定少年获取陪审团审判的权利以及其他适用于成年人的程序权利。详见本书第七章。近期关于少年法律行为能力以及刑事责任能力的发展心理学研究引发了相关的令人困扰的问题,即少年司法体系结构及其管理制度的问题。

① Barry C. Feld, Justice For Children: The Right To Counsel and the Juvenile Courts (1993).

第二章　少年法院对少年越轨者和身份犯的管辖权

少年法院是独有的成文法机构。州法律、法院程序规则、司法意见以及官方惯例界定着少年司法制度的细节。每个州都有一个法院行使少年案件的管辖权，其中包括：少年越轨、身份犯、虐待及缺乏照管、收养以及父母亲权的终结。这些法院的名称及其管辖对象范围因州而异，如高等法院、巡回法院、地区法院、郡县法院、遗嘱检验法院①或者家庭法院。在某些州中，具有一般管辖权的审判法院处理少年案件，而在另一些州，少年法院可能是某一特别法院的独立分支，如“遗嘱检验法院少年分部”。在越来越多的司法管辖区中，一种具有统一性的家庭法院行使着对传统少年法院案件的管辖权，如少年越轨、身份犯、虐待与缺乏照管，以及离婚、父权问题、虐待及家庭暴力刑事指控以及类似的案件。参见莎拉·H. 拉姆齐、道格拉斯·E. 埃布拉姆斯：《儿童与法律》（美国法精要第三版）。② 联邦政府对少年越轨案件行使着非常有限的管辖

---

① 遗嘱检验法院（Probate Court）：遗嘱检验法院负责管理死者遗产的适当分配，即决定遗嘱是否有效，执行有效遗嘱的规定，阻止遗产管理者和执行者的不当行为，为无遗嘱（或无有效遗嘱）的死亡者公平地分配财产。参见：http://en.wikipedia.org/wiki/Probate_Court。——译者注

② Sarah H. Ramsey and Douglas E. Abrams, *Children and the Law in a Nutshell* 3rd Ed. (2008), 24, 28.

权，其每年处理约 250 件少年越轨案件。① 联邦管辖权及于在军事基地、联邦土地、国家公园或印第安人保留地中犯有联邦罪行的 18 岁以下的儿童。由于大部分的联邦罪行有着相应的州法律规定，故而事实上，各州负责处理所有的少年越轨案件，除非首席检察官认为在相关案件中存在重大的联邦利益。

少年犯不享有在少年法院接受审判的宪法权利。然而，一旦某州立法机构创设了少年法院，各种各样的宪法限制和要求即匡定了其制度。② 由于少年法院是立法的创造物，因而各州对儿童不良行为的规制便可能有所差异。作为州政策层面上的一个问题，少年法院管辖范围的年龄上限有所不同，如 17 岁、16 岁或 15 岁；其管辖的犯罪类型、某些程序安全保障措施（如获取陪审团审判的权利）以及处置判决的长度和类型也有所不同。参见霍华德·施奈德、梅丽莎·西格蒙德：《少年犯及其被害人：2006 年全国报告》（以下简称施奈德、西格蒙德：《2006 年全国报告》）。③

越轨管辖范围：年龄与行为

各州对少年法院管辖范围的界定乃是基于少年的年龄和犯罪行为。各州管辖的年龄上限有所差异。少年法院管辖的年龄上限通常为 17 岁，即 18 岁罪犯为成年人。有些州将年龄上限设定为 16 岁，甚或 15 岁。低于法定上限年龄的年少者将被当作“少年”来对待。大多数州以少年实施犯罪或不良行为时的年龄来界定少年法院的管辖范围。大多数州的少年法院对被裁决为越轨者的少年所施加的处置判决可以延伸至 19 岁、20 岁、21 岁或者更大。参见施奈德、西格蒙德：《2006 年全国报告》。④

---

① 18 U. S. C. § 5031 et seq.

② In re Gault, 387 U. S. 1 (1967).

③ Howard Snyder and Melissa Sickmund, Juvenile Offenders and Victims: 2006 National Report (2006).

④ 注同前文。

除年龄之外，各州还将少年法院管辖范围建立在行为的基础上，即儿童实施的行为或他人针对儿童实施的行为。“少年越轨”的管辖范围包括了如果为成年人所为则构成犯罪、违法或违规的儿童行为。在大多数州中，少年法院拥有对儿童犯罪行为的初始性和排他性的管辖权。然而，许多州将一些严重罪行排除在少年法院管辖范围之外。在某几个州中，少年法院和刑事法院对特定罪行享有共同的管辖权，其中，检察官被赋予了决定在哪个平台审判相关案件的自由裁量权。详见本书第六章；施奈德、西格蒙德：《2006 年全国报告》。

非犯罪的身份犯

少年法院还管辖少年的非犯罪的不良行为，即身份犯，如逃学者、屡教不改者、执拗不顺者、离家出走者、违犯宵禁者以及饮酒和吸烟者。身份犯所规制的少年行为如为成年人所为则不构成犯罪。“‘身份犯’系指法律禁止的某种行为，如为成年人所为则不成立违法”。参见弗吉尼亚州的相关法律规定。[①] 身份管辖权的存在，无论其形式如何，皆为在一定情形下成年人享有其自由权而儿童则为国家所控制的例证。直到 20 世纪 70 年代的改革，身份犯构成某种形式的“越轨”，且少年法院法官可以对被裁决为越轨者的少年，或犯罪行为者，或非犯罪之不良行为者，施以相同的判决处遇。参见菲尔德：《坏孩子》。[②] 近期的改革将身份犯予以了“非犯罪化”，即将实施相关行为的少年重新标签为“需要服务的人”(Persons in Need of Services，PINS) 或“需要保护和服务的儿童”

---

① Va. Code. Ann. § 16.1 – 228 (Michie 1998).

② Feld, Barry C., Bad Kids: *Race and the Transformation of the Juvenile Court* (1999) [hereinafter Feld, *Bad Kids*], 16, 19, 27, 49, 181, 188, 190, 193, 213, 228, 231, 237, 323, 338, 345, 347, 351, 352, 354, 356, 358.

(Children in Need of Protection and Services，CHIPS)。[①] 除了对审前拘留和机构监禁的限制外，少年法院可以对少年越轨者和身份犯施以大多数的相同处置判决。

需要扶助、缺乏照管与遭受虐待

少年法院还代表儿童行使对相关案件的管辖权，以避免其受到他人行为的侵害。关于虐待的法律定义通常关注于其监护人或其他人实施的对儿童之身体、情感或道德方面的伤害。例如，各州将“儿童虐待”界定为“对儿童之福利负有责任的父母或监护人，在对该儿童之健康或福利具有伤害或威胁的情况下实施的，对儿童的身体伤害、精神或情感伤害、性虐待、性利用、买卖以及相应的疏忽或虐待的企图”。参见西弗吉尼亚州的相关法律规定。[②] 儿童虐待或缺乏照管案件之管辖权通常以照管者的“过错”为必要条件。相比较而言，儿童需要扶助案件之管辖权采取了“无过错”的原则，即某儿童面临的危害是超乎其监管者控制能力的环境因素或客观条件的结果。在某些州中，当局可以将非常年幼的犯罪儿童置于少年法院的需要扶助案件管辖权之下予以起诉，而不是将其作为越轨少年予以起诉。

一、少年法院管辖权：刑事违法与越轨行为

1. 少年犯罪

联邦调查局《统一犯罪报告》（Uniform Crime Report）在其“暴力和财产犯罪索引”中根据相应的报告记录了暴力犯罪（谋杀罪、强奸罪、抢劫罪、重伤害罪）和严重的财产犯罪（入室盗窃

---

① D.C. Code § 16－2301(8)(1989); N.Y. Fam. Ct. Act § 712(1)(Mckinney 1983); S.D. Codified Laws § 26－8B－22 (Michie 1992).

② W.Va. Code § 49－1－3 (c) (1998).

罪、盗窃罪、盗窃汽车罪和放火罪)，其中还同时记录了拘捕数量以及被拘捕者的年龄、性别和种族等特征。在2003年，警察拘捕的少年人数（18岁以下者）占所有索引暴力犯罪数量的15%。少年犯占因杀人罪而被拘捕人数的9%，占重伤害罪的14%，占强奸罪的16%，以及占抢劫罪的24%。警察拘捕的少年人数占所有索引财产犯罪人数的29%，其中入室盗窃罪占29%，盗窃罪占28%，汽车盗窃罪占29%，纵火罪占51%。参见施奈德、西格蒙德:《2006年全国报告》。[①] 然而，这些拘捕数据在某种程度上夸大了少年对犯罪的实际作用，因为与成年人犯罪相比，少年犯罪更多地以团伙形式来实施犯罪；警察可能在一个刑事案件中拘捕好几个少年，这由此而令少年犯罪的显性参与比率有所膨胀。如果对相关数据予以清除率（clearance rates）的计算，则少年占索引暴力犯罪拘捕数的12%，占索引财产犯罪拘捕数的19%。

据联邦调查局的报告，总体的严重犯罪、少年犯罪以及少年暴力犯罪的拘捕率遵循着大体近似的模式，即从20世纪60年代中期至1980年处于增长状态，80年代中期有所回落，然后在90年代初期达到另一高峰，其后，再一次急剧下降。在1965年至1980年期间，少年暴力犯罪和杀人罪的总体比率翻了一倍，其后第二次飙升于1986年和1994年期间。参见施奈德、西格蒙德:《2006年全国报告》。[②] 在1994年至2003年期间，所有犯罪中少年的拘捕率下降18%，而暴力犯罪的少年拘捕率下降32%，降到了数十年来的最低水平。参见施奈德、西格蒙德:《2006年全国报告》。[③] 尽

① Howard Snyder and Melissa Sickmund, Juvenile Offenders and Victims: 2006 National Report (2006).

② Howard Snyder and Melissa Sickmund, Juvenile Offenders and Victims: 2006 National Report (2006).

③ Howard Snyder and Melissa Sickmund, Juvenile Offenders and Victims: 2006 National Report (2006).

管其近期的下降，少年暴力犯罪和杀人罪在20世纪70年代晚期以及80年代晚期和90年代早期的增长，促成了在少年案件移送以及量刑处置方面的诸多“强硬”政策。详见本书第六章和第八章。

在2003年，220万名少年因重罪、轻罪和身份犯而被警察拘捕。参见施奈德、西格蒙德：《2006年全国报告》。[①] 其中，女性少年占所有少年拘捕数的四分之一强（29%），占所有索引暴力犯罪中的少年拘捕数的18%，占所有财产犯罪索引中的少年拘捕数的32%。尽管黑人少年只占10~17岁人口数的15%，但黑人少年在警察所拘捕的所有少年违法者中占27%，在所有索引暴力犯罪少年拘捕数中占45%，且在所有索引财产犯罪中占28%。参见施奈德、西格蒙德：《2006年全国报告》。[②] 有分析者将拘捕人数中某些少数族裔比例过大的情况归因于不同种族犯罪率的真实差异。然而，从拘捕至法院移送，以至拘留，以至量刑判决等过程中的自由裁量决定，扩大了种族间的不平等，并导致了少数族裔过多监禁的比例失衡。参见琼·麦科德、卡西·斯帕茨·威多姆、南希·A. 克罗威尔：《少年犯罪，少年司法》（下文简称麦科德：《少年犯罪》）。[③]

2. 年龄与少年法院管辖权

在大多数州中，少年法院拥有对被指控违反刑律或地方法令的18岁以下少年的原初性和排他性的管辖权。原初性和排他性的管辖权意味着：各州必须首选将此管辖年龄上限以下儿童的刑事指控

---

① Howard Snyder and Melissa Sickmund, Juvenile Offenders and Victims: 2006 National Report (2006).

② Howard Snyder and Melissa Sickmund, Juvenile Offenders and Victims: 2006 National Report (2006).

③ Joan McCord, Cathy Spatz Widom, and Nancy A. Crowell, *Juvenile Crime, Juvenile Justice* (2001), 30, 182, 323, 356, 357, 359.

提交少年法院，尽管法官可以通过“移送管辖听证会”（a transfer hearing）放弃少年法院的管辖权。详见本书第六章。一些州将达到一定年龄并被控严重犯罪的少年排除于少年法院的管辖范围之外。例如，16岁以上被控谋杀罪的少年案件由刑事法院审理。根据立法之定义，这些少年为成年人，应当承担相应的刑事责任。如果少年法院或刑事法院皆可对一定年龄并被控一定严重罪行的少年案件予以审判，则该少年法院和刑事法院所行使的是“共同管辖权”（concurrent jurisdiction）。详见本书第六章。在这些州中，检察官的起诉决定，即决定将某案件向少年法院或刑事法院予以起诉，决定着相应的审判平台以及相应的判决结果。由此可见，少年法院管辖权采用了几种不同的形式来定义其本身的界限及其与刑事司法体系之间的互动关系。

在38个州以及哥伦比亚特区中，少年法院原初管辖权的年龄上限为17岁；另有10个州为16岁；还有3个州为15岁，即康涅狄格州、纽约州和北卡罗来纳州。参见施奈德、西格蒙德：《2006年全国报告》。[①] 在“强硬”政策时期，1993年，怀俄明州将其管辖年龄上限由18岁降低为17岁；1996年，新罕布什尔州和威斯康星州将其管辖年龄上限从17岁降低为16岁。最近，鉴于对少年与成年人之间差异的认识，康涅狄格州跟随大流，将其越轨管辖的年龄上限提高到17岁——相关法律将于2010年1月1日生效。[②] 北卡罗来纳州也正在考虑类似的提案。

在16个州还设置了越轨案件管辖权的年龄下限，其中，北卡罗来纳州为6岁；马里兰州、马萨诸塞州和纽约州为7岁；亚利桑那州为8岁；另11个州为10岁。参见施奈德、西格蒙德：《2006

① Howard Snyder and Melissa Sickmund, Juvenile Offenders and Victims: 2006 National Report (2006).

② CT. G. S. A. § 46b-120.

年全国报告》。[1] 在其余州中，从理论上而言，检察官可以对任何年龄的儿童提起越轨案件的诉请。

由于各州基于少年的年龄来界定其少年法院的管辖范围，因而各州都面临这样一个问题，即是犯罪时的年龄还是被起诉时的年龄决定着少年法院的管辖权。如果某儿童在少年法院管辖年龄上限以下的时候犯罪，但直到其超过管辖年龄上限，该少年犯罪的证据方才被发现或者检察官方才对其提起越轨诉请，那么该案应在少年法院还是在刑事法院中予以审理？由于少年法院的管辖范围反映了减轻责任的理念，故而大多数州规定：管辖范围取决于犯罪时的年龄。参见塞缪尔·戴维斯：《少年权利》（以下简称戴维斯：《少年权利》）。[2] 基于儿童犯罪时年龄的管辖反映了其当时的犯罪行为能力，而国家对其予以起诉之时超越年龄管辖范围的少年则可能不如较为年幼的少年那样对治疗处置措施具有响应性。如果某年轻人的年龄超过了少年法院管辖的年龄上限，但又小于量刑处遇的权限，则少年法院可以举行放弃管辖听证会（a waiver hearing），以决定是将该年轻人作为少年审判，还是将该案移送刑事法院予以审判。如果检察官为了让该年轻人超过少年法院管辖的年龄范围而故意延迟起诉，则法院采取的补救措施为：让刑事法院将相关案件移送回少年法院，并由少年法院举行放弃管辖听证会，以决定是将该年轻人视为少年还是作为成年人来审判。参见"俄勒冈州诉斯科尔洛克案"。[3] 在其他一些州，如果成年人证明检察官为了赢得不公平的优势而故意推迟少年越轨之诉请，法院可以不对此予以认可。详

---

① Howard Snyder and Melissa Sickmund, Juvenile Offenders and Victims: 2006 National Report (2006).

② Howard Snyder and Melissa Sickmund, Juvenile Offenders and Victims: 2006 National Report (2006).

③ State v. Scurlock, 286 Or. 277, 593 P. 2d 1159 (1979).

见明尼苏达州的相关法律规定。[1] 鉴于立法机关乃是基于年龄来赋予少年法院的原初性和排他性的管辖权，那么有关年轻人应被当作少年或成年人予以对待的决定则应当通过放弃管辖程序来作出，且起诉的迟延如果缺乏真实而善意的原因，如审判同案犯或获取证人证言的需要，则检察机关对管辖界限的操纵可能会挫败刑事法院的管辖权。参见“威斯康星州诉蒙哥马利案”;[2]“华盛顿州诉迪克森案”。[3] 与之相对照，有几个州少年法院管辖的年龄范围以检察官对案件提请起诉时的年龄为准，而不是以少年犯罪时的年龄为准。参见威斯康星州的相关法律规定;[4]“威斯康星州诉安纳拉案”（少年法院管辖权取决于被告人被起诉时的年龄）。[5]

3. 犯罪行为与少年法院的越轨管辖权

少年越轨案件占据着少年法院业务的最大份额。参见施奈德、西格蒙德:《2006 年全国报告》。[6] 一些州将未成年人的交通违法行为和渔猎违法行为以及最为严重的犯罪行为排除于少年法院管辖权之外，于是，如果某管辖年龄上限以下的儿童违反了任何的联邦或州的刑法或地方法令，则法官可以判定其构成“越轨”。成文法通常将“越轨少年”定义为“违反了任何的联邦或地方法律……（或者）违反了某一联邦法律或者州法律，且其案件已经被移送至少年法院者……”参见明尼苏达州和加利福尼亚州的相关法律

① Minn. Stat. § 260B. 125(2); Minn. Stat. §260B. 193 Subd. 5 (2002).

② State v. Montgomery, 148 Wis. 2d 593, 436 N. W. 2d 303 (1989).

③ State v. Dixon, 114 Wash. 2d 857, 792 P. 2d 137 (1990).

④ Wis. Stat. § 938. 12 (2002).

⑤ State v. Annala, 484 N. W. 2d 138 (Wis. 1992).

⑥ Howard Snyder and Melissa Sickmund, Juvenile Offenders and Victims: 2006 National Report (2006).

规定。[①]

交通违法。尽管越轨行为包含对刑事法律和地方法令的违反，但诸多司法管辖区将日常的交通违法行为排除于少年法律之外，而将其按照普通的成年人交通案件处理程序来执行，或者将其交由专门的少年交通法院审理。参见阿肯色州的相关法律规定（市政法院具有对少年渔猎违法和交通违法行为的管辖权）；[②] 北达科他州的相关法律规定；[③] 北卡罗来纳州的相关法律规定（少年法院具有对少年交通违法案件的排他性的管辖权，此类案件不被当作越轨问题予以处理）。[④] 在某种程度上，此政策反映了交通案件的巨大数量，以及各州如同对成年人那样给十多岁的少年颁发驾照的事实，同时也反映了对大部分未成年人交通违法行为“诊断意义”的缺乏。另一方面，少年法院通常对 16 岁以下的少年（如无证驾驶）以及犯有最为严重的交通犯罪并需要康复矫治服务的少年（如驾车致人死亡）保留其越轨管辖权。参见佐治亚州的相关法律规定（少年交通违法案件不包括被当作少年越轨对待的如下案件：驾车致人死亡、任何利用机动车实施的重罪、撞车后逃跑或离开事故现场、在醉酒或吸食麻醉药品后驾车）；[⑤] 犹他州的相关法律规定（驾车致人死亡、醉态驾车、危险驾车、拒绝服从警察而逃逸）；[⑥] 北达科他州的相关法律规定。[⑦] 由于缺乏法定的列举，因而交通违法构成属于少年法院越轨管辖范围的严重罪行的具体操作存在争

---

① Minn. Stat. § 260B.015 Subd. 5 (2001); Cal. Welf. & Inst. Code § 602 (West 2000).

② Ark. Code Ann. § 16－17－133(a) (1) (Michie 2000).

③ N. D. Cent. Code § 27－20－02(3) (2000).

④ N. C. Gen. Stat. § 15－11－73 (2001).

⑤ Ga. Code Ann. § 15－11－73(2000).

⑥ Utah Code Ann. § 78－3a－104(2) (2000).

⑦ N. D. Cent. Code § 27－20－02(9) (2000).

议。参见“罗宾逊诉萨特菲尔德案”（醉态驾车为“交通犯罪”）；[①] 和“扎莫拉诉爱达荷州案”（交通重罪不被排除于少年法院管辖范围之外）。[②]

“审判地”（venue）是指数个具有管辖权的法院中，哪个法院将对相关案件予以审判。对于刑事被告人而言，审判地通常位于犯罪发生地所在的郡县，因为这有利于证人证言和证据的获取以及起诉，并避免给被告人带来困难和不公。参见韦恩·R. 拉费、杰罗德·H. 伊斯雷尔和南希·J. 金：《刑事诉讼程序》（第四版）（2000 年）（以下简称拉费：《刑事诉讼程序》）。[③] 某些少年法院审判地的规定遵循成年人刑事审判的做法，即在犯罪发生地所在的郡县进行越轨案件的审判。参见亚利桑那州的相关法律规定（被指控的越轨行为发生地所在的郡县）。[④] 然而，如果某少年在一个郡县实施犯罪，在另外一个郡县居住，而在第三个郡县被拘捕或发现，则许多州授权三个郡县中的任意一个对该少年予以审判。参见威斯康星州的相关法律规定（少年住所地、现住地或违法行为发生地所在的郡县）。[⑤] 法院通常会确定起诉时涉案少年被发现或现在所处的郡县为审判地。参见“为了科里·J. D. 之利益案”。[⑥] 对儿童居住地所在郡县作为审判地的强调，而非犯罪发生地，反映了这样一种理念：“在大多数案件中，在少年居住地所在的郡县中可以找到该少年的社会根基（父母、学校、教会、朋友以及熟人），如若可行，则此地即可为其康复矫治和改善带来最大的利益。”参

---

① Robinson v. Sutterfield, 302 Ark. 7 (1990).

② Zamora v. State, 846 P. 2d 194 (Idaho 1992).

③ Wayne R. LaFave, Jeroldn H. Israel and Nancy J. King, *Criminal Procedure Fourth Ed.* (2000).

④ Ariz. Rev. Stat. § 8－206(B) (1999).

⑤ Wis. Stat. § 938. 185 (2000).

⑥ In the Interest of Corey J. G., 572 N. W. 2d 845 (Wis. 1998).

见"J. D. H. 案"。[①] 然而，许多州授权检察官在犯罪发生地所在郡县予以起诉，接下来，在定罪裁决之后，允许少年法院法官将该案移送少年居住地所在郡县予以量刑处遇判决。参见亚利桑那州的相关法律规定（在定罪裁决之后，基于量刑处遇地和居住地法院法官的协议，在其住所地的郡县中对缓刑犯予以监管）。[②]

各州对少年法院越轨管辖权的界定以行为为基础——相关行为若为成年人所为则构成犯罪，由此而引发了相关的刑法理论问题。如果各州以犯罪行为来定义越轨，那么少年是否可以在少年法院中援引刑法学说？例如，某更为年幼的越轨少年是否可以主张普通法之未成年辩护事由（the common law's infancy defense）以否定少年法院的管辖权？某少年越轨者是否可以基于精神病的理由寻求无罪判决？少年法院是否可以对一个缺乏诉讼行为能力的少年予以定罪裁决？如果少年法院的宗旨在于治疗少年犯，那么甚至，对被推定有罪责的行为人予以处罚的刑法原则是否也可以适用呢？

（1）未成年

在进步时代改革者创设少年法院之前，普通法之未成年辩护事由为被控犯罪的少年提供了仅有的正式法律学说。参见桑福德·福克斯：《少年法院中的罪责问题》。[③] 古典刑法认识到，制裁不能威慑那些分不清对错的人，如精神病患者和非常年幼者，且其刑事责任因此而得以宽宥。由于刑法对行为人予以惩罚乃是因为其行为伴随着应受谴责的选择，而未成年辩护事由则肯定：某些较为年幼的人缺乏辨别其选择错误及其行为应受道德谴责的能力。普通法关于

---

① In re J. D. H., 508 S. W. 2d 497, 500 (Mo. 1974). 为了保护少年，尽量避免其污点所可能带给其今后成长的不利影响，各国少年司法皆有对其相关信息（尤其是少年的姓名）予以保密的通行规定，故而，我们所看到的案件名称中通常缩略了少年犯的姓名，如"J. D. H. 案"。——译者注

② Ariz. Rev. Stat. § 8-206(E) (1999).

③ Sanford Fox, "Responsibility in the Juvenile Court," 11 *Wm. & Maryland L. Rev.* 659 (1970).

未成年的等级梯次最终推定：7岁以下的儿童缺乏刑事责任能力，认定14岁以上的儿童为完全具有刑事责任能力的成年人，并为7岁至14岁之间的少年设置了可予辩解的无责任能力推定。无责任能力的推定在7岁时最强，逐渐递减直到14岁时完全消失。普通法对无责任能力的推定乃是建立在自然的生理年龄而非主体的“心理年龄”的基础之上。14岁以下者无责任能力的推定将相关刑事责任的证明责任交由控方来承担。参见安德鲁·沃克欧弗：《新少年法院之未成年辩护事由》。[1] 未成年辩护事由重点关注于认知能力和道德责任的问题，且检察官必须证明涉案儿童具备充分理解其行为意义的成熟程度，具备鉴别错误的能力，并具备选择好坏的决断力，等等。青春期的肇始年龄标定了大多数社会随着历史的发展对少年犯罪行为予以宽恕的更大年龄。将少年法院管辖权拓展至15岁、16岁或者17岁，延长了传统的儿童刑事责任免除的年龄期限。

普通法推定7岁至14岁之间的儿童缺乏刑事责任能力，这引发了一个问题，即少年犯是否可以在少年法院中主张未成年辩护事由，并以此否定其越轨管辖权。参见安德鲁·M. 卡特：《年龄问题：宪法化的未成年辩护事由》。[2] 如果某一较为年幼的少年在少年法院中主张其未成年辩护事由，那么检察官如何对其缺乏刑事责任能力的推定予以辩驳呢？尽管上诉法院对此问题有所分歧，但大多数意见认为：未成年不得作为否定少年法院管辖权的辩护事由。

在“格拉迪斯·R. 案”[3] 中——该案为允许在越轨案件审判中使用未成年辩护事由的典型案例，加州最高法院要求控方对无行

---

① Andrew Walkover, “The Infancy Defense in the new Juvenile Court,” 31 *U. C. L. A. L. Rev* 503 (1984).

② Andrew M. Carter, “Age matters: The Case for a Constitutionalized Infancy Defense,” 54 *Kan. L. Rev.* 687 (2006).

③ In re Gladys R., 1 Cal. 3d 855, 83 Cal. Rptr. 671, 464 P. 2d 127 (1970).

为能力的法律推定予以辩驳，以确立对该少年越轨案件的管辖权。在缺乏“清楚证实”其对自身行为的错误具有认知的情况下，刑事法律推定了14岁以下的儿童缺乏刑事责任能力。如果对越轨行为成立的裁决要求证实该儿童实施了犯罪行为，即行为与犯意，那么刑事责任能力的证实即为确立越轨管辖权的基础。“格拉迪斯·R. 案”的多数意见认为：未成年辩护事由是避免将非常不成熟的少年判入监禁机构的一种办法，并建议：少年法院仍然可以“身份犯”来确立对此类儿童的管辖权。

与此相对照，“缇沃尼·J. 案”[①] 代表了多数州的立场，即主张少年法院法排除未成年辩护事由之必要。参见劳拉·A. 贝兹伦：《破除超级掠夺者的神话：未成年缘何为少年法院中的前青春期少年的最佳辩护事由》。[②] 因为未成年辩护事由乃是为了保护年幼的儿童免受刑事惩罚的伤害，而少年法院体系本身为其提供了更大程度的保护。“缇沃尼·J. 案”着重强调了刑事诉讼与少年越轨诉讼以及少年司法体系“康复矫治属性”之间的区别。由于少年法院是基于儿童“真实需要”的评估来对其予以诊断和治疗，而不是对其刑事责任予以判定，并对其施加惩罚，故而未成年之类的刑法辩护事由根本不具有适用性。尽管“缇沃尼·J. 案”认识到少年法院有时候未能达成其康复矫治的愿望，但该案法院并不认为有必要通过引进刑法学说的方式来实现“基本的公正”。

有几个州遵循“格拉迪斯·R. 案”的判决，对未成年辩护事由予以了认可，即便其成功主张可能否定少年法院的管辖权。那些认为未成年辩护事由可适用于少年越轨诉讼的州将其相关决定基于

---

① In re Tyvonne J., 211 Conn. 151, 558 A.2d 661 (1989).

② Lara A. Bazelon, “Exploding the Superpredator Myth: Why Infancy is the Preadolescent's Best Defense in Juvenile Court,” 75 *N. Y. U. L. Rev.* 159 (2000).

对该辩护事由予以采纳的具体立法。参见“华盛顿州诉 Q. D. 案”。[①] 另一些州，基于一个司法的判定，即少年法院的真正目的不仅为康复与治疗，还同时为罪责与惩罚，并由此而对该辩护事由予以认可。参见“威廉·A. 案”（对于少年越轨行为成立之裁决，少年法通常规定：该儿童实施了一个如为成年人所为则构成犯罪的行为，且如果该儿童缺乏责任能力以成立某特定犯罪所必需的犯罪意图，则该儿童的行为没有构成犯罪）。[②] 对该辩护事由予以认可的州要求检察官和法院对关于少年明知其行为错误的如下几个因素予以证实和考量：“①犯罪的性质；②该儿童的年龄和成熟程度；③该儿童是否表露了对其行为予以保密的愿望；④该儿童是否警告被害人不许将事情说出来；⑤与该案指控类似的先前行为；⑥该行为所带来的后果；⑦以及对该行为是错误的以及可能由此导致被拘留的言语表示。”参见“华盛顿州诉 J. P. S. 案”。[③] 对无责任能力推定予以辩驳所需的“清楚证实”要求更为充分的证据，而不仅仅是某儿童对于其知道对与错的言语表示。参见“麦克·B. 案”。[④]

大多数上诉法院反对少年主张其未成年的辩护事由，并认为少年法院体系具有替代的作用。在采纳该辩护事由的相关立法缺失的情况下，大多数州的少年越轨诉讼对不成熟或未成年的辩护事由不予认可，因为允许对此援用则可能阻止急需治疗的儿童接受到相应的治疗。[⑤] 参见“詹宁斯诉亚拉巴马州案”；“甘蒙斯诉波拉特案”（立法并无意图将未成年之法定辩护事由适用于少年法院中，而只

① State v. Q. D., 102 Wash. 2d 19, 685 P. 2d 557 (1984).

② In re William A., 313 Md. 690, 548 A. 2d 130, 133 (1988).

③ State v. J. P. S., 954 P. 2d 894 (Wash. 1998).

④ In re Michael B., 44 Cal. App. 3d 443, 118 Cal. Rptr. 685 (1975).

⑤ Jennings v. State, 384 So. 2d 104 (Ala. 1980).

是将其适用于较为年幼的少年刑事指控中）；[①]“麦克案”（“一旦对这样一个原则予以接受，即在少年诉讼中对越轨行为或不听教导的认定并不等同于对少年实施了犯罪行为的认定，则无须认定该少年具有认识其行为对错的成熟性”）。[②] 由于越轨裁决并非定罪，法院因而认为没有必要判定涉案少年是否明白其行为的道德含义。此外，允许未成年辩护事由对管辖权的否定，将不利于少年法院对那些亟须干预的少年的治疗目的的实现。

如果某州对某个非常年幼的少年犯予以视同成年人的审判，则该儿童可以在其刑事诉讼中提其出未成年的辩护事由。例如，“南卡罗来纳州诉皮特曼案”（主张：一个12岁的被告人可以主张未成年的辩护事由，因为7～14岁的人被可容辩驳地推定为缺乏犯罪之心理能力者）。[③] 然而，该州无须出示专家证言以反驳无责任能力之推定，而可以依据关于少年的动作、行为以及态度的非专家证言来支撑其证明责任。

（2）精神病

少年的心理健康状况和成熟程度影响着少年法院的处置判决选择、移送刑事法院、越轨行为的刑事责任（精神病之辩护事由）以及法官举行听证会以对越轨行为予以裁决的权能（接受审判的行为能力）。就精神病辩护事由而言，少年法院面临这样的问题，即少年是否必须具备足够的出庭接受审判的能力，并且（或者）在越轨诉讼中以精神病为由主张无罪。参见“为了柯西之利益案”；“共同体诉查特曼案”；托马斯·格里索：《双重风险：精神

① Gammons v. Berlat, 144 Ariz. 148, 696 P.2d 700 (1985).

② In re Michael, 423 A.2d 1180, 1183 (R.I.1981).

③ State v. Pittman, 373 S.C.527, 647 S.E.2d 144 (2007).

失常的少年犯》。[①]

在“梅迪纳诉加利福尼亚州案”[②] 中，联邦最高法院认为：作为一个正当处理原则问题，成年刑事被告人享有获取诉讼行为能力判定的宪法权利，因为对不能理解其审判、不能协助辩护律师或者不能参与辩护的被告人予以定罪，成立为“基本的不公正”。然而，梅迪纳案件主张：宪法并不要求各州对精神病之辩护事由予以认可。只有在该州立法规定了此法定权利或者该州法院准予将其作为州宪法权利的情况下，成年刑事被告人方能主张其精神病辩护事由。刑法推定具有应受谴责性的行为人应当受到惩罚，而精神病辩护事由则主张：严重的精神病患者并不能对其所参与的犯罪行为作出有责任的选择。

有几个州法院主张：少年享有以精神病为由主张无罪的州宪法权利，并推理道：由于该州的越轨管辖权以犯罪行为为基础，于是“基本公正”便要求在两类少年之间作出某些程序上的分别，一类少年即有能力对其行为负责者，另一类少年即其行为是精神病造成的结果，而其精神病妨碍了其对“正确与错误”的认知。参见“为了柯西之利益案”、“卡里上诉案”和“斯德培凯美上诉案”。[③]其他一些州的立法赋予了少年在越轨诉讼中主张精神病辩护事由的

---

① In the interst of Causey, 363 So. 2d 472 (La. 1978); Golden v. State, 21 S. W. 3d 801 (Ark. 2000); Commonwealth v. Chatman, 538 S. E. 2d 304 (Va. 2000); Thomas Grisso, Double Jeopardy: Adolescent Offenders with Mental Disorders (2004).

② Medina v. California, 505 U. S. 437 (1992).

③ In the Interest of Causey, 363 So. 2d 472 (La. 1978); In Carey, 615 N. W. 2d 742 (Mich. Ct. App. 2000); In re Stapelkemphr, 562 P. 2d 815 (Mont. 1977).

法定权利。参见新泽西州、纽约州和得克萨斯州的相关法律规定。[1]

在没有明确立法的情况下，大多数州法院认为：少年不享有主张精神病辩护事由的正当处理原则的宪法权利。在“C. W. M. 案”[2] 中，法院推理道：由于越轨裁决并不涉及刑事责任的判定，且法官作出的处遇判决乃是为了康复矫治儿童，因而精神病辩护事由是多余的。即使在那些为成年刑事被告人规定了精神病辩护事由的州中，法院认为：拒绝将其适用于少年也并不违反平等保护原则，因为少年司法体系的康复宗旨为对越轨少年予以区别于犯罪者的审判提供了理性的基础。参见“苟登诉阿肯色州案”。[3] 法院还强调：少年司法体系为法官在处置判决中提供了更多的治疗措施选项，这排除了非自愿的民事收容（involuntary civil commitment）[4] 的需要，即如在成年人案件中其精神病辩护事由得以成功主张之后的处理方式。参见“共同体诉查特曼案”。[5] 法院强调少年越轨诉

---

① N. J. Stat. Ann. § 2A:4A – 40 (West 1995); N. Y. Fam. Ct. § § 335.1, 344.3 (McKinney 1999); Tex. Fam. Code Ann. § 55.15 (Vernon 1996).

② In the Matter of C. W. M., 407 A.2d 617 (D. C. Ct. App. 1979).

③ Golden v. State, 21 S. W. 3d 801 (Ark. 2000).

④ 非自愿的民事收容，即法官决定某一声称精神病的人是否应当被送入精神病医院接受治疗或者接受其他心理治疗的程序。处在该民事收容程序中的人被称作“所谓的精神病人”（AMIP）。民事收容并非刑事定罪，也不被记入犯罪记录。民事收容申请被提交之后，由社区精神卫生中心（CMHP）的调查员来调查收容的必要性。一切依调查员的决定而定，此案可能在没有听证的情况下被撤销，此人也可能被列入转处方案，一场听证会也可能被举行。如果举行听证会，此人可以得到律师帮助，证人出庭作证；法官作出此人是否被收容的决定。一旦此人被决定收容，则其可能被要求强制就医或者在其他地方接受治疗。浏览：http://www.oregoncounseling.org/LawsRights/CivilCommit.htm。——译者注

⑤ Commonwealth v. Chatman, 538 S. E. 2d 304 (Va. 2000).

讼的民事性和康复矫治性，并以此证明对少年获取成年刑事被告人程序权利的否决的正当性。参见“钱伯斯上诉案”。[1]

(3) 行为能力

联邦最高法院认为：成年刑事被告人享有获取行为能力判定的宪法权利。参见“德罗普诉密苏里州案”；“梅迪纳诉加利福尼亚州案”。[2] 成年刑事被告人必须“充分具备与其律师商议的能力，并对之具有合理的理解力，且对其诉讼有着理性的认识”，[3] 参见“达斯基诉合众国案”，并且有能力“协助准备其辩护”。参见“德罗普诉密苏里州案”。[4] ADJJ 网站的近期研究表明：少年的诉讼能力、理解力和判断力在不同年龄发展阶段中表现出显著的差异。身心不成熟本身，而非精神疾病或心理迟滞，令少年的诉讼能力达不到标准。大多数 14 岁以下的少年表现出与患有严重精神病的成年被告人相同程度的能力障碍，甚至于缺乏理解或参与辩护的基本能力。很大一部分 16 岁以下的少年缺乏出庭接受审判、作出法律决定以及协助律师辩护的能力，且许多更大年龄的少年也表现出相当的能力障碍。参见托马斯·格里索等：《少年接受审判的能力：少年被告人与成年被告人之诉讼能力比较》。[5]

大多数州赋予了少年获取关于行为能力的听证会（a competency hearing）的权利。参见艾米丽·S. 波洛克：《疯孩子：少年法

---

① In re Chambers, 688 N. E. 2d 25 (Ohio Ct. App. 1996).

② Drope v. Missouri, 420 U. S. 162 (1975); Medina v. California, 505 U. S. 437 (1992).

③ Dusky v. United States, 362 U. S. 402(1960).

④ Drope v. Missouri, 420 U. S. 162. 171(1975).

⑤ Thomas Grisso, et al., "Juveniles' Competence to Stand Trial: A Comparison of Adolescents' and Adult's Capacities as Trial Defendants," 27 *Law & Hum. Behav.* 333 (2003).

院中的精神病辩护事由》。[①] 各州在其成文法或判例法中对少年的行为能力问题予以规定，并认为：如果不具备相应的行为能力，则越轨少年享有不受审判的基本权利。参见：佛罗里达州的相关法律规定（少年越轨案件中的无行为能力）；[②] “塔特诉佛罗里达州案”（认为：一审法院因为没有在审判前后主动指令行为能力的评估，而侵犯了12岁少年的正当处理原则权利）；[③] 堪萨斯州的相关法律规定（判定行为能力之诉讼程序）；[④] “为了S. H. 之利益案”（如果少年被告人没有能力行使，则在其越轨诉讼中为其提供的程序权利将会是没有意义的）；[⑤] “华盛顿州诉E. C. 案”（赋予少年法院在处理无行为能力少年案件中的更大自由度）；[⑥] “丹多伊诉高等法院案”（及于成年人相关的诉讼程序必须适用于少年案件，以判定其心理能力）。[⑦] 某些法院认为：鉴于少年越轨诉讼的康复矫治性和非刑事性，立法机构令少年法院对少年予以审判，而无须考虑其精神状况或其协助律师辩护的能力。参见“G. J. I. 诉俄克拉荷马州案”。[⑧]

各州用以判定少年诉讼能力的程序及标准有所不同。某些州采取与成年人一样的程序来判定何人具备接受审判的诉讼能力。参见“关于D. D. N. 之福利案”。[⑨] 其他一些司法管辖区则认为：少年法院的康复宗旨允许法官采取更为灵活的程序来判定少年的诉讼能

---

① Emily S. Pollock, *Those Crazy Kids: Providing the Insanity Defense in Juvenile Courts*, 85 Minn. L. Rev. 2014 (2001).

② Fla. Stat. Ann. § 985.223 (West 1998).

③ Tate v. State, 864 So. 2d 44 (Fla. App. 4 Dist. 2003).

④ Kan. Stat. Ann. § 38 – 1637 (1997).

⑤ In the interest of S. H., 469 S. E. 2d 810 (Ga. Ct. App. 1996).

⑥ State v. E. C., 922 P. 2d 152 (Wash. Ct. App. 1996).

⑦ Dandoy v. Superior Court, 127 Ariz. 184, 619 P. 2d 12 (1980).

⑧ G. J. I. v. State, 778 P. 2d 485 (Okla. Crim. App. 1989).

⑨ Matter of Welfare of D. D. N., 582 N. W. 2d 278 (Mn. Ct. Ap. 1998).

力，而不是照搬成年人的程序。参见“K. G. 案”。[①] 与此类似，不同的州采用不同的标准来判定少年接受审判的能力。尽管少年法院秉承其康复宗旨，某些州还是采取了“德罗普案件”（Drope）和“达斯基案件”（Dusky）的成年人行为能力标准，并认为：少年诉讼仍然可能涉及惩罚以及自由权的重大丧失，且因此而要求儿童与成年人一样具备参与审判的能力。参见“S. W. T. 之福利案”。[②] 其他一些州，鉴于少年诉讼与成年人刑事诉讼之间错综复杂的差异性，允许法院在少年越轨审判中采用更加宽松和不太严格的行为能力标准。参见“贝利案”。[③] 一审法院认识到，即便没有任何内在的精神疾病或精神失常，仅身心发展的不成熟性本身就可能导致理解能力和诉讼能力的缺失。参见“蒂莫西·J. 诉高等法院案”。[④] 评论者更赞成在少年越轨诉讼中采用宽松的少年行为能力标准，而非成年人的标准，因为采用成年人标准可能妨碍法院的裁决，且有可能妨碍少年法院采取适当的治疗性处遇措施。如果严格遵从宪法，则宽松的行为能力标准将要求为身心发展不成熟的少年提供真正不同的处置措施。参见伊丽莎白·S. 斯科特、托马斯·格里索：《发展过程中的无行为能力、正当处理原则以及少年司法政策》。[⑤]

二、少年法院对非犯罪的不良行为的管辖权：身份犯

进步时代的改革者将儿童期视为一个具有脆弱性和依赖性的时

① In re K. G., 808 N. E. 2d 631 (Ind. 2004).

② In re Welfare of S. W. T., 277 N. W. 2d 507 (Minn. 1979).

③ In re Bailey, 150 Ohio App. 3d 664, 782 N. E. 2d 1177 (2nd Dist. 2002).

④ Timothy J. v. Superior Court, 150 Cal. App. 4th 847, 58 Cal. Rptr. 3d 746 (2007).

⑤ Elizabeth S. Scott & Thomas Grisso, “Developmental Incompetence, Due Process, and Juvenile Justice Policy”, 83 *N. Car. L. Rev.* 793 (2005).

期，并将青春期视为成年的准备期。他们认为："成年人似的"活动和过早的自治不利于儿童的长远发展。参见普拉特：《儿童拯救者》。家庭、社区、学校承担着少年的社会化、监管和控制的主要责任。进步时代的改革者在这些主要的社会化机构中实施对少年的管护，并将其脱离这些机构的放任自流视为对其自身以及社会的威胁。如果某少年"逃离"这一重叠的监管网络，那么该少年便完全"失控"。少年法院提供了一种方式，以管控儿童，以加强其他的儿童管控机构的权威，并对其家庭监护的充分性予以监督。参见菲尔德：《坏孩子》。

进步时代改革者将少年法院构想为一个"国家亲权"机构，即对父母不胜任的一种良性替代，并将身份犯纳入了其越轨行为的定义中。参见萨顿：《愚笨儿童》。[①] 少年法院的部分使命包括了对其他人关于儿童期规则的贯彻执行，如父母的管束、强制参加学校教育的规定以及法官关于儿童培养的规范认识。事实上，身份管辖权所包含的所有行为代表着如下的努力：增援主要的社会化机构的权威；或恢复对少年的控制；或贯彻儿童期的规范。因为"执拗不顺"、"顽愚不化"或离家出走的儿童威胁到了父母对其的控制，所以少年法院对此予以干预，以加强父母的权威。当逃学儿童"逃离"或威胁到学校对其的控制之时，少年法院便再次主张学校的管控。诸如"恣意妄为"、"道德败坏"、饮酒或性尝试之类的少年行为，形成了对少年长远发展的威胁，冒犯了进步时代改革者关于儿童天性的感知，违反了儿童期的规范认识，并因此而构成了禁止少年实施的成年人活动。

"身份犯"的本质是非犯罪的作为或不作为（acts or omissions），如离家出走、执拗不顺、不去上学，国家对少年的这些行为予以禁止只是因为他们的年龄及其儿童的身份，但成年人可以自由地实施这些行为。有些身份犯的规定是禁止性的，即禁止少年从

---

① Sutton, *Stubborn Children.*

事某些行为，如饮酒或在一定时间后逗留街上。另一些是指令性的，即明确要求儿童的某些积极作为，如遵从其父母或上学。还有一些是预防性的，并关注于儿童的一般发展问题，如“恣意妄为”或“在懒惰或犯罪中成长”。各州对非犯罪之不良行为予以禁止的具体法律规定有所差异。少年法院可以宣告某18岁以下者接受法院的监护，“此未成年人长期或习惯性地拒绝其父母、监护人或管理人合理适当的命令和指导，或者不能为其监护人所控制，或者在年满18岁之前违反本州某市或某县的单单基于年龄而设置的宵禁法令……”参见加州的相关法律规定。[①]其他一些州对身份犯的界定更为宽泛，包括了“如果由成年人实施则不构成轻罪或者重罪的任何违法行为，包括但不局限于：执拗不顺或脱离父母控制、逃学、离家出走、在台球室里玩耍和闲荡、玩弹球机或以虚假身份获准进入影剧院”。参见南卡罗来纳州的相关法律规定。[②]某些州所规定的管辖权更为宽泛，并将“不守规矩的儿童”界定为“对其自身或他人的健康或道德造成伤害或危险的任何儿童”。参见俄亥俄州的相关法律规定。[③]

尽管有少年对这些宽泛的裁量范围提出了反对，即认为其在宪法意义上“因含混不清而应当归于无效”，但州上诉法院一直否决相关的反对意见——这些反对意见认为禁止“执拗不顺”、“道德败坏”以及类似的“不良行为”的法律规定含混不清。参见“布朗德赫姆诉华盛顿州案”。[④]法院强调：少年不享有与成年人同样的自由权，且国家因此而可以对其行为予以更为广泛的监管。参见“S. S. 和 L. B. 诉缅因州案”。[⑤]此外，身份犯管辖权具有预测性和

① Cal. Welf. & Inst. Code § 601 (West 1998).

② S. C. Code Ann. § 20-7-6605(8) (Law. Coop. 1999).

③ Ohio Stat. § 2151.022 (West 1998).

④ Blondheim v. State, 84 Wash. 2d 874, 529 P. 2d 1096 (1975).

⑤ S. S. and L. B. v. State, 299 A. 2d 560 (Me. 1973).

预防性，并授权国家干预以提前防止未来的犯罪。法院坚持认为：禁止"执拗不顺"和"危及道德的行为"的法律规定可以提示少年充分注意被禁止的行为。参见"E. S. G. 诉得克萨斯州案"。[①] 虽然立法机构可以采用法律规范言语对被禁止的行为予以更为精确的规定，但法院很少要求他们这样做。参见"蒂娜·玛丽·格拉斯案"（"以精确数学方法界定所有类型的儿童危害行为的草率试图，正好说明了准予宽泛而大体的管辖权的理由。国家在保护儿童身体、道德或心理健康方面的利益……是少年法的核心"）。[②]

直到20世纪70年代中期，大多数州都将身份犯视为越轨行为的一种形式，并将身份犯拘留和监禁在与因犯罪行为而被裁决为越轨者的少年同样的机构中。当时，身份犯案件占少年法院案件数量的1/3或更多，且父母亲权案件常常涉及棘手的家庭内部纠纷。受高尔特案件的影响，与被予以刑事指控的少年相比，被予以身份犯指控的少年享有更少的程序权利，如获取律师帮助的权利、避免自证其罪的特权以及证明责任的承担。详见本书第七章。参见："斯伯丁案"；[③]"沃克案"；[④] 艾琳·M. 史密斯：《儿童最佳利益：少年身份犯应当享有正当的程序权利》。[⑤] 于是，当法院不能对被怀疑实施了犯罪行为的儿童确立越轨管辖权的时候，便可援用其身份犯管辖权。例如"格拉迪斯·R. 案"。[⑥]

由于关于身份犯的立法授予了法官预防不守规矩或不合道德行为发展为犯罪行为的广泛的自由裁量权，因此相关的裁决和干预常

---

① E. S. G. v. State, 447 S. W. 2d 225 (Tex. Ct. Civ. App. 1969).

② In re Tina Marie Gras, 337 So. 2d 641 (La. Ct. App. 1976).

③ In re Spalding, 273 Md. 690, 332 A. 2d 246 (1975).

④ In re Walker, 282 N. C. 28, 191 S. E. 2d 702 (1972).

⑤ Erin M. Smith, *In a Child's Best Interest: Juvenile Status Offenders Deserve Procedural Due Process*, 10 J. Law & Inep. 253 (1992).

⑥ In re Gladys R., 1 Cal. 3d 855, 83 Cal. Rptr. 671, 464 P. 2d 127 (1970).

常反映了法官的个人价值观和偏见。规制非犯罪之不良行为的缺乏标准的自由裁量权运用，对贫困、少数族裔和女性的少年产生了比例失调的影响。参见梅达·切斯尼－林德、兰德尔·谢尔登：《女孩、越轨与少年司法》。①

立法机关认识到：少年法院常常不能实现其慈善目的，这导致了其对非犯罪之不良行为的管辖权的缩减，如“恣意妄为”、“道德败坏”或“执拗不顺”。20 世纪 70 年代，批评者反对少年法院的身份犯管辖权给予非刑事的违法者和因犯罪而被裁定为越轨者同样的待遇，以单方干预的方式使得家庭和其他的案件提交来源不能有效运转，并为少年法院带来了无法克服的法律问题。参见 H. 特德·鲁宾：《少年司法：政策、实践与法律》。② 许多州将身份犯从越轨的法律定义中移除，并将这些儿童重新贴上“需要监管的人”（PINS）或“需要监管的儿童”（CHINS）或类似的标签。参见华盛顿特区、纽约州和南达科他州的相关法律规定。③ 有几个州已经将身份犯从少年法中移除，并将其作为“需要扶助的儿童”（dependent children）予以处理。参见宾夕法尼亚州的相关法律规定（“需要扶助的儿童”包括逃学、执拗不顺以及缺乏父母适当照管的儿童）。④

立法和司法对少年法院非犯罪少年对策的幻灭，还引发了转处和非监禁化（de－institutionalization）的改革。1974 年颁行的《联邦少年司法和越轨预防法》（the Federal Juvenile Justice and Delin-

---

① Meda Chesney－Lind and Randall Shelden, *Girls, Delinquency, and Juvenile Justice* (2nd ed. 1997).

② H. Ted Rubin, Juvenile Justice: *Policy, Practice, and Law* (2nd ed. 1985).

③ D. C. Code § 16－2301(8) (1989); N. Y. Fam. Ct. § 712(a) (Mckinney 1983); S. D. Comp. Laws Ann. § 26－8B－22 (1992).

④ 42 Pa. Cons. Stat. § 6302.

quency Prevention Act）（JJDPA）[①] 要求各州着手将非刑事的违法者移出监禁式的拘留和矫正机构，并促进对身份犯的非监禁化。至20世纪80年代中期，监禁拘留机构中的身份犯数量有所下降。然而，少年法院只是将一小部分身份犯关押于监禁机构中，而大部分的少年身份犯仍然适格于被送入“森林宿营地”（forestry camps）以及其他的折中性的监禁机构。参见萨顿：《愚笨儿童》。[②] 此外，《联邦少年司法和越轨预防法》于1980年的修正案弱化了对监禁的限制，并允许国家对逃离非监禁场所或违反法院指令的身份犯予以藐视法庭的越轨行为指控，就此，法官可对其处以监禁。参见相关法律规定；[③] 并参见本书第八章。采用对蔑视法庭的惩罚权力将身份犯升格为越轨者，成为少年司法制度中性别偏见的一个持续不断的来源。最后，非监禁化促使了将许多中产阶级、白人和女性的身份犯送交私营精神健康和药物依赖治疗机构，并在那里对他们予以监禁。详见本书第八章。

这些立法和司法改革代表着“儿童拯救”运动的战略收缩，一种对为谋求儿童福利而进行强制干预之有限功效的认识，一种对贯彻儿童期规范理念作用的降低，以及一种对干预使命的减轻。尽管宽泛的“道德”身份犯管辖权有所缩减，但对儿童非犯罪行为特定方面的规制努力仍然在许多的伪装中持续着，如离家出走、逃学、违反宵禁以及吸烟和饮酒。当我们考虑转处（第四章）、审前拘留（第五章）、程序安全保障（第七章）以及处置判决（第八章）等问题时，便会出现与非犯罪的身份犯相关联的争议问题。

宵禁：只适用于儿童的违法行为

尽管少年宵禁法律有着悠久的历史，但许多城市在20世纪80

① 42 U.S.C. § 5633 (a) (12)(A) (1995).

② 注同前文。

③ 42 U.S.C. § 5633 (a)(12)(A) (1983).

年代后期和90年代早期方才颁行宵禁法律，以应对少年暴力和杀人犯罪的快速增长。1997年，对人口数量在3万人以上的347座城市的一项调查报告显示：其中的276座城市有关于宵禁的立法。参见美国市长会议：《美国城市少年宵禁状况报告》。① 2003年，警察以违犯宵禁和游荡街头为由而拘捕了超过136500名少年。自十年前以来，这一数字基本上没有什么变化。参见施奈德和西格蒙德：《2006年全国报告》。② 各城市通过颁行宵禁法律，禁止少年在没有父母陪同或法定合法原因的情况下在夜晚上街，以保护儿童，并以此减少少年犯罪。然而，对少年和成年人犯罪时间的比较显示：大多数少年暴力犯罪发生在下午3点到6点之间，即放学后，而不是如成年人犯罪案件那样发生在夜晚。

宵禁法令通常禁止18岁以下的少年在工作日的夜晚11点到第二天早上6点逗留于公共场所，而周末的宵禁时间为午夜12点至第二天早上6点。例如“哈钦斯诉哥伦比亚特区案”和“库特普诉巴特利特案”。③ 为了避免违宪，宵禁法令还规定了诸多例外，如少年在父母或监护人的陪同下，带着父母指派的差事，搭载于机动车辆中前往或从工作地出发，或参加学校、宗教或民间组织的活动，或行使第一修正案的言论及相关权利。

尽管联邦最高法院并没有对少年宵禁的合宪性问题作出判定，参见“白科夫斯基诉米德尔顿区案”，④ 大多数的联邦巡回法院和州法院都对少年及其父母的相关法律诉请予以驳回——这些法律诉

---

① U. S. Conference of Mayors, A Status Report on Youth Curfews in American's Cities (Dec. 1997).

② Howard Snyder and Melissa Sickmund, Juvenile Offenders and Victims: 2006 National Report (2006).

③ Hutchins v. District of Columbia, 188 F. 3d 531 (D. C. Cir. en banc 1999); Qutb v. Bartlett, 11 F. 3d 488 (5th Cir. 1993).

④ Bykofsky v. Borough of Middletown, 401 F. Supp. 1242 (M. D. Pa. 1975), cert. Den'd, 429 U. S. 964 (1976).

请试图根据正当处理、平等保护、宪法第一修正案和宪法第四修正案的宪法原则来否定禁止儿童“在一定时间之后”上街的城市宵禁法律。例如“哈钦斯诉哥伦比亚特区”、“施莱费尔诉夏洛茨维尔市”和“特里希诉安克雷奇市”等案件。[①] 由于宵禁法令作出了一种对儿童和成年人予以区别对待的类别划分，相关案件因此而涉及少年自由权益问题，以及法院对相关类别划分予以谨慎审查的等级问题，即合理基础的审查、中度的审查或严格的审查。法院对宵禁法令予以谨慎审查所采用的等级，在某种程度上，倚赖于其对居于风险中的少年利益的建构方式。由于年龄分类本身并不能生成某种可疑的类别，参见“格里高利诉阿什克罗夫特案”,[②] 某些法院因此而认为：对少年自由权益的侵扰必须经过严格的审查，并寻求某种不可抗拒的超越儿童自由权益的政府利益，如少年安全和减少犯罪。例如“库特普诉巴特利特案”。[③] 如果法院认为宵禁法令影响到少年的隐私或行动自由的基本权利，并对此采取严格的审查分析，那么这些法院便要求宵禁法令被严格局限于符合不可抗拒的政府利益。参见“佛罗里达州诉 J. P. 案”。[④] 法院大体上对这样一种主张予以否决，即少年享有在没有成年人监管的情况下在夜晚上街的“基本权利”。例如“赛尔诉高曼案”（宵禁法令只要求合理基础之审查来保护其健康与福利）。[⑤] 将少年利益界定为第一修正案所赋予的行动自由，更为频繁地引发“严格审查”和违宪的问题。例如“努涅斯诉圣地亚哥市案”;[⑥]“马科基塔市诉罗塞尔案”（宵

---

① Hutchins v. District of Columbia, 188 F. 3d (D. C. Cir. 1999); Schleifer v. City of Charlottesville, 159 F. 3d 843 (4th Cir. 1998); Treacy v. Municipality of Anchorage, 91 P. 3d 252 (AK 2004).

② Gregory v. Ashcroft, 501 U. S. 452 (1991).

③ Qutb v. Bartlett, 11 F. 3d 488 (5th Cir. 1993).

④ State v. J. P., 907 So. 2d 1101 (Fla. 2004).

⑤ Sale ex rel. Sale v. Goldman, 539 S. E. 2d 446 (W. Va. 2000).

⑥ Nunez v. City of San Diego, 114 F. 3d 935 (9th Cir. 1997).

禁法令阻止了年龄较大的未成年人参加晚间的教会活动以及政治活动)。[①] 与此对照，“施莱费尔案件”和“哈钦斯案件”的法院采取了“中度审查”，认为宵禁法令的限制规定与政府的“重要”利益之间具有“重大的关联性”，并对宵禁法令予以支持。

在“贝洛蒂诉贝尔德案”[②] 中，联邦最高法院的多数意见描述了一个大体的框架，以判定：较成年人而言，何时各州可以更少地顺从少年的宪法权利主张。“贝洛蒂案件”注明了区别对待少年与成年人的三个因素：儿童特别脆弱；没有能力以明智而成熟的方式作出关键决定；以及父母在儿童培养中具有重要的作用。采用此三个因素来分析少年宵禁法令，一些法院得出了相反的结论。例如，“马里科帕郡案”（宵禁法令所针对的犯罪与毒品之祸害对未成年人的伤害更大，因为他们更为脆弱）；[③] 又如，“沃特斯诉巴里案”（犯罪并没有对儿童造成特别的危险，而是对少年和成年人具有同等的影响作用）。[④]

某些法令还对故意允许其子女违反宵禁的父母予以惩罚。例如“哈钦斯诉哥伦比亚特区案”。[⑤] 有父母主张：如此的宵禁法令违宪性地削减了其教养儿童的权威，而法院对此主张予以了否决。父母有权在家中管束和教育其子女，并排除国家的干涉，但他们无权单方面决定其子女何时以及是否可以在晚上上街闲逛，而不顾国家的相关禁令。例如“哈钦斯诉哥伦比亚特区案”；[⑥] “赛尔诉高曼案”（宵禁对父母权利具有最低限度的影响）。[⑦] 然而，如果不能够准确

---

① City of Maquoketa v. Russell, 484 N. W. 2d 179 (Lowa 1992).

② Bellotti v. Baird, 443 U. S. 622 (1979).

③ Matter of Appeal in Maricopa County, 181 Ari. 69, 887 P. 2d 599 (Ct. App. 1994).

④ Waters v. Barry, 711 F. Supp. 1125 (D. D. C. 1989).

⑤ Hutchins v. District of Columbia, 188 F. 3d 531 (D. C. Cir. 1999).

⑥ 注同前文。

⑦ 注同前文。

界定诸如“逗留”公共场所或者何事成立为宪法意义上的有效“差事”等术语的含义，则法院可能发现：少年宵禁法令中的父母责任条款“因含混不清而归于无效”。例如“萨姆纳市诉沃尔什案”。[①] 法院对少年以第四修正案向宵禁法令提出的挑战漠不关心。如果在“法定时间之后”，公共场所中的某人貌似“年幼”，则警察便有了进一步调查的合理根据，以判定此人的年龄及其逗留于公共场所的原因。参见“沃特斯诉巴里案”；[②] “库特普诉巴特利特案”（“宵禁法令规定：在有合理怀疑的情况下，警官可以靠近团伙，以判定其中是否有少年”）。[③] 宵禁法令授权警察对事件予以积极主动的干涉，并对貌似“年幼”的人予以调查，以预防团伙犯罪活动。

三、结论

进步时代少年法院的缔造者构想了一个拥有司法背景的社会服务机构，并试图将其福利使命与国家强制力相互融合。少年法院试图将社会福利使命和刑罚社会控制予以平衡，而这些目标在其对犯罪案件和非犯罪案件的宽泛管辖权上得到了反映。由于各州对越轨管辖权的界定乃是建立在犯罪行为基础之上，因而令社会福利问题从属于刑罚问题的趋势持续存在着。过去 20 年中，法律变革对惩罚、罪责以及个人责任予以了强调，对少年法院的刑罚基础予以了加强，并对富于同情心的对策予以了贬损。尽管近期立法对惩罚予以了强调，但少年法院的目的仍然保持着比刑事司法体系更强的康复矫治性和干预主义，且法院对这些差别予以了利用，以令相关法学理论和相关法律程序的区别得以正当化。

---

① City of Sumner v. Walsh, 61 P. 3d 1111 (Wash. 2003).

② 注同前文。

③ 注同前文。

第三章 警察与少年：审前刑事诉讼程序

少年法院是更为宽广的少年社会控制体系中的一个组成部分，并与其他参与主体之间存在互动关联。警察会在社区中遭遇少年的犯罪行为和非犯罪的不良行为，并可能将其移送少年法院。学校管理人员会在学校对学生的逃学及不良行为予以应对，并可能将其移送少年法院。缓刑官（Probation officer）① 会对被移送至少年法院的少年予以非正式或正式的监管，并可以请求少年法院对违反缓刑制度的行为予以制裁。父母也可以寻求少年法院的帮助来对其子女

① 关于 probation officer 的中文翻译，译者认为，也可将其译为“观护官”。首先，probation 的基本原意为：设置一个以观后效的考验期，以辅助进一步的决定；其次，鉴于美国少年司法与普通刑法在基本观念上的差异，在针对成人的普通刑法中，probation 一般被译为“缓刑”，probation officer 即被译为“缓刑监督官”或“缓刑官”。但鉴于美国少年司法“尽量不把少年不良行为视为犯罪，不对其适用刑罚”、“避免少年沾染刑事（罪与刑）的污点，以更有效地保护其健康成长”的理念，同时鉴于 probation 在美国少年司法中的主要内容，即庭前的人格考察（制作关于少年身心成长情况的社会调查报告提交给法庭）、庭中的处置建议和庭后的监督保护等，美国少年司法中的 probation 可被译为“观护”，即以观后效之“观”察和国家亲权之监“护”，而 probation officer 即可译为“观护官”。然而，“缓刑（官）”的译法也有其好处，即因为可以迅速接轨于我国刑事法的概念体系，而更容易被我国读者所接受。——译者注

予以管控，或者因犯罪行为或非犯罪的不良行为而将其移送少年法院。同时，接下来，少年法院可以对上述参与主体的权威予以增援，并依靠他们贯彻其指令，并在社区中对少年予以监管。各州对越轨管辖权的界定乃是以违反刑法为基础的，且警察是少年法院案件提交的主要来源。2002 年，法律执行人员将 82% 的少年越轨案件移送到了法院的立案部门。参见施奈德、西格蒙德：《2006 年全国报告》。[①] 学校为逃学案件提交的最大来源；父母为离家出走和执拗不顺案件提交的最大来源；而法院服务工作人员为违反缓刑案件的最大来源。参见施奈德、西格蒙德：《2006 年全国报告》。[②]

本章不概要重述标准的刑事程序原则，如宪法第四修正案之搜查与拘留法或宪法第五修正案之审讯原则，而是在一定程度上认为：成年人刑事诉讼的宪法框架大体上适用于警察对少年的治安监管。参见韦恩 · R. 拉费、杰罗德 · H. 伊斯雷尔、南希 · J. 金：《刑事诉讼程序》（第四版）（2000 年）（以下简称拉费：《刑事诉讼程序》）。[③] 本章拟考察：当适用于儿童而不是成年人的时候，或者鉴于少年法院旨在对少年违法者予以治疗而非对其予以惩罚，法律和法院意见如何对相关的普通刑事诉讼政策予以相应的修改调整。儿童与成年人之间的行为能力、判断能力差异，或治疗与惩罚之间的差异，如何以及应当如何影响审判前的警察调查程序？如果说，与成年人相比，少年身心不够成熟且行为能力较弱，那么当其与警察打交道的时候，相关的法律体系应当如何适应其身心发展的局限性？例如，当少年同意搜查或放弃其“米兰达”权利且警察

---

① Howard Snyder and Melissa Sickmund, Juvenile Offenders and Victims: 2006 National Report (2006).

② Howard Snyder and Melissa Sickmund, Juvenile Offenders and Victims: 2006 National Report (2006).

③ Wayne R. LaFave, Jeroldn H. Israel and Nancy J. King, Criminal Procedure Fourth Ed. (2000).

对其予以讯问的时候，便产生了少年法律行为能力的问题。法律学说应该将儿童视同成年人予以对待呢？抑或为了补偿其身心的不成熟性和脆弱性，其应当向少年提供更大的保护呢？如果儿童在特定背景下引发了社会控制的特殊问题，如在学校中，那么各州应当如何对其刑事诉讼程序予以调整，以适应学校的“特殊需要”？

一、第四修正案刑事诉讼程序

对少年的治安监管包含了两方面的内容：其一，警察的大体实践操作；其二，警察以及其他成年人对儿童的更为广阔意义上的文化判断。通常的警察事务涉及刑事法律的执行、维护治安以及一系列的公共服务。法律执行、秩序维护以及社区服务需要警察作出大量的自由裁量和低可见度的决定。当人们“呼叫警察”时，他们希望警察反应迅速，因时因地地处理相应的状况，并在任何的反对力量面前获取优势。在对少年予以治安监管的问题上，警官们拥有着关于儿童的共同文化判断——该判断进一步地支撑着成年人对儿童的控制。与大多数成年人的认识类似，警察认为：少年有义务说明其在公共场所出现和进行活动的原因。与此类似，警察如同其他成年人那样认为：少年大多数的所作所为是无用的、缺乏内在意义的，并因此而从属于成年人的要求和利益。尽管犯罪问题的严重性，尤其是在涉及少年时，警察所做的很多工作并非刑事法律的执行，而是秩序的维持。在许多涉及少年的非重罪案件中，如噪声干扰、公共秩序扰乱、街头“游荡”，警察遇到成群的少年，而并不能对个体的责任予以轻易判定。警察对这些情形如何反应，更多地取决于互动过程当中所发生的事情，而不是之前所发生的事情。在这些遭遇中，警察拥有以下几个自由裁量的选项：警告而后释放；书写一个实地报告；对涉案儿童予以拘押而后送交其父母；传讯其到少年法院，以及对少年予以拘捕和（或）拘留。某些司法管辖区正式地授权警官向少年出具书面的警告，以替代对其予以拘押措施。参见得克萨斯州的相关法律规定（书面警告应当遵循少年法院批准的指导原则，描述儿童的行为，送交其父母，并由警察部门予以归档）。[①] 在许多的非重罪案件中，警察的应对措施常常反映了少年的行为、态度及其对警官的回应。在相当程度上，警察和少年之间的互动会对大量的不良行为起到调节作用。少年的怯让可以起到缓解情状的作用，而其傲慢态度则可能使情况恶化。

大多数的少年不法行为发生于公共场所。警察会对这些问题予以就地解决，以实现对公共场所的控制。警察经常对市民关于少年活动的投诉作出反应，如商店老板声称：少年在其商店中闲逛或骚扰顾客。投诉者的意愿也会限制警察的自由裁量。当市民求助于警察时，他们会对警官如何作出应对措施予以监督。警察履行着一种准司法的职能，其中，他们会抱持着一种不利于少年的推断。警察通常会认同成年投诉者的指控，而不会对少年的否认给予多大的信任。与此相对，少年感觉警察常常对其予以错误的指控，并对其加以武断的限制。

少年标新立异的表现会对警察对公共场所的控制造成潜在的威胁。此外，少年“麻烦事件”是被予以社会定型化的，因为学校、商店、娱乐场所在特定的街区或场所对少年予以了重点的关注。尤其是在都市区域，警察经常发现少年处于成年人认为其不应该出现的场所，且在此地，警察和少年之间出现了某种对抗性的关系。为了预防秩序的骚乱，警察可能采取“提前干预”或“积极巡查”的措施，而少年则可能会经历一场“舌战”。警官们会秉持其成见及其与特定种族打交道的经验，令拘捕统计数据膨胀，并以此创造出一种自我实现的预言，然后以此强化其成见，鼓舞其侵略性的权力主张，并进一步引发少年的敌对反应。

---

① Tex. Fam. Code § 52.01 (Vernon 2002).

1. 监管（custody）

拘捕（arrest）的合法性影响着通过其后的调查活动（例如伴随拘捕或讯问的搜查）所获取的证据的可采纳性。当警察对少年予以监管之时，他们的行为便受到了少年法院法、普通法以及第四修正案宪法原则的约束。参见洛德斯·M. 罗萨：《未成年人与第四修正案：少年身份何以应当援用街头搜查与扣押的不同标准》。[1]少年法通常规定：警察在如下情况下可以对儿童予以监管：基于法院的指令或拘捕令——“遵照与拘捕相关的法律规定”；或者当警官有理由相信某儿童已离家出走，且其所处的环境将威胁到其健康或福利；或者当其违反了缓刑或假释的相关条件。例如：威斯康星州的相关法律规定（警察有理由认为少年已经或者正在违反刑法）；[2] 俄克拉荷马州的相关法律规定（治安官可以因任何授权该官员拘捕成年人的犯罪行为而对该儿童予以监管，而无须拘捕令）；[3] 宾夕法尼亚州的相关法律规定（遵照拘捕法律）。[4] 然而与此同时，少年法又规定：对儿童进行监管“不应当被视为拘捕”。参见明尼苏达州的相关法律规定。[5] 这样可以使少年在以后找工作或者填写其他表格的时候真实地回答其没有受到过拘捕。然而，将限制人身自由委婉地称作“监管”而不是“拘捕”并不能回避关于合理根据（probable cause）的宪法要求。参见“威廉姆斯案”（联邦宪法第四修正案适用于少年拘捕，且“合理理由”与“合理

---

① Lourdes M. Rosado, “Minors and the Fourth Amendment: How Juvenile Status Should Invoke Different Standards for Searches and Seizures on the Streets,” 71 N. Y. U. L. Rev. 762 (1996).

② Wis. Stat. Ann. § 938. 19 (West 2000).

③ Okla. stat. Ann. tit. 10 § 7030 - 1. 1 (West 1999).

④ Pa. Juv. Ct. Act § 6324.

⑤ Minn. Stat. Ann. § 260B. 165 Subd. 2 (West).

根据”同义)。[1] 一些法律明确规定：第四修正案适用于监管决定。参见得克萨斯州的相关法律规定（“对儿童的监管并非拘捕，除非根据该州或联邦的法律和宪法，为了判定监管之合法性或搜查之合法性的目的”)；[2] 佛罗里达州的相关法律规定（监管并非拘捕，除非为了判定监管或者证据合法性之目的)。[3]

美国联邦宪法第四修正案规定：“人们拥有其人身、住宅、文件和财产不受无理搜查和扣押的权利，任何人不得违反此权利，且除非具有合理的根据，并有宣誓或证据的支撑，且对搜查的地点以及被搜查人或被搜查物有具体的描述，不得签发搜查和扣押的令状”。参见美国联邦宪法修正案四。[4] 除学校之外，法院大体上将宪法第四修正案的原则适用于少年。参见“新泽西州诉 T. L. O. 案”；[5]“佛罗里达州诉 J. L. 案”（排除以不合法的“盘问”而获取的证据)；[6]“莱恩斯诉得克萨斯州案”（第四修正案之合理根据要求对少年具有可适用性)。[7]

当警察剥夺某人的自由权时，也就产生了拘捕或宪法第四修正案所提及的扣押某人的问题。对自由权的限制是否构成拘捕，是一个事实性的法律问题。参见拉费：《刑事诉讼程序》。根据普通法，且在大多数州中，警官可以因重罪而对某人予以拘捕，而无须拘捕令，如果该警察有合理根据认为此人实施了犯罪，且拘捕发生在公共场所中。参见“合众国诉沃特森案” （公共场所中的无证拘捕)；[8] 拉费：《刑事诉讼程序》。此外，警察可以就当场发生的轻

① In re Williams, 333 N. E. 2d 674 (Ⅲ. App. Ct. 1975).

② Tex. Fam. Code Ann. § 52.01 (b) (Vernon 2002).

③ Fla. Stat. Ann. § 985.207(3) (1997).

④ U. S. Const. Amend. Ⅳ.

⑤ New Jersey v. T. L. O., 469 U. S. 325 (1985).

⑥ Florida v. J. L., 529 U. S. 226 (2000).

⑦ Lanes v. State, 767 S. W. 2d 789 (Tex. Crim. App. 1989).

⑧ United States v. Watson, 423 U. S. 411 J. B., 131 (1976).

罪实施无证拘捕，且即便潜在的犯罪并不导致坐监，他们也可以这样做。参见“亚特沃特诉拉格维斯塔市案”。[①] 然而，证据的可采纳性取决于起初拘捕的合法性，且如果警察因不可判处监禁的犯罪而对少年予以没有适当根据的监管，则某些法院会对相关的证据予以排除。例如，“蒙大拿州诉鲍尔案”（拘捕附带的搜查不合法，因为对不可判处监禁的拥有酒类饮料的未成年违法行为，少年不得被拘捕和拘留）。[②]

在缺乏“紧急情形”的情况下，警察通常须持拘捕证方能进入私人房屋拘捕嫌疑人。参见“佩顿诉纽约州案”（在私人住所中的重罪拘捕一般需要持拘捕证）。[③] 在有或者没有拘捕证的情况下，当警察合法地拘捕嫌疑人，他们可以开展搜查行动，以从其身上或其即时控制的区域内获取证据。参见“切梅尔诉加州案”。[④] 警察在进行拘捕附带搜查时，无须考虑是否有理由相信其将会通过搜查找到武器或证据，且其既可以在拘捕时进行搜查，也可以之后在警署内进行搜查。参见“合众国诉罗宾逊案”；“合众国诉爱德华兹案”。[⑤] 另外，当警察有合理的怀疑认为“犯罪活动正在进行中”，他们可以对其人进行简单的调查性的扣押（investigative seizure）或“拦截”（stops）——与拘捕相比，该措施的侵入性较低。参见“特里诉俄亥俄州案”。[⑥] 依照侦查羁押规则，如果警察有客观的合理根据认为某人携带有武器或对其安全具有威胁，则其也可以对此人进行检查或搜身。参见拉费：《刑事诉讼程序》。[⑦]

---

① Atwater v. City of Lago Vista, 532 U.S. 318 (2001).

② State v. Bauer, 36 P.3d 892 (Mont. 2001).

③ Payton v. New York, 445 U.S. 573 (1980).

④ Chimel v. California, 395 U.S. 752 (1969).

⑤ United States v. Robinson, 414 U.S. 218 (1973); United States v. Edwards, 415 U.S. 800 (1974).

⑥ Terry v. Ohio, 392 U.S. 1 (1968).

⑦ LaFave, *Criminal Procedure*.

关于联邦宪法第四修正案是否适用于在校外场合中对少年的拘捕与搜查的问题，最高法院没有明确的指示。立法机关和法院一直将“监管”（custody）视同于拘捕（arrest）的对等语，且以成年人的宪法性刑事诉讼程序框架来分析校外场所中的少年拘捕与搜查的合法性问题。“处于‘被监管’的状态即是对自由权的一种限制。当少年被监管，不管其是否为短期的，少年并不能自由离开。对少年的监管类似于对成年人的拘捕。”参见“为了 J. G. 的利益案”。[①] 法院通常对相关的法律规范语言予以定性，即“监管”并非“拘捕”，其意在保留为了判定其合宪性目的之例外。“当‘拘捕’之术语不是被用以描述对少年予以监管时，在为了评价搜查合法性的情况下，可以在此意义上予以使用……对少年予以合法拘捕的标准即为成年人犯罪拘捕的标准……外加包含在法院规则中的专门针对少年犯罪的标准。”参见“J. B. 案”。[②] 在“莱恩斯诉得克萨斯州案”[③] 中，法院主张：通过对少年予以监管来获取其指纹，在功能上等同于拘捕，需要具备合理之根据（probable cause）。对于该问题，并没有广泛的判决予以回应，这反映了某种共识，即关于成年人拘捕之法律同等地适用于少年。参见萨缪尔·戴维斯：《未成年人之权利》（1994 年）（下文简称戴维斯：《未成年人之权利》）。[④] 被告人只能通过抗辩以拘捕方式获取的证据的可采纳性，来挑战拘捕的合法性。参见“王新诉合众国案”。[⑤] 不能产生任何派生证据的非法拘捕并不能剥夺少年法院对相关越轨少年

① In the Interest of J. G., 547 A. 2d 336 (N. J. Super. Ch. 1988).

② In re J. B., 131 N. J. Super. 6, 328 A. 2d 46 (Juv. & Dom. Rel. Ct., Union Co. 1974).

③ Lanes v. State, 767 S. W. 2d 789 (Tex. Ct. Crim. App. 1989).

④ Samuel Davis, Rights of Minors (1994).

⑤ Wong Sun v. United States, 371 U. S. 471 (1963).

的管辖权。参见“弗里斯比诉科林斯案”；“佛罗里达州诉 E. T. 案”。①

身份犯之“监管”

如上文所述，少年法院管辖范围不仅仅限于少年刑事越轨。政府扮演着更为广泛的保护性的角色，且少年法院拥有着对身份犯的管辖权，这使得警察可以因非犯罪的不良行为，抑或在危及其健康或福利的情况下，对少年予以监管。例如，身份管辖权涵盖着以下儿童：惯常性的逃学者、“不守规矩”或不服从父母的合理指令者、离家出走者、违反宵禁者、违反其他仅适用于儿童的法律禁令者，以及因其环境而处于即将到来的危险者。参见：佐治亚州和宾夕法尼亚州的相关法律规定。② 广泛的管辖权必定需要一种与之相匹配的干预少年的更大权力——较之于干预成年人的权力而言。因此，即便警察缺乏合理之根据认为某少年实施了犯罪行为，其仍然可以基于身份管辖或保护管辖对儿童予以监管。例如，当警察合理地认为某学龄少年正在逃学，他们即可以违反逃学禁令为由制止他，并对其予以监管。参见“詹姆斯·D. 案”。③ 当警察得到某少年离家出走的信息，他们便有权对该少年予以监管。参见“为了 J. G. 的利益案”。④ 在其以身份违法行为对某少年予以监管时，警察必须拥有某种“合理的信念”或“合理之根据”认为该少年实施了非犯罪的不良行为，而不是必须掌握该少年实施了犯罪行为的证据。某些州的法律明确规定了关于警察相信某少年为身份犯的“合理信念”的法定标准。参见纽约家庭法院法的相关规定（警察

---

① Frisbie v. Collins, 342 U. S. 519 (1952); State v. E. T., 560 So. 2d 1282 (Fla. Dist. Ct. App. 1990).

② E. g., Ga. Code Ann. § 15 – 11 – 2(12)(2000); Pa. Juv. Ct. Act § 6324 (2000).

③ In re James D., 43 Cal. 3d 903, 741 P. 2d 161, 239 Cal. Rptr. 663 (1987), cert. den'd, 485 U. S. 959 (1988).

④ In the Interest of J. G., 547 A. 2d 336 (N. J. Super. Ch. 1988).

可以合理地断定"某儿童为离家出走者，如果该儿童拒绝提供其姓名或者其父母或其他合法监护人的姓名和住址，或者该警察有理由怀疑该儿童所提供的父母或其他合法监护人的姓名或住址的真实性"）；[1] 同时参见"马克·安东尼·G. 案"（年少的面孔、迟晚的时间，且只身一人，含糊而前后矛盾的回答，以及不能提供身份证明，这些都可以作为"逃学或离家出走"或"搜身"拘留的理由）。[2] 最终，法院对身份犯拦截、监管以及拘捕合法性的评价方式与其对"特里拦截"[3] 以及其对成年人拘捕合法性的评价方式如出一辙。参见"佛罗里达州诉 J. L. 案"（其匿名行为可以构成调查性拦截的充分的合理怀疑）；[4]"D. J. 案"（从警察身边逃离其本身并不足以令拘捕得以正当化）。[5]

2. 监管附带搜查

联邦最高法院准许警察在拘捕过程中进行附带搜查，以防止嫌疑人对证据的破坏以及对警官的伤害危险。参见拉费：《刑事诉讼程序》。[6] 法院：并不要求警官在搜查被拘捕者时具有搜查的合理

---

① N. Y. Fam. Ct. Act § 718(a)(McKinney 2002).

② In re Mark Anthony G., 571 N. Y. S. 2d 481 (App. Div. 1991).

③ 特里拦截（Terry - stop），即美国联邦最高法院在"特里诉俄亥俄州案"（Terry v. Ohio）的判决中确立的关于简单限制人身自由的刑事诉讼标准，即警察可以基于合理怀疑对涉嫌犯罪活动者予以简单的人身自由限制，即所谓"拦截"（stop），而对该人，警察尚未掌握对其予以拘捕的合理根据（probable cause）。进一步的信息，请参见：http://en.wikipedia.org/wiki/Terry_stop。——译者注

④ Florida v. J. L., 529 U. S. 266 (2000).

⑤ In re D. J., 532 A. 2d 138 (D. C. 1987).

⑥ Wayne R. LaFave, Jeroldn H. Israel and Nancy J. King, Criminal Procedure Fourth Ed. (2000).

根据。参见“合众国诉罗宾逊案”。[①] 尽管该法院对拘捕附带搜查的准许是在犯罪拘捕的语境中作出的，但法院赋予了警察对因非犯罪的不良行为而被予以监管的少年进行搜查的同样权力。即使警察起初以非刑事的身份违法行为而对某少年予以监管，法院也会对其监管附带搜查所获取的证据予以采纳，即便其可能导致刑事越轨的指控。参见“为了 J. G. 的利益案”（其毒品犯罪的指控乃是基于离家出走之监管附带搜查所获取的证据）[②]；“詹姆斯·D. 案”（其毒品犯罪的指控乃是基于逃学之监管附带搜查所获取的证据）[③]；“特伦斯·G. 案”（在因离家出走而被拘留的搜身中，从少年身上发现了枪支）[④]。对于成年人拘捕之附带搜查，法院以对警察和社会的保护作为其正当理由，与此不同，法院强调：警察对少年予以监管，其目的乃是在于保护少年的健康、道德和福利。“这种拘留的非刑事名称丝毫不能抹杀其‘处于被监管’状态的危险性。在此，对调查对象予以拘留的具体情形，加诸禁止离家出走之法律规定所要求的非常高度的保护义务，构成了对其予以搜身的充分的正当理由……对调查对象予以拘留的警官……显然被赋予了实现国家‘在保护和提升儿童福利中的国家亲权利益’的职责。”参见“特伦斯·G. 案”。[⑤]

关于警察以非犯罪不良行为对少年予以监管，并将其置于监禁羁押机构的权力，各州都对此有所限制。详见本书第五章。例如，纽约州授权警察“在可以对某人予以犯罪拘捕的条件下，无须拘捕证，即可以对任何未满 16 周岁的儿童予以监管……”具体可参

---

① United States v. Robinson, 414 U. S. 218 (1973).

② In the Interest of J. G., 547 A. 2d 336 (N. J. Super. Ct. Ch. Div. 1988).

③ In re James D., 43 Cal. 3d 903, 741 P. 2d 161, 239 Cal. Rptr. 663 (1987).

④ In re Terrence G., 492 N. Y. S. 2d 365, 370 (App. Div. 1985).

⑤ In re Terrence G., 492 N. Y. S. 2d 365, 370 (App. Div. 1985).

见纽约家庭法院法的相关规定。[①] 然而，纽约州要求警察将需要监管者（Person In Need of Supervision，PINS）或离家出走者送交其父母，或者将其送交合适的少年机构或家庭法院。具体可参见纽约家庭法院法的相关规定。[②] 尽管这些规定不允许警察将需要监管的少年留置于监禁拘留机构中，但警察还是可以对离家出走者进行搜身，以找到可采信的证据来支持越轨指控。参见“贾梅尔·J. 案”（根据禁止离家出走法律的拘留是监护性的拘捕，其可以令对相关少年的就地搜身，以及在没有搜查令情况下对其随身携带的包裹的搜查得以正当合法化）[③]；“沙伦·T. 案”（根据禁止离家出走的法律在公交车站对少年的扣押是监护性的拘捕，其可以令警察在其合法拘捕的过程中对少年的背包予以附带搜查的行为得以正当化）[④]。

法院对少年缓刑者的搜查适用与成年缓刑者同样的原则。例如，在“詹姆·P. 案”[⑤] 中，加州最高法院推翻了其先前在“蒂雷尔·J. 案”[⑥] 中的裁决——该案的裁决赋予了警察对少年缓刑者进行搜查的与成年人相比更大的权力。蒂雷尔案件的裁决允许警察将其对缓刑少年的搜查建立在某种缓刑条件的基础上，该缓刑条件要求该少年“服从于对其本人的搜身”，即便该警察对蒂雷尔的缓刑身份或搜查条件并不知情，且在没有合理根据的情况下实施。蒂

---

① N. Y. Fam. Ct. Act § 305.2(2)(McKinney 2000).

② N. Y. Fam. Ct. Act § 718 (McKinney 2002); N. Y. Fam. Ct. Act § 724 (McKinney 2002).

③ In re Jamel J., 246 A. D. 2d 388, 667 N. Y. S. 2d 732 (1998).

④ In re Sharon T., 248 A. D. 2d 131, 669 N. Y. S. 2d 535 (1998) leave to appeal denied 92 N. Y. 2d 803, 677 N. Y. S. 2d 73, 699 N. E. 2d 433 (N. Y. 1998).

⑤ In re Jaime P., 40 Cal. 4th 128, 51 Cal. Rptr. 3d 430, 146 P. 3d 965 (2006).

⑥ In re Tyrell J., 8 Cal. 4th 68, 876 P. 2d 519, 32 Cal. Rptr. 2d 33 (1994).

雷尔案件的裁决阐释道：少年法院矫治康复目标的实现需要比针对成年人的更为广泛的权力，以制止违反缓刑规定的行为，且少年缓刑者具有较低期望值的隐私权。而詹姆案件否决了这些理由，并认为：无论是少年法院治疗或制止越轨少年的“特殊需要”，抑或是少年较低期望值的隐私权，都不能使警察在没有“合理嫌疑”的情况下对少年的任意搜查行为得以正当化。

3. 监管的后续义务：告知和拘留

当警察对少年予以监管时，法律通常要求其将少年送入少年机构而不是成年人看守所，并尽量告知该少年的父母或缓刑官。可参见佛罗里达州、爱达荷州和伊利诺伊州的相关法律规定（当未成年人被予以监管时，应当采取合理的措施告知其父母）。[①] 例如，得克萨斯州家庭法规定：对儿童予以监管的人应当将该儿童交给其父母或监护人，而其父母或监护人应当承诺将该儿童送回少年法院或少年法院指派的官员，如缓刑受案部门的官员，如果有合理的根据认为该儿童实施了越轨行为或其行为表明了其需要监管，或者将该儿童送交拘留机构，或者该儿童的行为成立越轨，则将其送交监禁拘留机构，或者如果该儿童的严重身体状况需要立即治疗，则将其送交医疗机构。[②] 当警察对儿童予以监管时，其必须迅速通知该儿童的父母或监护人以及少年法院的官员，如缓刑官，并告知其监管的原因。与此相类似，《联邦少年越轨法》规定：对儿童予以监管的警官应当即时向少年告知其法律权利，并告知该少年的父母相关的监管事实和违法性质，并将该少年“毫不迟延地送交治安官”。[③] 关于告知的联邦法律规定预设了父母对其孩子的建议和帮

---

① Fla. Stat. Ann. § 985. 207（2）（1997）; Idaho Code § 20 – 516（Michie 2000）; 705 Ⅲ. Comp. Stat. Ann. § 405/5 – 405（West 1999）.

② Tex. Fam. Code Ann. § 52. 02（a）（Vernon 2002）.

③ The Federal Juvenile Delinquency Code, 18 U. S. C. 5033（2000）.

助，而不遵从该规定将构成事实上的歧视。例如，“合众国诉赛伊案”（由于办案机关不合理地延迟了将少年送交治安官的时间，且没有告知其父母，其口供得以排除）。[①] 根据联邦少年越轨之法律规定，在告知其父母之后，对儿童进行审问之前，警察必须提供父母与其孩子商谈的机会。参见“合众国诉温迪案”。[②] 法院对执法人员违反父母告知法律、在监管讯问过程当中所获取的少年言词证据予以了排除。参见“人民诉加德纳案”和“巴罗诉州政府案”。[③] 然而，法院通常不将不告知或不能告知父母作为违宪，而违宪即会使监管无效。参见：“合众国诉沃茨案”（告知父母是一种预防性的规定，以使儿童能够为辩护做好准备）；[④] “甘迪诉巴拿马城案”（拘捕之后，警察对告知父母的法律规定的违反不是一种违反联邦宪法的行为）；[⑤] “帕默诉州政府案”（未告知父母构成对正当处理权利以及具体法律权利的违反）。[⑥] 一般情况下，警察或缓刑官会将少年送交其父母，除非该少年符合继续拘留的法定条件。参见明尼苏达州的相关法律规定和纽约家庭法院法的相关规定。[⑦] 详见本书第五章。

4. 同意搜查

在“施勒克劳斯诉巴斯特蒙特案”[⑧] 中，联邦最高法院认为：

---

① United States v. Doe, 219 F. 3d 1009 (9th Cir. 2000).

② United States v. Wendy G., 255 F. 3d 761 (9th Cir. 2001).

③ People v. Gardner, 257 A. D. 2d 675, 683 N. Y. S. 2d 351 (1999); Barrow v. State, 749 A. 2d 1230 (Del. 2000).

④ United States v. Watts, 513 F. 2d (10th Cir. 1975).

⑤ Gandy v. Panama City, 505 F. 2d 630 (5 th Cir. 1974).

⑥ Palmer v. State, 626 A. 2d 1358 (Del. 1993).

⑦ Minn. Stat. § 260B. 171 (West 2002); N. Y. Fam. Ct. Act § 305. 2 (McKinney 2000).

⑧ Schneckloth v. Bustamonte, 412 U. S. 218 (1973).

对搜查的合法有效的同意必须是“综合考量”（totality of the circumstances）下的“自愿”。如果警察获得了自愿的同意，那么他们收集证据就不需要搜查令或具体的怀疑理由。施勒克劳斯案件将“自愿性”定义为非被迫的决定，而不是一种明知的选择，而明知选择的判定需要证明当事人知悉其拒绝的权利。该法院强调：自愿性是一个事实问题，对此，审判法院应当基于“综合考量”予以评价，而此“综合考量”包括“被告人的特性……被告人的年少或缺乏教育”等因素。然而，搜查同意与“审判权利”的放弃有所不同，即审判权利的放弃要求必须是“明知的、明智的和自愿的”，而搜查同意只需要“自愿的给予，且非威胁或强迫、明示或暗示的结果。自愿性是一个基于综合考量的事实问题，而当事人对其拒绝权利的知悉是一个需要考虑的因素，控方无须对此予以证明，以作为自愿同意成立的前提条件。”

当警察获得少年的搜查同意或米兰达权利的放弃以及罪行的供认时，其“年少性”应当如何影响法官对强迫性或自愿性的评价呢？少年司法体系是否应当像对待成年人那样地对待少年，并采用同样的“综合考量”方法来评估其放弃法律权利的决定？抑或少年司法体系应该采用特殊的程序保护措施，以防止其自身的不成熟性和脆弱性对其带来的不利？基于大多数的目的，法院并不将年少作为一种排除自愿同意的绝对的无行为能力，也并不要求额外的程序安全保障。例如，在“杰曼案”[①] 中，法院指出：“搜查时，该少年16岁半的事实，并不能妨碍该少年作出对其书包搜查的自愿同意。‘尽管年龄是确认明知的一个因素，而当同意是自愿作出的，则单只是未成年之身份并不能阻却其同意的表示。’”

大多数上诉法院将自愿性的判断作为庭审法官自由裁量的一个事实问题。少数几个司法管辖区要求法官就少年的年龄、不成熟性以及缺乏对搜查自愿同意之拒绝权利之知悉的影响问题作出明确的

---

① In re Jermaine, 399 Pa. Super. 503, 582 A. 2d 1058, 1064 (1990).

判定。在“J. M. 案”[1] 中，禁毒警察在深夜登上公共汽车，遇到独自乘车的14岁的J. M.。在J. M. 明确表示同意对其随身携带的书包进行了搜查之后——其知道包里没有违禁品，警察要求对J. M. 进行搜身。该少年举起了双手，警察对其进行了搜身，并搜出了绑在其身体上的毒品。初审法院认定了其携带毒品的事实，但上诉法院将该案发回重审，要求初审法院就J. M. 的年龄对其自愿同意搜查的影响的事实作出明确的判定。初审法院法官起初发现：J. M. 乃是为了“消除对自己的怀疑”而同意搜查的，该法官并没有就“J. M. 在其年龄阶段的成熟性和老练性——如其在搜查时的行为或其在庭审上的言辞与举止所表现出来的”作出明确的判定。上诉法院之所以要求对J. M. 的年少和缺乏经验作出明确的判定，乃是因为J. M. 的同意搜查可能出于假装合作以消除怀疑，抑或由于屈从于警察所固有的权势。然而，该法院拒绝认为：“少年特殊的脆弱性以及其对权威形象的畏惧……（需要）一种令少年之同意归于无效的推定规则。”

当警察拘捕人的时候，与监管相关的更大的强迫压力可能影响之后同意搜查的自愿性。但是，监管本身并不需要额外的安全保障，如搜查拒绝权利的告知。例见“合众国诉沃森案”。[2] 当警察对少年予以监管时，有些州规定：对该少年的随即而来的搜查还应当获得其父母的同意。例见“S. J. 案”[3]。然而，这些关于告知父母并获得其同意的规定成为相关法律规定的司法延伸规则，这些法律规定：警察对少年进行讯问时，其父母应当在场。在这些规定缺失的情形下，相关法院便适用“综合考量”的分析，而在这其中，监管仅仅是影响自愿性的一个因素。

与能够控制其私人生活安排的成年人不同，儿童必须与其父母

① In re J. M., 619 A. 2d 497 (D. C. Ct. App. 1992).

② United States v. Watson, 423 U. S. 411 (1976).

③ In re S. J., 778 P. 2d 1384 (Colo. 1989).

或其他法律监护人生活在一起。在“合众国诉马特洛克案”[①] 中，联邦最高法院对他人的第三方同意搜查的权力予以了赞同——第三方同意搜查乃是基于第三方拥有在当事人之上的“共同权力”，即他们的重叠的“隐私权”（expectations of privacy），或他们接近个人财产的共同路径。父母可以允许警察搜查其住宅及其孩子的房间，这种权力即建立在父母对其孩子的管束权的基础上。参见“罗伯特·H. 案”。[②] 在“乔治亚诉伦道夫案”[③] 中，联邦最高法院主张：当其中一个居住者反对搜查，另一成年居住者便不得作出否决此反对意见的合法有效的搜查同意。但是，该法院对“平等地位”的第三方同意搜查情形与“具有某些可识别的等级的同住者，如父母和孩子组成的某个家庭……”予以了区别。当儿童不在场时，以及即使在场并反对搜查时，如果父母在搜查的地方也拥有某种“合理的隐私权”，则基于父母地位的同意通常是具有优胜性的。在“塔里克·A－R－Y 案”[④] 中，法院主张：“尚未独立的未成年人的父母可以同意对放在家中公共空间的其孩子的私人物品予以搜查，其同意可以超越其孩子的反对。”在“C. M. B. 诉州政府案”[⑤] 中，法院认为：由于少年“的枪支被发现于其母亲的房间中，而其在此处不存在任何合法的隐私权”，因此他没有理由对搜查予以抗辩，或是反对其母亲同意搜查的合法有效性。在“萨利尔案”[⑥] 中，法院认为：母亲有权同意对其 15 岁儿子的房间进行搜查，尽管该少年在门外加了号码锁，且门内也有锁，且他母亲也需要通过敲门来获得进入房间的许可。“我们认为：父母享有某些

---

① United States v. Matlock, 415 U. S. 164 (1974).

② In re Robert H., 78 Cal. App. 3d 894, 144 Cal. Rptr. 565 (1978).

③ Georgia v. Randolph, 547 U. S. 103 (2006).

④ In re Tariq A－R－Y, 701 A. 2d 691 (Md. 1997).

⑤ In re C. M. B. v. State, 594 So2d695, 701 (Ala. Crim. App. 1991).

⑥ In re Salyer, 44 Ill. App. 3d 854, 859, 358 N. E. 2d 1333, 1336 －37 (1977).

暗含的权利和义务，即运用父母之亲权，对其未成年儿子的生活环境予以控制，而这一暗含的控制权显然包括了该母亲家中的这一房间。我们还认为：对于该房间，该母亲至少享有与此房间的居住者——她的15岁孩子的共同的权力。”对于某些地方，如果儿童对其父母的进入予以了限制，且其父母对此搜查目标不具有财产利益，则某些法院会将这种搜查判定为非法。参见“斯科特·K.案”（对于孩子锁着的工具箱及其中的物品，其父母并无财产利益，从而他们缺乏同意搜查的权力）。[①]

二、搜查少年：学校及其“特殊需要”

学校官员关注于维护秩序、提升适宜的教育环境以及控制枪支和毒品等问题，而这有时会与联邦宪法第四修正案所赋予学生的隐私权益发生冲突。学校管理人员、联络官、警察常常对学生及其手提包、外套、背包或存物柜以及停放于学校停车场的交通工具进行搜查。此外，学校还要求少年遵守一定的规则和规定，如着装规定、烟酒禁令等，而这些规禁并不适用于成年人，而这便产生了政府侵犯少年隐私权益的更大潜在可能。因为与成年人相比，各州对少年的规禁范围更为广泛，而法院并不认为少年和成年人享有同样的“合理隐私权”，且当权衡学校的“特殊需要”时，法院不太倾向于认可其隐私权的诉请为“客观合理的”。在“新泽西州诉T. L. O. 案”[②] 之前，州法院采用了几个原则来判断学校管理人员对学生及其所有物、课桌和存物柜进行搜查的正当性：学校官员以公民身份行动，因而不发生政府行为的问题；学校官员基于学生父母的授权“以代理父母的身份”（*in loco parentis*）行使职权；公立

---

① In re Scott K., 595 P. 2d 105 (Cal. 1979), cert. denied, 444 U. S. 973 (1979).

② New Jersey v. T. L. O., 469 U. S. 325 (1985).

学校的特点和需要创设了一种特殊的关系，使对学生人身及其存物柜予以搜查的特殊规则得以正当化；学生给予了明确或暗示的同意；或者学校官员提供了第三方的同意证明。[①] 参见，“唐纳森案”、“J. A. 案”、“默瑟诉得克萨斯州案”。[②] 在 T. L. O. 案中，联邦最高法院将学校搜查纳入联邦宪法第四修正案的范畴内，但对相关原则予以了适应学校“特殊需要”的修正。

1. 在学校搜查少年

尽管国家法律和法院意见就大部分的联邦宪法第四修正案法律执行目的，将少年和成年人予以近似的对待，但联邦最高法院判决了两个“校园搜查”的指导性案例，即“新泽西州诉 T. L. O. 案”和“弗农尼亚 47J 校区诉阿克顿案”，[③] 从而设立了少年区别于成年人的关于搜查和毒品检测的不同法律标准。

在 T. L. O. 案中，一名中学教师发现一名 14 岁女生 T. L. O. 违反校规在休息室里抽烟，于是向副校长乔普力克（Choplick）予以了报告。乔普力克对 T. L. O. 予以了盘问，从其手提包中搜出了香烟，并以此质问其说谎行为。在拿走香烟的时候，他还发现了卷烟纸，从而引发其更大范围的搜查，进而发现了少量的大麻、一根吸管以及其他表明 T. L. O. 贩卖毒品的证据。乔普力克将这些证据移交给了警察。少年法院当局启动了针对 T. L. O. 的越轨诉讼程序，而 T. L. O. 提出了证据合法性的质疑。控辩双方起初将 T. L. O. 案归结于证据排除规则是否适用于学校纪律以及（或者）越轨诉讼

---

① Howard Snyder and Melissa Sickmund, Juvenile Offenders and Victims: 2006 National Report (2006).

② In re Donaldson, 269 Cal. App. 2d 509, 75 Cal. Rptr. 220(1969); In re J. A., 85 Ill. App. 3d 567, 406 N. E. 2d 958 (1980); Mercer v. State, 450 S. W. 2d 715(Tex. Civ. App. 1970).

③ New Jersey v. T. L. O., 469 U. S. 325(1985); Vernonia School District 47J v. Acton, 515 U. S. 646 (1995).

的问题。再次辩论后，法院判定：根据联邦宪法第四修正案，乔普力克的搜查是合理的，同时，该法院没有对证据排除规则是否适用于学校以及越轨诉讼的问题作出决定。

该法院对该州的观点予以了否决，即该州认为：联邦宪法第四修正案只适用于由法律执行人员实施的搜查，而学校官员进行搜查时，其身份为个人或代理父母。同时，该法院还否决了该州将学生类比于根据第四修正案而不具有任何“合法的隐私权”的监狱囚犯的观点。例见“哈德森诉帕默案”。[①] 相反，该法院利用联邦宪法第四修正案的合理平衡框架，在搜查学生之政府利益与学生“合理隐私权”之侵犯属性之间，作出了相应的评估。该法院强调：搜查的合理性取决于相关的情境以及学校所展示的“特殊要求”。该法院认为：在校儿童在其人身、手提包、钱夹、个人物品以及背包上享有一些合理的隐私权。与少年相对较少的隐私权益相对，该法院平衡考虑了学校官员在维持秩序、执行规则以及保持灵活的、非正式的纪律约束中的利益。该法院提到了校园毒品、武器和暴力泛滥的问题，以及学校对迅速、简易应对措施的需要。

该法院采用了紧急情况的原理（the exigent circumstances rationale）来免除搜查令之要求。该法院认为：获取搜查令的程序会消解学校官员迅速而灵活地调查涉嫌违法行为以及维持纪律的能力。此外，该法院免除了联邦宪法第四修正案所要求的“合理根据”要求，而授权学校官员基于“合理怀疑”之较低证据标准行事。在允许行为之合理性可以基于低于“合理根据”之标准的同时，该法院援引了“特里诉俄亥俄州案件”[②] 中的拦截—搜身原理。在决定搜查之合法性问题的过程中，T. L. O. 案的法院指出：

> 对学生进行搜查的合法性应单单取决于基于总体情况

---

① Hudson v. Palmer, 468 U.S. 517 (1984).

② Terry v. Ohio, 392 U.S. 1 (1968).

> 考量下的搜查行为的合理性。其合理性判定必须考虑两个层面的问题：首先，“此行为之初始是否正当”；其次，实际开展的搜查是否“在范围上与前者干预之正当化情形具有合理的相关性”。一般情形下，当有合理的根据怀疑搜查将会发现此学生已经或者正在违反法律或校规的证据时，教师或其他学校官员对学生的搜查都会“具有初始的正当性”。如此的搜查将在其相当范围内获得准许，即如果其所采取的措施与搜查目标之间具有合理的关联性，且鉴于其年龄、性别以及违法性质，没有造成过度的侵扰。

基于这两方面，搜查必须具有初始的正当性，且其搜查范围必须与此正当理由相关。联邦最高法院贬斥新泽西州最高法院对合理性标准的适用为“对合理性的近乎乖戾的理解”，并代之以其自身关于乔普力克行为合理性的观点，对其搜查行为予以了支持。

T. L. O. 案中的多数派意见对这样一种观点予以了否定，该观点即对法律或校规违反的严重性可以影响到搜查的正当性或合理性。与之相对，史蒂文法官的不同意见辩驳道：被执行的规则的重要性可以影响到搜查是否合理的问题；而对某些规则的违反，因其过于琐屑而根本无法使对学生合法隐私权的侵扰获得正当性。然而，多数派意见拒绝对学校规则的合理性予以审查，而是顺从了学校官员关于需要如此规则的评估。联邦最高法院认为乔普力克搜查香烟的行为是合理的，因为这可以使其有办法质疑 T. L. O. 否认抽烟的可信度。一旦乔普力克基于合理怀疑在其有权搜查的地方进行搜查，他便以普通视角（plain view）看到了毒品的证据。尽管多数派观点强调：儿童的年龄、性别以及违法的性质可以影响到搜查的范围及其合理性，但史蒂文法官的不同意见质疑道：如果说，一名男性教基于间接的指控证据，为了处理一项琐屑的规则违反行为，可以对一名女学生的手提包和个人物品进行搜查，那么，何以对这些因素予以实践性的限制呢?

马歇尔法官和布伦南法官的不同意见认为：该法院只是采取了合理性的平衡，并采用了一个次于“合理根据”的较低标准，而该标准乃是适用于侵扰性低于搜查的警察举措。他们推理道：因为乔普力克对 T. L. O. 手提包的搜查构成了一种充分搜查（full - blown search），所以其需要具备“合理根据”。进而，他们声称：“伊利诺伊州诉盖茨案”[1] 中所宣布的关于“合理根据”的“综合考量”标准，为校园搜查完美地提供了一种切实可行的、非技术性的方法。T. L. O. 案的关键争议在于：遵从合理根据标准，而非合理怀疑标准，是否会妨碍学校维持秩序的能力的问题。多数派意见并没有说明其适用较低标准的决定的理由。

T. L. O. 案的判决明确支持了一系列其起初未作决定的少年第四修正案问题。该案没有决定：排他性规则是否适用于少年越轨审判或者学校纪律程序。该案没有决定：学生是否对其存物柜、课桌或者其他与其人身非即时相连的区域享有合理的隐私权。该案也没有决定：“个别化怀疑”（individualized suspicion）是否构成搜查合理性的必要的先决条件。该案还保留了这样一个问题，即学校之“合理性”标准或联邦宪法第四修正案之“合理根据”标准是否适用于由学校管理人员实施的与执法官员相关联或应其指令而进行的搜查，且其搜查所获的证据将被用于校园案件或越轨案件的处理中。

(1) T. L. O. 案“合理”标准的适用

自 T. L. O. 案以来，诸多法院在审查校园搜查的合理性时，广泛地适用了 T. L. O. 案所确立的框架，对大多数类型的搜查予以了支持。参见“威廉姆斯诉埃林顿案”、“卡森诉库克案”和“汤普

---

① Illinois v. Gates, 462 U. S. 213 (1983).

森诉迦太基校区案”。[1] 在对其合理性进行评估时，法院注重于所搜寻的违禁品，并在学校官员搜查毒品或武器的时候给予其更大的支持，而对其在全校范围内搜查丢失的自动计分器的行为则支持较小。参见“民众诉亚历山大·B. 案”和“伯纳姆诉韦斯特案”。[2] 一些法院将学校官员的行为判定为不合理，即这些学校官员缺乏相信某少年实施了犯罪或违反校规行为的合理怀疑。参见“民众诉威廉姆·G. 案”。[3] 关于支撑合理怀疑所必要的信息量的评估，学校官员的举报信息可以来自于教师或学校员工、学生、匿名电话或者匿名信举报者、嗅探犬或者电子侦测设备。当他们接到举报时，“没有信息表明提供相关信息的人可能是不值得信任的，则学校官员通常可以以貌取人地接受其提供的信息。”参见“S.C. 诉州政府案”。[4] 学校还可以对提供了具体细节的匿名举报予以信赖，如果鉴于该学校的相关情况，该举报内容是可信的。参见“马滕斯诉第 220 区案”。[5]

（2）光身搜查之“合理性”

根据 T.L.O. 案所确定的原则，法院必须判定：学校官员的搜查行为是否“与最初干预的正当化情形的范围具有合理的相关性”。如果学校官员拥有对某学生持有毒品的合理怀疑，那么他们的搜查可以具有怎样的侵扰性？他们可以进行光身搜查吗？合理怀疑支持裸身搜查吗？继 T.L.O. 案之后，法院对基于合理怀疑的毒

---

① Williams v. Ellington, 936 F.2d 881 (6th Cir. 1991); Cason v. Cook, 810 F.2d 188 (8th Cir. 1987), cert. denied 482 U.S. 930 (1987); Thompson v. Carthage School District, 87 F.3d 979 (8th Cir. 1996).

② People v. Alexander B., 270 Cal. Rptr. 342 (App. 1990); Burnham v. West, 681 F. Supp. 1160 (E.D. Va. 1987).

③ People v. William G., 40 Cal. 3d 550, 709 P.2d 1287, 221 Cal. Rptr. 118 (1985).

④ In re S.C. v. State, 583 So.2d 188 (Miss. 1991).

⑤ Martens v. District No. 220, 620 F. Supp. 29 (N.D. Il. 1985).

品光身搜查予以了支持。例见“康菲尔德诉联合中学第230区案”（学校官员有充足的理由相信原告在裤裆中藏有毒品；他被带进更衣室，在搜查过程中，被要求脱掉长裤，但被允许穿着运动服）；[①]“威廉姆斯诉埃林顿案”（有理由相信女学生正在使用毒品，该生被带进具有私密性的办公室，当着一名女性职员的面，她脱掉上衣、鞋和袜子，并将其牛仔裤褪至膝盖处）。[②] 另一方面，当学校官员的搜查目标为丢失的财产或金钱，则法院更多地会判定光身搜查具有过度的侵扰性。法院考察三个因素以评估搜查的合理性：①学生合法的隐私权；②搜查的侵扰性；③基于所表现出来的问题的严重程度，学校进行搜查的需要。参见“比尔德诉维特摩尔湖校区案”（认为：为了找寻舞会中丢失的钱财而对成群的男女学生进行光身搜查，其侵扰性过度）；[③] “加尔福特诉马克·安东尼·B.案”（为了寻找从教师手提包里丢失的钱财而对学生进行光身搜查，其侵扰性过度，且范围不合理）；[④]“詹金斯诉塔拉迪加市教育委员会案”（因为寻找丢失的7美元而对8岁女孩进行的光身搜查不合法）。[⑤] 在“科诺普诉西北校区案”[⑥] 中，法院判定对两名八年级学生的光身搜查不合理，因为校方没有相信他们中的任何一个偷窃了丢失的200美元的合理根据。该案声明：①缺乏个别化怀疑的光身搜查不具有正当性，除非其具有合法的安全考虑（如武

① Cornfield v. Consolidated High School District No. 230, F. 2d 1316 (7th Cir. 1993).

② Williams v. Ellington, 936 F. 2d 881 (6th Cir. 1991).

③ Beard v. Whitmore Lake School District ,402 F. 3d 598 (6th Cir. 2005).

④ Galford v. Mark Anthony B. ,189 W. Va. 538,433 S. E. 2d 41,48 – 49 (1993).

⑤ Jenkins v. Talladega City Board of Education, 115 F. 3d 821 (11th Cir. 1997).

⑥ Konop v. Northwestern School District, 26 F. Supp. 2d 1189 (D. S. D. 1998).

器)；②学校官员必须是在针对违反法律或校规的行为进行调查，且只有针对个人的指控方能令光身搜查得以正当化；③考虑到搜查所针对的项目，光身搜查必须具有尽可能小的侵扰性。

(3) 越轨案件和校园案件处理中的证据排除规则

起初，辩诉双方将T. L. O. 案的问题归结为排除性规则是否适用于学校纪律案件或越轨审判案件的问题。因为联邦最高法院对该搜查的合理性予以了支持，而并没有决定在学校搜查过程中非法获取的证据是否必须排除于校园案件处理或少年法庭之外的问题。州法院一直将此排除性规则适用于少年越轨案件的指控中。参见“威廉姆·G. 案”和“蒙特雷尔·M. 案”；① 并参见本书第七章。

大多数州法院否决了排除性规则在学校纪律案件诉讼中的适用，即便有关官员以非法的方式获取了相关证据。例见“兰斯·W. 案”②；“关于朱安·C. 诉科迪内斯案”(少年法院对相关证据予以排除的决定并不构成对不是越轨诉讼当事人的学校官员的附带禁止)。③ 在“汤普森诉迦太基校区案”④ 中，法院遣用了一种成本—效益分析的方法，并拒绝在学校案件诉讼中适用这种排除性的规则。汤普森案件的法院强调了灵活性、维持与学生之间非对抗性关系的需要，以及排除检验证据的社会成本。“我们认为：在此并不需要排除性规则的可能的威慑效应。实际上，我们可以看到此规则适用的某些风险，即其可能妨碍教育者对违纪案件的处理，而这是维护学校安全、控制学生不良行为的需要。在任何事件中，任何

---

① In re William G., 40 Cal. 3d 550, 221 Cal. Rptr. 118, 709 P. 2d 1287, 1298 (1985); In re Montrail M., 87 Md. App. 420, 434, 589 A. 2d 1318 (1991).

② In re Lance W., 37 Cal. 3d 873, 210 Cal. Rptr. 631, 694 P. 2d 744 (1985).

③ In the Matter of Juan C. v. Cortines, 89 N. Y. 2d 659, 679 N. E. 2d 1061, 657 N. Y. S. 2d 581 (Ct. App. 1997).

④ Thompson v. Carthage School District, 87 F. 3d 979 (8th Cir. 1996).

威慑效应都不应当基于适用此规则的超高社会成本。”有几个法院将排除性规则适用于学校纪律案件诉讼中的非法获取的证据，因为其为那些权利被学校官员侵犯的学生提供了唯一切实可行的救济。参见“琼斯诉雷特克斯欧独立校区案”。[①] 然而，在其后的“宾州缓刑与假释委员会诉斯科特案”[②] 中，联邦最高法院拒绝将此排除性规则扩展至刑事审判之外的其他诉讼程序中。

（4）存物柜和课桌中的合理隐私权

T. L. O. 案没有回答学生是否对其“存物柜、课桌或其他存放学习用品处”拥有“合理隐私权”的问题。T. L. O. 案之前的判决中，法院通常支持对学生存物柜的搜查，因为这些存物柜并非处于学生们的排他性控制下，而是处于学校和学生的共同控制之下。参见“唐纳森案件”。[③] 其他更为早期的判决认为：学校对其分配给学生的存物柜保留着某种财产权益，且学校规定了其对存物柜的定期检查权。参见“民众诉奥文顿案”、“扎莫拉诉波默罗伊案”和“为了伊赛亚·B. 之利益案”（对存物柜的随机搜查具有正当性，因为学校有政策允许以任何原因对存物柜进行搜查）。[④]

T. L. O. 案之后，一些法院引用联邦最高法院的话语：“在校儿童可能会认为其有必要携带各种各样的合法的非违禁品，我们没有任何理由仅凭其将这些物品带至学校便判定其放弃了对这些物品的所有隐私权”。这些法院认为：学生对其在学校的存物柜享有某种合理的隐私权。参见“S. C. 诉州政府案”；“共同体诉卡斯案”

① Jones v. Latexo Indep. Sch. Dist., 499 F. Supp. 223 (E. D. Tex. 1980).

② Pennsylvania Bd. Of Prob. and Parole v. Scott, 524 U.S. 357 (1998).

③ In re Donaldson, 269 Cal. App. 2d 509, 75 Cal. Rptr. 220 (1969).

④ People v. Overton, 20 N. Y. 2d 360, 229N. E. 2d 596, 283 N. Y. S. 2d (1967); Zamora v. Pomeroy, 639 F. 2d 662 (10th Cir. 1981); In the Interest of Isiah B., 176 Wis. 2d 639, 500 N. W. 2d 637 (1983).

（对学校存物柜享有隐私权）；“共同体诉施奈德案”。[①]

各州采纳了关于学校存物柜的法律规定，即“学校存物柜是学校的财产，其为方便学生而提供，但校方绝对无意放弃其对这些存物柜的排他性的控制权。学校当局可以基于任何理由，随时对存物柜内部进行检查，而无须通知，无须学生同意，无须搜查令。而对于学校存物柜中的学生个人物品，只有在学校当局拥有某种合理怀疑，即搜查将会揭示违反法律或校规的证据时，方能予以搜查……”具体可参照明尼苏达州的相关法律规定。[②] 如果州法律规定：学生对其存物柜没有任何合理的隐私权，那么对其存物柜进行搜查便无须任何的“合理怀疑”或其他正当化事由的要求。参见阿拉斯加州、康涅狄格州和新泽西州的相关法律规定以及“帕特里克·Y. 案”。[③] 尽管法律授权学校官员可以打开学生的存物柜，但他们还是需要“合理怀疑”来触摸外套、挤压背包、打开公文包或者存物柜内其他的封闭容器。参见“明尼苏达州诉迪克森案”（在判定没有武器藏匿其中后，警察“挤压、摸排或者以其他方式搜索被告人的衣袋外部”，其搜查构成了对特里拦截规则的违反）；[④]“为了杜马斯利益案”（“我们不能作出如此结论：即学生对其带进学校的手提包或外套享有隐私权，但却仅仅因其将手提包或外套放入学校提供给学生存放私人物品的存物柜中而失去该隐私权”）。[⑤]

---

① In re S. C. v. State, 583 So. 2d 188 (Miss. 1991); Commonwealth v. Cass, 446 Pa. Super. 66, 666 A. 2d 313 (1995); Commonwealth v. Snyder, 597 N. E. 2d 1363 (Mass. 1992).

② Minn. Stat. Ann. § 127.47 (West 1998).

③ Alaska Stat. § § 14.03.105, 14.45.190 (Michie 1998); Conn. Gen. Stat. § 54 – 33n (1997); N. J. Stat. Ann. § 18A:36 – 19.2 (West 1997); In re Patrick Y., 746 A. 2d 405 (Md. 2000).

④ Minnesota v. Dickerson, 508 U. S. 366 (1993).

⑤ In the Interest of Dumas, 357 Pa. Super. 284, 515 A. 2d 984, 985 (1986).

（5）与执法相关或者执法部门指令下的校园搜查

T. L. O. 案之后的警察参与的校园案件可以分为三类：①学校官员启动的搜查或者警察的作用很小；②学校的警察联络官行使其自身的职权以推进教育目标的实现；③校外警察启动的为了执法目的的搜查。对于第一类，大多数法院采用 T. L. O. 案的合理怀疑标准，而不是联邦宪法第四修正案的合理根据要求。参见“卡森诉库克案”（学校官员与联络官相协调的情况下，采取合理怀疑标准）；[①] “科罗纳多诉州政府案”（学校官员和被指派至学校的治安官对学生的搜查，采取合理怀疑标准）；[②] “亚历山大·B. 案件”（学校官员启动调查并寻求警察协助的，采用合理怀疑标准）。[③] 与此相类似，对于学校警察联络官行使其自身职权以推进教育目标实现的情形，法院也通常采用合理怀疑标准。参见“民众诉迪尔沃思案”（联络官为了维护适宜教育环境的，适用合理怀疑标准）；[④] “S. F. 案”（被指派至学校的便衣警察实施的搜查，采用合理怀疑标准）[⑤]。另参见“A. J. M. 诉州政府案”（主张：由县司法长官雇用的学校联络官必须具有合理根据方能进行搜查）。[⑥] 对于校外警察发起的搜查，或学校官员作为执法代理人的情形，法院采用合理根据的标准。参见“F. P. 诉州政府案”（校外警察在学校发起的对学生的搜查，采用合理根据的标准）。[⑦]

（6）个别化怀疑

在任何一个大群组的学生中，都存在一种统计学意义上的可能

---

① Cason v. State, 835 S. W. 2d 188 (8th Cir. 1987).

② Coronado v. State, 835 S. W. 2d 636 (Tex. Crim. App. 1992).

③ In re Alexander B., 220 Cal. App. 3d 1572, 270 Cal. Rptr. 342 (1990).

④ People v. Dilworth, 169 Ill. 2d 195, 661 N. E. 2d 310, 214 Ill. Dec. 456 (1996).

⑤ In re S. F., 414 Pa. Super. 529, 607 A. 2d 793 (1992).

⑥ A. J. M. v. State, 617 So. 2d 1137 (Fla. App. 1993).

⑦ F. P. v. State, 528 So. 2d 1253 (Fla. App. 1988).

性，即某些学生会持有违禁品。T. L. O. 案没有就其合理怀疑标准是否要求“个别化的怀疑”或仅仅是“大体上的可能性”的问题予以决定。“关于学校当局所进行的学校搜查，我们不就个别化怀疑是否为其合理怀疑标准之基本因素的问题作出决定。”关于学校官员是否必须拥有个别化的合理怀疑的问题，法院之间存在分歧。例如，在课外的乐队外出活动中，老师发现有学生在其行李中私自携带了酒精类的饮料。学校官员是否可以因此而对所有学生的行李予以搜查，以作为乘坐公共汽车去参加预定音乐会的先决条件呢？典型的案件如下：“德席勒茨诉克利尔维尤地区教育委员会案”（对所有参加校外旅行学生的随身行李进行的非强制搜查具有正当合法性）；[①]“库恩诉伦顿第403号校区案”（“为了满足其合理相信之标准，学校官员必须拥有一定的根据相信：在每个被搜查学生的行李中将会发现毒品或酒精类饮料”）；[②]“霍顿诉天鹅溪独立校区案”（合理性之标准要求具备个别化的怀疑）；[③]“汤普森诉迦太基校区案”（尽管缺乏个别化的怀疑，但在对六年级至十二年级所有男生的搜查中发现了可以采信的证据）。[④]

（7）金属探测器筛查

暴力、暴力威胁以及武器问题存在于众多学校之中，此为一个无可争辩的事实。磁力仪、金属探测器、X射线已经是机场以及其他公共建筑（如法院）的标准固定装置。许多学校安装金属探测器以限制武器的出现。对大部分法院而言，要求学生通过金属探测器并不构成搜查，因此也就不要求合理怀疑或者个别化怀疑。例

---

① Desilets v. Clearview Regional Board of Education, 627 A. 2d 667 (N. J. Super. A. D. 1993).

② Kuehn v. Renton School Dist. No. 403, 694 P. 2d 1078 (Wash. 1985).

③ Horton v. Goose Creek Indep. Sch. Dist., 690 F. 2d 470 (5th Cir. 1982).

④ Thompson v. Carthage School District, 87 F. 3d 979 (8th Cir. 1996).

见："F. B. 案"（金属探测器筛查无须具备个别化怀疑，因为其中的暴力犯罪率高，且该做法的侵扰性极小）；[1]"民众诉普鲁伊特"一案（基于T. L. O. 案的标准，金属探测器筛查具有合理性，其正当性源于校园暴力，且其搜查方式与此正当理由的范围合理相关）。[2]

(8) 缉毒犬提供的个别化怀疑

在"合众国诉普雷斯案"[3]中，联邦最高法院正式批准了在刑事侦查中使用警犬："一只经过良好训练的缉毒犬的'犬嗅'并不要求打开行李。其并不使非违禁物品暴露于公众面前，诸如警察翻找行李中的物品那样……相关机构所试图进行调查的特定过程，即令居于公共场所的当事人的行李接受一只受过训练的警犬的检查，并不构成第四修正案意义上的'搜查'。"在"伊利诺伊州诉卡波里斯案"[4]中，联邦最高法院依据普雷斯案主张：在合法的停车检查过程中，对车辆进行犬嗅具有合理性，而无须具备另外的合理怀疑。该法院推理道：只要停车检查具有初始的合法性，并以合理的方式实施，没有拖延拘留时间，则其附加采用的仅为查找违禁品的"受过良好训练的缉毒犬"的做法不构成搜查或者对合法隐私权的违宪性的侵犯。

如果警察以某种合法拘留的方式行事，抑或合理的怀疑存在，则法院通常会认定以警犬嗅行李或车辆的做法为具有最低限度侵扰性的侦查程序。如果警察有某些理由怀疑某人的容器（如行李、包裹、存物柜、拖车、汽车等）装有违禁品，则警察有权对此容器予以犬嗅，因为如此的"空气吸入"并不构成搜查。警犬对周围空气的闻嗅没有打开或进入个人财物，没有破坏嫌疑人住所或身

---

① In re F. B., 442 Pa. Super. 216, 658 A. 2d 1378 (1995).

② People v. Pruitt, 662 N. E. 2d 540 (Ill. App. Ct. 1996).

③ United States v. Place, 462 U. S. 696 (1983).

④ Illinois v. Caballes, 543 U. S. 405 (2005).

体的完整性。警察不得为了警犬检查而对合法的拘留予以拖延，但是只要警犬检查与某种符合联邦宪法第四修正案的合法拘留同时进行，则犬嗅本身并不引起另外的搜查和扣押问题。参见“伊利诺伊州诉卡波里斯案”;[①]“合众国诉科里尔案”（对列车卧铺车厢的警犬检查不构成搜查）;[②]“共同体诉卡斯案”（犬嗅存物柜提供了搜查之合理怀疑，搜查发现了大麻，从而导致了停学处分和刑事指控的后果）。[③] 法院将这些原则适用于缉毒犬在学校停车场中的使用。在“迈尔斯诉州政府案”[④] 中，应学校官员的要求，警察对学生停放于其停车场中的汽车进行了犬嗅。该涉案少年辩称：在利用缉毒犬检查其汽车之前，警察需要具备对犯罪行为的合理怀疑。印第安纳州最高法院对三种搜查行为予以了区分，即学校官员发起的搜查、学校聘用的治安人员为促进教育相关目标实现而发起的搜查，以及校外警察为了刑事侦查目的而发起的搜查。即使警察没有个别化的怀疑，该法院还是依凭卡波里斯案主张：此搜查具有合理性，因为对无人乘坐的车辆进行犬嗅并不构成搜查。法院肯定了从该学生汽车中获取的证据的可采性，因为以缉毒犬闻嗅汽车外部没有发生对其人身的拘留，无须具备合理之怀疑，且该搜查是由学校发起的。

当警察利用警犬闻嗅儿童而不是包裹或者车辆的时候，使用警犬侦测毒品的合理性问题就更多了。相比以警犬闻嗅行李或汽车而言，以警犬嗅人显然会带来更大的侵扰。参见韦恩·拉费：《搜查与扣押：第四修正案专题研究》（1987 年）（以警犬嗅人“是令人尴尬的、专横的、令人不安的，且因此而应当置于第四修正案的限

① Illinois v. Caballes, 543 U. S. 405 (2005).

② United States v. Colyer, 878 F. 2d 469 (D. C. Cir. 1989).

③ Commonwealth v. Cass, 709 A. 2d 350 (Pa. 1998).

④ Myers v. State, 839 N. E. 2d 1154 (Ind. 2005).

制之下”）。[1] 警犬嗅人案件的少量与警犬闻嗅行李和车辆案件的大量之对比表明：在学校之外，警察很少在没有合理怀疑情况下利用警犬嗅人。学校官员是否可以将学生限制在教室里，令其接受缉毒犬的检测呢？在嗅人与嗅物（如背包、手提包、公文包、存物柜或者汽车）之间的宪法争议问题是否有所区别呢？根据 T. L. O. 案所确立的原则，如果警犬发出此人身上有违禁品的信号，其是否可以成立对此人进行更大侵扰性的搜查的合理怀疑呢？犬嗅是否可以成立对此人进行彻底搜查的合理根据呢？基于缉毒犬所提供的信息，当局可以开展多大强度的无证搜查？

T. L. O. 案之前，关于在学校里使用缉毒犬是否合理的问题，法院之间存在分歧。在“窦伊诉伦弗洛案”[2] 中，法院认可了利用警犬在教室中侦测毒品，因为该校深受毒品之害，学校官员已经对学生在该建筑中的活动予以了规制，该校开展的调查是为了其内部纪律，而不是以法律执行为目的，且该法院认为：犬嗅具有最低限度的侵扰，且并非搜查。一旦警犬发出了毒品存在的信号，则警察便具有了进一步搜查的合理怀疑，进而清空口袋，检查手提包，如此等等。然而法院认为：仅凭警犬的报警信号便对某个学生采取光身搜查不具有合理性。在“霍顿诉天鹅溪独立校区案”[3] 中，针对与“窦伊诉伦弗洛”案类似的事实问题，法院认为：对当事人采取的彻头彻尾的犬嗅具有对其人格的贬损性和侵扰性，并主张：其构成了搜查，且因此而至少需要具备合理之怀疑。参见“琼斯诉雷特克斯欧独立校区案”。[4] T. L. O. 案后，更多的法院认为：犬嗅

---

① Wayne LaFave, *Search and Seizure: A Treatise on the Fourth Amendment* (1987).

② In Doe v. Renfrow, 475 F. Supp. 1012 (N. D. Ind. 1979), aff'd in part, rev'd in part, 631 F. 2d 91 (7th Cir. 1980).

③ Horton v. Goose Creek Indep. Sch. Dist., 690 F. 2d 470 (5th Cir. 1982).

④ Jones v. Latexo Indep. Sch. Dist., 499 F. Supp. 223 (E. D. Tex. 1980).

学生可以构成宪法第四修正案意义上的搜查，且需要具备某种实质的正当理由，如严重的学校毒品问题和个别化的合理怀疑，甚至于合理根据。参见“共同体诉马丁案”（根据州宪法，以警犬嗅人需要具有合理根据和搜查令）；[①] “B. C. 诉普勒马斯统一校区案”（以警犬嗅学生构成搜查，需要具备合理的个别化怀疑，尤其是在没有证据表明学校中存在显著的毒品问题的情形下）。[②]

2. 对学生的毒品检测

在“斯金纳诉铁路工人管理联合会案”[③] 中，鉴于在“敏感的安全任务”中的政府利益，以及对所涉及的公共利益和私人利益予以平衡的考虑，法院支持了联邦铁路管理部门的规章，该规章要求对涉及事故的铁路雇员进行毒品和酒精检测，而无须搜查令和合理怀疑。在“国家财政部门职员联合会诉冯·雷奥博案”[④] 中，法院对美国海关总署雇员毒品检查项目予以了支持，该项目的执行无须搜查令或个别化怀疑，适用于当职员申请升迁至涉及禁毒或要求其携带武器的职位时。由此看来，法院允许在少数情形下对成年人实施不具备嫌疑的毒品检测——在铁路事故发生之后，其事实上提供了某种形式的个别化怀疑，包括对被赋予了遏制非法毒品泛滥任务的武装海关工作人员。

T. L. O. 案没有就学校搜查中所适用的合理性标准是否需要具备个别化怀疑的问题作出决定。在“弗农尼亚 47J 校区诉阿克顿案”[⑤] 中，法院对某校区的一项政策予以了否决，该政策学生服从

---

① Commonwealth v. Martin, 534 Pa. 136, 626 A. 2d 556 (1993).

② B. C. v. Plumas Unified School District, 192 F. 3d 1260 (9th Cir. 1999).

③ Skinner v. Railway Labor Executives' Association, 489 U. S. 602 (1989).

④ National Treasury Employees Union v. Von Raab, 489 U. S. 656 (1989).

⑤ New Jersey v. T. L. O., 469 U. S. 325 (1985); Vernonia School District 47J v. Acton, 515 U. S. 646 (1995).

随机的毒品检测，以作为其参加课外体育活动的前提条件。该校随机、非嫌疑性的检测政策声称：其目的在于保护学生，防止受伤，并以此威慑作为学校楷模的学生运动员。该政策要求有意参加运动的学生及其家长签署一份书面同意协议，参加一项初始的检测，并在该赛季中接受随机的毒品检测。此项政策将不同意接受检测的学生排除在参加课外体育活动之外。例如，詹姆斯·阿克顿，一个七年级学生，想踢足球，其父母拒绝同意学校的随机检测，而学校便禁止其参加。其父母对该政策提出了抗议，并请求法院判定：在没有个别化怀疑的情况下进行毒品检测违反了联邦宪法第四修正案。此案的多数派意见利用联邦宪法第四修正案的合理性规则，来平衡其对个人隐私权的侵犯属性与政府在学生人身免受毒品危害上的利益之间的矛盾冲突。该法院认为：即便没有个别化的怀疑，该检测项目仍为合法有效。该法院强调：一般而言，在校儿童与成年人相比享有较少的自由权益和隐私权益，且学校应当对其行使更为广泛的监督控制。学校的“监管和守护责任”包括身体检查，且学生运动员对其存物柜享有最低限度的隐私权。通过参加校外体育活动，他们事实上接受了更高层次的监管，因为他们一起穿衣和洗澡，并同意接受医学检查。法院指出了这一侵扰极其微小的性质，即检测人员以一种侵扰性极小的方式收集尿样，与平常上公共厕所没什么不同。其同时强调了政府利益的重大性，即威慑吸毒行为，保护对于吸毒而言特别脆弱的儿童，并保护运动员免受因为服用毒品而带来的身体伤害。法院否定了合理怀疑作为毒品检测的前提条件的要求。该法院指出了执行此标准的几个实践困难：父母可能允许随机的检测，但却不同意指责性的毒品检测；教师可能专横地进行毒品检测；且其可能引发关于合理怀疑之合理性问题的过度诉讼。当然，如果学校官员拥有吸毒行为的合理怀疑，那么父母便没有任何理由反对对嫌疑少年进行检测。再者，合理怀疑可以用于制止教师专横地进行毒品检测。

弗农尼亚案的多数派意见对个别化怀疑予以了否决，对随机执行予以了赞成，但该案的分歧意见对此表示了强烈的反对。不具备嫌疑的检测否定了当事人避免单单因为合法行为而被搜查的机会。该分歧意见指出：非依刑事规范进行的搜查，只有在不具有人身侵犯性的情况下，方能免除个别化的怀疑，如在商业领域和封闭式管理的工厂中进行的搜查，抑或发生在独特的背景下，如监狱和军队。该分歧意见认为：对人的搜查，尤其是针对身体副产品的人身搜查，具有足够的侵犯性，并因此而需要具备特定化的怀疑。该不同意见还同时指出：只有在国家不能获得特定化的证据，以及未被发现的不道德行为对他人具有重大威胁的情况下，联邦最高法院方才免除其个别化怀疑。与此对照，基于怀疑的检测与学校的其他纪律功能具有一致性，且足以控制促发该学校毒品检测政策的事件中的绝大部分。

弗农尼亚案的法院旨在将其范围限制于参与校际体育赛事的学生中，但随机检测的做法很快扩散到了更为广泛的领域。在“教育委员会诉厄尔斯案”[1] 中，联邦最高法院以5:4的比例扩展了弗农尼亚案的判决，即允许对每个参加课外活动的学生实施随机的、不具备怀疑的检测。该法院强调了学校的“特殊需要”以及儿童在学校中所具有的有限隐私权。该法院甚至准许了在无迹象表明存在普遍的毒品问题的情况下，对学生进行不具备怀疑的毒品检测。其多数意见认为：对参加课外活动的学生进行检测，是实现该校合法目的（预防、威慑和侦测吸毒行为）的一种合理有效的方式。不同意见对此表示反对，即认为厄尔斯案是对弗农尼亚案的不合理扩展。两个案件都涉及自愿参加课外活动的学生，除了此事实之外，厄尔斯案中所显示的毒品问题的性质，以及学生所参与活动的类型，都不能为不具备怀疑的检测提供适当的理由。尽管厄尔斯案对随机的、不具备怀疑的搜查进行了范围上的扩张，但有关学校试图将随机搜查适用于所有学生的努力以失败告终。在“窦伊诉小

---

① Board of Education v. Earls, 536 U.S. 822 (2002).

石头城校区案”[①] 中，该学校经常对所有的学生进行随机搜查，即令学生掏空衣袋中的所有物品，并将其所有物品，包括背包和手提包，都放在课桌上，然后离开教室。学生在教室外等候，而学校工作人员就对其留在教室的物品予以搜查。该校学生手册有一则相关的条款，即授权校方可以对带进学校的所有物品进行搜查。然而，该法院认为：学生对其个人物品保留了某种合法的隐私权，而与那些“自愿”参加课外活动的学生不同，“本案的搜查范围及于了学生的整个身体，因此小石头城校区不能合理地主张搜查对象已经为了获得某种利益或特权而自愿让渡了其某些隐私权益”。

在“约克诉 Wahkiakum 第 200 校区案”[②] 中，华盛顿州最高法院如此解释该州宪法：“未经法律授权，不得干预任何人的私人事务，也不得侵入其住所。”参见华盛顿州宪法第 1 条第 7 项。[③] 与根据联邦宪法第四修正案所作出的阿克顿案件和厄尔斯案件的判决相比，该案赋予了学生运动员更大的保护。约克案件的法院分析了政府要求获取尿样的行为是否侵扰了其隐私权的问题，以及有关法律是否对该侵扰予以了正当化的问题。尽管有着对学生运动员的更多规章制度，以及其储物间的更小隐私权，约克案件的判决认为：采集尿样构成了对学生隐私权的重大侵扰。在其对该州宪法的诠释中，约克案件的法院否决了该州政府关于学校具体情况造成独特情形的法律事由，并拒绝采用弗农尼亚案“特殊需要”的例外规定。该法院担心：“特殊需要”之例外会导致相关根据的丧失，即“划出单单允许对学生运动员进行毒品检测的一条原则性界限。如果我们允许此处的随机毒品检测，那么何以防止学校继而对参加任何课外活动的学生进行毒品检测，如联邦法院现在准许的那样，以及何

---

① Doe v. Little Rock School District, 380 F. 3d 349(8th Cir. 2004).

② York v. Wahkiakum School District No. 200, 163 Wash. 2d 297, 178 P. 3d 995, 230 Ed. Law Rep. 425 (2008).

③ Wash. Const. art. Ⅰ, § 7.

以防止学校对整个学生人群进行毒品检测呢?”

三、少年审前讯问

讯问少年关涉到少年法院的惩罚或康复矫治作用问题，以及儿童与成年人比较而言的发展中的行为能力问题。进步时代的改革者们设想了一种非对抗性的少年法院，“仁慈父亲”般的法官主持庭审，而迷途的孩子在其间袒露其灵魂。与此相对，避免自证其罪的特权构成了抗辩体制以及定格个人与国家之间平等关系的程序机制的堡垒。警察讯问少年会引发关于行为能力减弱以及程序正义的争议问题，法院付出了很大的努力来对此进行调和。

联邦最高法院运用了三项不同的宪法策略来规范各州警察对犯罪嫌疑人的讯问：联邦宪法第十四修正案正当处理原则之自愿性原则、联邦宪法第六修正案之有权获取律师辩护原则以及联邦宪法第五修正案之避免自证其罪特权。参见“布朗诉密西西比州案”；“埃斯科韦多诉伊利诺伊州案”；“米兰达诉亚利桑那州案”；拉费：《刑事诉讼程序》。[1] 联邦宪法第十四修正案的正当处理原则策略为此提供了一种沿用至20世纪60年代早期的主要宪法理论。该法院认识到：少年的年龄和缺乏经验会影响到其行为能力、其宪法权利放弃的合法有效性以及其坦白认罪的自愿性。在高尔特案件的很久之前，联邦最高法院就指示法官们：要对警察讯问少年的不可靠和不公平的危险保持特别的敏感性。在“哈雷诉俄亥俄州案”[2] 中，警察从午夜稍后一点时间开始，对一名15岁男孩进行了轮番审讯，拒绝了其获取律师帮助的权利，并以其同案被告人的供述来质问

① Brown v. Mississippi, 297 U.S. 278 (1936); Escobedo v. Illinois, 378 U.S. 478 (1964); Miranda v. Arizona, 384 U.S. 436 (1966); LaFave, Criminal Procedure.

② Haley v. Ohio, 332 U.S. 596, 599 - 601 (1948).

他，直到凌晨5点钟，该男孩最终认罪。联邦最高法院推翻了对该男孩的指控，并判定在如下情况下获取的有罪供述为非自愿性的：

> 当面临一个纯粹的孩子，一个极易成为法律牺牲品的人，如在本案中，我们必须在仔细审查案卷的过程当中特别小心。15岁是任何种族男孩的一个柔弱而艰难的年龄。我们不能以更加苛求的成年人标准对他进行裁判。令一个成年男子无动于衷的事情，可能令一个十来岁的男孩惶恐不已。这是一段极为不稳定的时期，因青春期的危机而导致的……我们不能相信：在这样一场竞赛中，一个稚嫩年岁的男孩竟然可以与警察势均力敌。他需要律师的帮助和支持，如果不让他沦为害怕和恐惧的牺牲品……诉请人的年龄、其接受拷问的时间、其被讯问的时间长度、其没有朋友或律师提供建议的事实以及警察对其权利的冷酷态度，共同令我们确信：本案的有罪供述乃是由压迫所得，而对此法律不应当予以制裁。

在“加莱戈斯诉科罗拉多州案”[①] 中，警方设法获取了“一名14岁孩子”的有罪供述。该法院重申了被告人年幼是一种影响其有罪供述自愿性的特殊情况的观点，并再次强调了少年的脆弱性：

> 但是一个14岁的男孩，在他被置于只有警察可以接触的境地时，不论他多么老练，他都不可能具备什么会对其不利的概念……我们所处理的当事人，在对被记录在案的问题与回答的后果的认识和理解上，与警察不对等，且不知道如何保护其自身权益，或者如何从其宪法权利中获取利益……律师或成年亲属或朋友可以为该诉请人提供相

① Gallegos v. Colorado, 370 U.S. 49, 54 (1962).

> 应的保护。成年人的建议可以将其置于相对于其讯问人的不平等差距更小的地位。如果没有针对这一不平等状况的某些成年人保护，一名14岁的男孩无法知悉其享有的相应的宪法权利，更别说维护这些宪法权利了。

在加莱戈斯案和哈雷案中，联邦最高法院考察了较为年幼少年的有罪供述的可采信性，适用了自愿性的检测，并得出结论：年幼是一个需要密切司法审查的特殊情节。该法院着重强调了儿童的脆弱性、少年有罪供述的不可靠性、事实调查程序的精确性以及少年对成年人的依赖性和对父母或律师帮助的需要。

在“高尔特案”① 中，联邦最高法院重申道：“需要特别谨慎地对待少年的承认和供述”，并建议道：“应当对涉案少年予以更大的保护，因为在其与警察打交道的过程中，其身心的不成熟性和更大的脆弱性将其置于了一种更为严重的不利境地。”由此可见，该法院早就认识到：不可将讯问室中的少年与成年人等同而视，他们需要获得比成年人更大的程序安全保障，诸如父母或辩护律师在场，以弥补其面对强制影响力的脆弱性和易受影响性。

尽管高尔特案件的判决认识到：联邦宪法第五修正案有助于精确的事实调查和可靠的有罪供述，该法院还强调：该修正案鼓励的抗辩式程序具有减少政府压迫的功能，且维持着个人与国家之间的适当平衡：

> 避免自证其罪的特权当然与程序安全保障的问题相关，以确保承认或供述的合理的可信赖性，即其不是恐惧或强迫的产物，而是可以信赖的对事实的表达。然而，该特权具有更深的根基。其触及宗教和政治的基本原则，因为该特权反映了个人对国家权力让渡的限制，且在哲学意

① In re Gault, 387 U.S. 1 (1976).

> 义上，其坚持着个人与国家之间的平等关系。换言之，第五修正案的规则旨在防止作为压迫产物的有罪供述的使用，因为压迫被认为具有不可信赖的危险，但该修正案所赋予的特权具有更为广阔、更为深层次的内涵。其目的之一，即防止国家，或以强制力，或以心理控制的方式，压制被讯问人的思想和意志，并剥夺其是否协助国家证明其有罪的自由决定权。

高尔特案件的法院引用了“米兰达诉亚利桑那州案”[①] 的判决来说明其主张：任何人，即便是少年，皆不得被强迫作出对其自身不利的证明。米兰达权利适用于被告人被拘留或被讯问的任何时候，且拘留讯问具有其固有的强迫力，威胁着犯罪嫌疑人运用其避免自证其罪特权的能力。联邦最高法院要求警察在“拘留讯问”之前进行现已为人们所熟知的米兰达警告，因为“如此的一种讯问环境的创造除了令个人服从讯问者的意志外，别无他图。这种氛围本身即贴着恫吓的标识。当然，这不是一种身体上的恫吓，但其对人类的尊严具有同样的破坏性。现行的隔离讯问（incommunicado interrogation）措施与我国最为珍视的原则相矛盾，该原则即，不得强迫任何个人自证其罪。除非采取了充分的保护性机制，以消除拘留环境所固有的强迫力，任何从被告人那里获取的供述都不可能真正是其自由选择的结果”。

尽管高尔特案件的判决只是关注于审判阶段的越轨少年的权利，但赋予越轨少年避免自证其罪的特权实际上将米兰达权利扩展到了少年身上。联邦最高法院从未明确主张：米兰达规则应当适用于少年案件诉讼，但在“费尔诉麦克·C. 案”[②] 中，该法院“毋庸判决地认为：米兰达原则完全可以适用于当前的（少年）案件

① Miranda v. Arizona, 384 U.S. 436 (1966).

② Fare v. Michael C., 442 U.S. 707 (1979).

诉讼”。继高尔特案件之后，当警察在刑事侦查中对少年采取拘留讯问时，各州采用了成文法律规定或少年法院规则的程序来为越轨少年提供米兰达原则的程序安全保障。例如，加利福尼亚州和康涅狄格州的相关法律规定。①

在哈雷、加莱戈斯和高尔特等案件中，联邦最高法院认识到了儿童的特别的脆弱性，但其并没有充分地探求国家可以采取的相关法律政策，以应对年幼和身心不成熟如何影响少年在警察讯问中行使其权利的能力问题。各州采取了三个政策选项来保护面临讯问的少年：(1) 基于“综合考量”原则，对少年放弃其米兰达权利的“明知性、明智性和自愿性”予以司法审查；(2) 父母在场本身的要求；(3) 辩护律师的在场与帮助。这三个政策选项有所不同，即在儿童行为能力与成年人行为能力、治疗功能与惩罚功能、自由裁量价值与法律规则价值以及保护少年与保护社会之间的平衡问题上，其各自的评价与估量有所差异。如果儿童不具有与成年人的功能对等性，那么法律应当如何适应其脆弱性、不成熟性和有限的决策能力呢？

1. “综合考量”

法律是否应当对少年的米兰达权利放弃和有罪供述予以有别于成年人的对待，因为少年做法律决定的能力低于成年人，因为“坦白认罪有益于灵魂”，因为越轨少年受到的判决不如成年人受到的判决那么严重，抑或因为鼓励儿童否认其责任的规则可能是对他的一种不良的道德教训？如果少年放弃了其米兰达权利，那么法院应当如何评价其权利放弃的合法有效性，以及其接下来坦白认罪的自愿性呢？

---

① Cal. Welf. & Inst. Code § § 625, 627.5 (West 1984); Conn. Gen. Stat. Ann. §46b - 137(a)(West 1986).

在“费尔诉麦克·C. 案”① 中，联邦最高法院以5:4的决定，考察了一名16岁半的少年放弃其米兰达权利的合法有效性，该少年先前有着数次被拘留、与警察打交道以及在少年集中营“服役”的经历。该案引发的争议即，基于米兰达规则，该少年在拘留讯问中要求面见其缓刑官的请求是否构成了对其获取律师辩护权利或避免自证其罪特权的主张。联邦最高法院对辩护律师在对抗式诉讼中所扮演的保障避免自证其罪特权的独特角色与缓刑官的角色进行了区别。费尔案强调：缓刑官没有接受过法律训练，不能代理少年，不享有与缓刑人员进行交流的特权，且事实上可能会对少年提出越轨行为的指控。该法院认为：麦克·C. 要求与缓刑官对话的请求不能成立对联邦宪法第五修正案之沉默权或米兰达规则之获取辩护律师权的主张。

费尔案的法院接下来使用了“成年人”的标准，即该犯罪嫌疑人是否作出了“基于‘综合考量’原则的明知、明智和自愿的权利放弃决定”，来评价该少年放弃其米兰达权利决定的合法有效性。

> 该判定，即在拘留讯问中所获取的对被告人不利的供述是否具有可采信性，取决于对相关讯问环境的总体情况的审查，即确证该被告人是否真正明知、自愿地决定放弃了其保持沉默和获取律师帮助的权利。
>
> 这一“综合考量”的方法足以判定权利是否已被放弃，即便是在少年被讯问的情况下。本案的问题仅仅在于：与成年人相比照，少年是否放弃了其权利。而对此，我们没有发觉任何理由令我们相信：还需要其他的方法。综合考量的方法允许，实际上是要求，对讯问环境的所有情况予以审查。这包括对该少年的年龄、阅历、教育、背

① Fare v. Michael C., 442 U.S. 707 (1979).

> 景和智力情况予以评价，并进而深入考察其是否有能力理解对其作出的警告、其联邦宪法第五修正案权利的性质以及放弃相关权利的后果。

为何依法不具备能力作出其他重要法律决定的少年，在没有获取帮助的情况下，拥有放弃宪法权利的行为能力？费尔案没有对此进行讨论。费尔案拒绝为讯问中的儿童提供胜过成年人的更强的程序保护措施。该法院否决了这样一种观点，即少年与成年人之间的身心发展水平上的或心理学上的差异，要求有一种不同的规则或特殊的程序保护措施。与此相反，该法院要求儿童对其法律权利予以清晰的、不含糊的主张，如同成年人那样，并断然否决了这样一种论点，即庭审法院不能以成年人标准来对少年米兰达权利的行使或放弃予以充分的考量。因为麦克·C. 没有在技术上明确地主张其获取律师辩护的权利或其避免自证其罪的特权，所以该法院判定：基于“综合考量”，他已经明知且自愿地放弃了这些权利。该案的多数派意见认为：警察讯问是一种合法的法律执行工具，压迫性是每个案件中都存在的一个事实问题，并拒绝以明确的界线来过度地严格规范法律执行，并为警察提供了充分利用少年脆弱性的可观的自由空间。

费尔案的不同意见重申了联邦最高法院的相关历史观点，即在强制讯问中，少年具有特殊的脆弱性。持不同意见的法官们辩驳道：米兰达规则应当为少年提供更大的保护，且庭审法院应当将任何要求与成年人对话的“意愿暗示”视为“一种获取建议的表示和一种大体的沉默权主张”。他们批评多数派的判决为：对最需要保护的人撤销了米兰达规则的程序安全保障。

（1）拘留讯问

由于费尔案采用了米兰达规则的框架，由此而可能会产生一些关于少年的特殊争议问题。米兰达规则要求警察向被拘留或被讯问的嫌疑人警示其相关权利，以补偿“拘留讯问所固有的强迫力。”[①] 参见拉费：《刑事诉讼程序》。[②] 由此便引发了一个问题，即当某少年处于被拘留状态，什么样的措施构成讯问，以及在其合法有效地放弃其米兰达权利之前，警察必须给予该少年怎样的警示。鉴于少年的社会背景，对这些问题的回答有时候会不同于针对成年人的相关问题回答。

如果某人业已“被置于拘留状态或被以显著方式剥夺了行动自由”，米兰达安全保障制度便从而开始起作用。参见“伯克默诉麦卡迪案”。[③] 站在被告人的立场上，相关的情形必须表现出某种与正式拘留具有功能上的相当性的人身限制。参见拉费：《刑事诉讼程序》。[④] 然而，法院常常注意到：少年总是处于某些形式的被监管状态，或由其父母，或在学校中，或在警察面前。当某少年的母亲将其带至警署接受问话，在哪个时间点上，其进入“被拘留”状态，并因而需要获得米兰达警告？例如，在“迪诺案”[⑤] 中，该少年的母亲将其带至警察署，在此他被带到一间办公室，在问话中，警方既没有告诉他可以离开，也没有要求其留下。在判定其处于被拘留状态的结论中，法院考虑了如下情况：该少年如何来到问话地点；警察是否告知了他可以自由离开；以及警察是将其作为证人还是将其作为嫌疑人来予以问话。参见拉费：《刑事诉讼程序》。[⑥]

---

① Wayne R. LaFave, Jeroldn H. Israel and Nancy J. King, Criminal Procedure Fourth Ed. (2000).

② Wayne R. LaFave, Jeroldn H. Israel and Nancy J. King, Criminal Procedure Fourth Ed. (2000).

③ Berkemer v. McCarty, 468 U.S. 420 (1984).

④ Wayne R. LaFave, Jeroldn H. Israel and Nancy J. King, Criminal Procedure Fourth Ed. (2000).

⑤ In re Dino, 359 So. 2d 586 (La. 1978).

⑥ LaFave, Criminal Procedure.

在"亚伯勒诉阿尔瓦拉多案"[1]中，联邦最高法院考虑了年幼和缺乏经验是否影响到了接受警察讯问的少年"处于拘留状态"并有权获得米兰达警告的时间。在该案中，警察要求父母将其17岁的孩子带至警察署接受问话，拒绝了其父母在场的请求，并对该少年进行了约两个小时的单独问话，而在此期间，该少年作出了有罪供述。由于该案警察没有在讯问该少年之前对其予以米兰达警告，于是便产生了一个问题，即阿尔瓦拉多是否"处于被拘留状态"并因此而有权获得这一警告。该法院回顾了关于拘留问题的几个先前判决，并强调：对"拘留状态"的检测是一个客观的问题，即居于嫌疑人位置的一般人是否会感觉到其行动自由受到了在程度上相当于正式拘留的限制。尽管有一定的事实证明该少年处于被拘留状态，而另一些事实则证明该少年没有处于被拘留状态，但该法院最终肯定了一审法院的结论，即该少年没有处于被拘留状态。在其5∶4的判决中，多数派意见坚持认为："拘留"是一种客观的状态，而不考虑该嫌疑人的年龄以及先前对法律执行缺乏经验对其被限制自由的感受的影响问题。

与此相对，该案的不同意见辩驳道：鉴于该案的事实情况，一般人都不会觉得可以自由地离开讯问室，且因此该少年被告人处在了米兰达规则意义上的被拘留状态。

> 在这样一种情形下，即应警察的要求被父母带至警察署，被带入一个狭小的讯问室，被讯问长达两个小时，并被质问性地告知：有强有力的证据证明他参与了一起严重的犯罪案件……试问：一般人是否会心想："没事的，任何时候我想离开，我就站起身来走出去好了"？如果该人拥有任何的疑虑，且一旦回想起该警察拒绝了其父母在讯问现场的事情，他还会认为其可以自由离开吗？

---

① Yarborough v. Alvarado, 541 U.S. 652 (2004).

进而，不同意见辩驳道：少年的年龄是一个客观的相关因素，而法律制度应当以此不同情况而修正其“理性人”（reasonable person）的客观标准。“常识，以及对该领域法律基本目的的理解，足以明确：阿尔瓦拉多的年龄——一个为警察所通晓的客观的、普遍的特征，也与该（拘留）问题具有相关性。”

在“T. L. O. 案”和“弗农尼亚案”中，联邦最高法院强调：学生总是处于某种形式的被监管状态。例如，如果某学校官员对某学生进行问话，其是否构成“拘留讯问”，且该官员是否应当对其予以米兰达警告呢？各法院对警察在学校进行的关于犯罪的讯问与学校官员进行的关于校园不良行为的讯问有所区分。一般而言，各法院会否决学生对学校官员获取的有罪陈述的排除主张。他们强调：学校机构不具备警察署所固有的压迫性环境，且儿童白天的大部分时间就生活在这里。参见“州政府诉 V. C. 和 R. S. 案”[1]（鉴于学生身份所固有的自由限制，对其进行问话不构成拘留）。再者，与警察不同，学校官员只是具有很小的甚于一般成年人的压迫性，而如果要求其给予米兰达警告，则会对学生与学校的关系造成负面影响。大多数的法院认为：“学校官员基于其维护纪律的责任所进行的”讯问不构成拘留。典型的有“博因顿诉凯西案”；“共同体诉施奈德案”。[2]

如果警察在场并参与，或者学校官员扮演法律执行代理人的角色时，则会产生一种不同的法律后果。例如，在“R. J. E. 案”[3]中，两名身着制服的保安人员将一名 15 岁的少年带离教室，押解至一个保安办公室，关上门，并在两名保安人员和一名学校社工在

① State v. V. C. and R. S., 600 So. 2d 1280 (Fla. App. 1992).

② Boynton v. Casey, 543 F. Supp. 995 (D. Me. 1982); Commonwealth v. Snyder, 413 Mass. 521, 597 N. E. 2d 1363 (1992).

③ In re R. J. E., 630 N. E. 2d 457 (Mn. Ct. App. 2001).

场的情况下，由一名身着制服的校园警察对其进行了录音讯问。该警官始终没有告诉 R. J. E. 可以自由离开，或者可以拒绝回答任何提问。本案的法院认为：在此情况下，该少年处于被拘留状态，且有权获得米兰达警告。参见“G. S. P. 案”（该少年被带离教室，并在学校官员在场的情况下接受了校园警察的讯问，且该少年被告知必须回答相关的问题，从而该少年有权获得米兰达警告）①；“州政府诉 D. R. 案”（在校长办公室接受警察讯问的少年有权获得米兰达警告，因为他处于被拘留状态，且不能自由离开）②。

（2）附带警告

如果某少年在少年法院的管辖期间作出了坦白认罪，且国家继而将该少年移送刑事法院接受视同成年人的指控，那么检察官是否可以将该少年的有罪供述纳入该刑事诉讼程序呢？某些法院担心：少年司法体系的非正式性和非抗辩性可能会将少年引入某种错误的安全感中，并由此而坦白认罪，并最终导致惩罚，而非治疗。关于警察是否应当警告少年相关供述被用于刑事指控而非越轨指控的可能性的问题，各法院之间有所分歧。试比较如下案例：“哈林诉合众国案”（任何在警察拘留期间作出的陈述都不得用于案件移送之后的刑事指控）；③“州政府诉马洛尼案”（供述不可采用，除非少年及其父母被告知了刑事诉讼的可能性）；④“州政府诉格灵斯案”（只要是在抗辩式的氛围中引出的陈述就具有可采用性）；⑤“米奇尔诉州政府案”（任何遵循了米兰达规则的陈述皆可用于刑事指控）；⑥“州政府诉 Kim Thul Ouk 案”（讯问警官应当告知少年有罪

---

① In re G. S. P. , 610 N. W. 2d 651 (Minn. App. 2000).

② State v. D. R. , 930 P. 2d 350 (Wash. Ct. App. 1997).

③ Harling v. United States, 295 F. 2d 161 (D. C. Cir. 1961).

④ State v. Maloney, 102 Ariz. 495, 433 P. 2d 625 (1967).

⑤ State v. Gullings, 244 Or. 173, 416 P. 2d 311 (1966).

⑥ Mitchell v. State, 464 S. W. 2d 307 (Tenn. Crim. App. 1971).

供述可能导致刑事指控，但是如果有合法有效的弃权，则没有告知并不一定导致无效）；[①]“州政府诉贝努瓦案”（要求少年被告知其可能被视同成年人审判的可能性）。[②]

各州法律通常规定：如果少年表示想同其父母或监护人会话，则讯问必须停止。参见阿肯色州的相关法律规定。[③] 某些法院的判决也将少年与其父母会话的要求视为主张沉默权的功能相当事由。参见“民众诉伯顿案”。[④] 尽管某些州的少年享有与其父母会话的法定权利——如果其明确要求的话，但法院并不将其诠释为：这些法律规定警察必须告知少年享有与父母商谈的权利。参见“米勒诉州政府案”。[⑤] 同时，父母享有被告知其子女被拘留的权利，但在赋予其在场权的成文法律规定或司法判决缺失的情况下，他们并不享有在其子女被讯问前获得告知的宪法权利。参见本书第三章第二部分第 4 项；第三章第三部分第 2 项；“斯通诉费尔利案”。[⑥] 再者，警察具有通知父母其子女已被拘留的法定义务，并没有赋予其父母在讯问之前与其子女会话或者在讯问中在场的权利。参见“民众诉麦克尼尔”案。[⑦]

（3）“综合考量原则”对少年的适用

在对米兰达规则的后来诠释中，联邦最高法院在“莫兰诉博白案”[⑧] 的判决中认为：合法有效的权利放弃要求具备自愿性以及“明知性和明智性”。参见拉费：《刑事诉讼程序》。根据莫兰案件，

① State v. Kim Thul Ouk, 516 N. W. 2d 180 (Minn. 1994).

② State v. Benoit, 126 N. H. 6, 490 A. 2d 295 (1985).

③ Ark. Code Ann. § 9 - 27 - 371(g)(2)(A) (Michie 1998).

④ People v. Burton, 6 Cal. 3d 375, 99 Cal. Rptr. 1, 491 P. 2d 793 (1971).

⑤ Miller v. State, 338 Ark. 445, 994 S. W. 2d 476 (1999).

⑥ Stone v. Farley, 86 F. 3d 712 (7th Cir. 1996).

⑦ People v. McNeal, 298 Ill. App. 3d 379, 232 Ill. Dec. 561, 698 N. E. 2d 652 (1998).

⑧ Moran v. Burbine, 475 U. S. 412 (1986).

权利放弃具有两个基本要素，即自愿和理解。自愿的权利放弃，即不是基于恐惧、压迫或欺骗而作出权利放弃的表示。理解，即对所放弃的权利性质的理解。然而，理解仅仅意味着对米兰达权利内容本身的认知，而不是对弃权的法律后果的判断。参见“民众诉契坦案”。[①] 如果某少年知道警察不得迫使其说话，但会将其陈述用于对其进行指控，那么这便可以构成其对保持沉默权的充分理解。参见“民众诉博纳思科案”（鉴于米兰达规则之目的，明智“意味着其有能力理解该警告所使用的语词本身，其并不意味着其有能力理解放弃其权利的深入的法律和策略影响效果，或是有能力判别讯问所可能探查的广度和深度，或是有能力承受压力或错觉的影响”）。[②] 在“科罗拉多诉康涅利案”[③] 中，联邦最高法院认为：在没有警察压迫的情况下，单只是被告人心理状况的问题不能说明有罪供述的非自愿性。该案强调：自愿性的审查应当重点关注于警察的行为，而不是被告人的主观感受。由此，法院对米兰达权利放弃的评价只是在狭义上关注被告人对该警告的认知和理解能力，以及对其行使或放弃这些权利予以剥夺的警察压迫行为。

尽管费尔案件的意见，即少年只需以“任何方式”表示其意愿，便可以主张其米兰达规则的保护，联邦最高法院还是认为：只有在被告人“明确主张”其米兰达权利之后，警察才必须停止讯问。参见“戴维斯诉合众国案”（警察没有义务停止讯问，除非被告人明确主张其获取辩护律师帮助的权利，且警察没有义务来辨别一个模糊的获取辩护律师帮助的诉求）。[④] 由此，费尔案、莫兰案、康涅利案和戴维斯案将相关的责任加在了少年身上，即根据联邦最高法院要求，在警察对少年的权利主张予以接受之前，少年必须以

① People v. Cheatham, 453 Mich. 1, 551 N. W. 2d 355 (1996).

② People v. Burnasco, 138 Ill. 2d 349, 562 N. E. 2d 958 (1990).

③ Colorado v. Connelly, 479 U. S. 157 (1986).

④ Davis v. United States, 512 U. S. 452 (1994).

类似成年人的技术精确性，对其米兰达权利予以明确的主张。

费尔案件豁免了一审法官对少年米兰达权利放弃的评价，而一审法官行使着广泛的自由裁量权，并欣然采纳显然不具备行为能力的少年所作出的供述。更有甚者，一旦某一审法官判定某少年作出了一个合法有效的弃权决定，并作出了一个自愿的供述，则上诉法院便不会将其推翻，除非上诉法院发现：一审法院的判决明显错误，或对自由裁量权予以了滥用——一个非常高的门槛。在相关的综合因素中，一审法院会考虑少年的年龄、经历、教育、智力和理解力、父母在场以及不成熟性。除了少年的特点外，法院还考察讯问本身的情况，即该少年是否与其家庭成员或辩护律师进行了商谈，讯问所使用的方式，讯问的时间长短，以及其他周围情况。即便是对非常年幼的少年而言，年龄也不必然成为令权利放弃或有罪供述失效的一个决定性因素。

绝大多数州都采用费尔案的成年人“综合考量原则”来检验少年权利放弃的问题，并允许他们在没有成年人协助的情况下放弃其米兰达权利。参见“奎克诉州政府案”；“都提尔诉州政府案”；“民众诉拉腊案”。[①] 法官们通常会聚焦于该少年的特征，如年龄、教育和智商，以及讯问的周围环境，如讯问的方式和时间跨度，来评价其权利放弃的合法有效性以及其相关供述的可采信性。参见：“韦斯特诉合众国案”；“民众诉拉腊案”。[②] 几个显著案例为一审法官为考查少年弃权问题提供了“综合”因素的列表：年龄、教育、身体状况、父母或其他成年人在场或与其商谈的机会、讯问时间的长短、讯问的方式、对指控的认知、之后对供述的否认、对警

---

① Quick v. State, 599 P. 2d 712 (Alaska 1979); Dutil v. State, 606 P. 2d 269 (Wash. 1980); People v. Lara, 67 Cal. 2d 365, 377, 432 P. 2d 202, 215 (1967), cert. denied, 392 U. S. 945 (1968).

② West v. United States, 399 F. 2D 467 (5th Cir. 1968); People v. Lara, 67 Cal. 2d 365, 432 P. 2d 202 (1967).

告的理解、对可能移送刑事法院的警告，等等。参见“费尔诉麦克·C. 案”;[①]“州政府诉威廉姆斯案”（“综合因素”包括少年的年龄、成熟度、智力、教育、先前的犯罪经历、讯问中的任何身体剥夺、父母在场或缺席、拘留的时间长短和合法性、警告的缺失或充分，以及讯问的性质）。[②]

各上诉法院对许多因素予以鉴别，但其并不对任何特定因素予以控制性的衡量，而是将相关因素的衡量交由一审法官自由裁量。大多数法院对“综合考量”标准予以保守性的适用。如果警察证实：其对少年予以了权利告知，且当问及其是否理解时，该少年回答“是”，那么各法院通常会判定米兰达权利的放弃为合法有效。即便在警察蓄意地采取了压迫性的讯问技巧，并从非常年幼的少年或具有精神缺陷的人那里获取了米兰达权利放弃的情况下，某些一审法官也判定这种弃权为自愿的，且某些上诉法院也对此予以支持。参见“W. M. 诉州政府案”（一名智商为70 的10 岁男孩的权利放弃被判定为合法有效，而该少年曾参加某残障学习项目，被其教师描述为难以理解指示，没有前科，被警察讯问了将近6 个小时，对警察临时记录簿上的几乎每一个未破获的入室盗窃案件予以了明知的、自愿的有罪供述）。[③] 有些法院欣然采纳智商为60 几的文盲智障少年的有罪供述，而对于这些少年，心理学家将其证实为不具备抽象推理能力者。参见“民众诉契坦案”（一名智商为62的文盲少年的权利放弃被判定为合法有效，因为“低智力本身不足以确证某被告人不理解其权利”）。[④]“州政府诉克里利案”（一名智商为65 的只有有限读写能力的少年的权利放弃被判定为合法

---

① Fare v. Michael C., 442 U. S. 707 (1979).

② State v. Williams, 535 N. W. 2d 277 (Minn. 1995).

③ W. M. v. State, 585 So. 2d 979 (Fla. 4th Dis. Ct. App. 1991).

④ People v. Cheatham, 453 Mich. 1, 551 N. W. 2d 355 (1996).

有效)。[1] 当某些法官适用“综合”检验标准时，他们仅仅基于某种任意的根据对通过最为恶劣的方式获取的有罪供述予以排除。参见“W. C. 案”(一名“目不识丁的中度智障的智商为48……相当于六七岁儿童智力发展水平的”13岁少年的权利放弃被判定为合法有效)[2]。因为上诉法院不以其自己的事实评判来替代一审法官作出的事实评判，而只是对一审法官的明显错误的、滥用自由裁量权的或缺乏事实支撑的判决予以推翻，所以其通常对一审法官基于极端事实所作出的判决予以支持。

有些上诉法院将少年与其父母会话的要求或警察对父母与其子女商谈的阻止视为可能破坏权利放弃或有罪供述自愿性的重大事实。在“州政府诉普丽莎案”[3] 中，法院注解道：“如果存在某些故意排除少年的父母或法定监护人在讯问现场的情况……我们很难想象检察官何以能成功地执行其任务。”在“莫兰诉博白案”[4] 中，法院认为：警察无须告知没有主张其获取辩护律师帮助权利的成年被告人：有律师愿意向你提供帮助。与此相对照，法院更可能将这样一种有罪供述视为非自愿的，并拒绝予以采纳，即在讯问期间，警察故意欺瞒父母其子女的所在之处，拒绝告知少年其有权要求其父母在场并与之见面，抑或拒绝少年与其父母见面的要求。参见“拉顺·H. 案”[5]；“州政府诉约翰逊”案(与其父母通电话的要求即对第五修正案特权的主张)。[6] 在警察进行米兰达警告的前后，少年要求与其父母会话的反复请求可能破坏其权利放弃的合法有效

---

① State v. Cleary, 161 Vt. 403, 641 A.2d 102 (1994).

② In re W. C., 657 N. E. 2d 908 (Ill. 1995).

③ State v. Presha, 163 N. J. 304, 748 A. 2d 1108 (2000).

④ Moran v. Burbine, 475 U. S. 412 (1986).

⑤ In re Lashun H., 284 Ill. App. 3d 545, 219 Ill. Dec. 823, 672 N. E. 2d 331 (1996).

⑥ State v. Johnson, 221 Mont. 503, 719 P. 2d 1248 (1986).

性及其有罪供述的自愿性。参见“州政府诉布里尔”案。①

（4）少年行使其米兰达权利的能力

一名通常的少年有能力作出“明知的、明智的和自愿的”放弃其权利的决定吗？少年拥有理解和行使其宪法权利的认知能力或心理发展意义上的能力吗？关于少年对米兰达警告的理解问题，发展心理学的评估显示：大多数接到米兰达警告的少年对其语言，更别说其法律概念了，不能充分理解，从而不能以“明知和明智的”方式对其权利予以放弃。社会科学家们对如下问题予以了评估：少年是否能够复述米兰达警告的言辞，他们是否能够界定“律师”、“咨询”和“指定”等六个关键词，以及他们是否能够对该警告的12个改写词作出正确的正误判定。参见托马斯·格里索：《少年放弃米兰达权利的能力：一项实证分析》；托马斯·格里索：《少年之权利放弃：法律及心理学意义上的能力》。② 大多数接到米兰达警告的少年的表现低于其成年人对照组的表现，且不能充分理解到“明知且明智地”放弃其权利的程度。更为年幼的少年显现出更大的理解其权利的困难，且越是缺乏理解的少年越是容易放弃其权利。参见乔迪·L. 威利恩、罗纳尔德·洛希：《放弃讯问权利的能力与少年被告人的诉讼能力：认知发展、律师解除以及心理学症状》。③

通常情况下，越轨少年多来自于较低收入的家庭，且他们更为缺乏理解法律抽象概念或有效行使其法律权利的语词技能。相对于

---

① State v. Burrell, 697 N. W. 2d 579 (Minn. 2005).

② Thomas Grisso, *Juveniles' Capacities to Waive Miranda Rights: An Empirical Analysis*, 68 Cal. L. Rev. 1134 (1980); Thomas Grisso, *Juveniles' Waivers of Rights: Legal and Psychological Competence* (1981).

③ Jodi L. Vilioen and Ronald Roesch, "Competence to Waive Interrogation Rights and Adjudicative Competence in Adolescent Defendants: Cognitive Development, Attorney Contact, and Psychological Symptoms," 29 *Law & Hum. Behav.* 723 (2005).

成年人的不成熟、缺乏经验以及较低的语词能力使得少年在压迫性的警察讯问计策面前显得尤其脆弱。儿童对成年人的更大依赖性以及少年服从权威的社会期待，也令少年更为脆弱。缺乏经验的少年可能放弃其权利，其谈话可能基于一种目光短浅的、非现实的信念，即如此则其讯问将更快结束，如此则可保证其获释。比讯问者社会地位较低的人通常会更为被动地回应，更易于说话，更易于默许警察的意见，且说话比较缺乏自信。因此，费尔案件的要求，即少年应当以成年人般的技术精确性明确地主张其米兰达权利，与发展心理学关于少年行为能力的研究结果相矛盾，与正常的社会反应相矛盾，并与警察所讯问的大多数越轨少年的语词风格相矛盾。

有学者对被指控犯有重罪的16～17岁少年的警察讯问反应情况与成年人的相关反应情况进行了实证性的比较研究。参见巴里·C. 菲尔德：《少年行使米兰达权利的能力：关于政策与实践的一项实证研究》、《警察对少年之讯问：关于政策与实践的一项实证研究》。[①] 这些较为年长的越轨少年对其权利放弃的比率为80%，与成年人78%的比率基本相当。在放弃了米兰达权利之后，警察对他们的讯问方式基本相同于其对成年人的讯问方式。警察使用了类似的最大化和最小化的讯问技巧，如出一辙，并使用了同样的策略。少年犯罪嫌疑人与成年人犯罪嫌疑人表现出近似的合作或抗拒相关策略的能力，且其提供有罪证据的比例也基本相同。简而言之，相关法律以及警察讯问对这些少年与成年人一视同仁。发展心理学的研究表明：16～17岁少年的能力大体相当于成年人，然而其研究还表明：较为年幼的少年并不理解其米兰达权利，缺乏诉讼能力，且具有给予错误有罪供述的更大风险。

---

① Barry C. Feld, "Juveniles' Competence to Exercise Miranda Rights: An Empirical Study of Policy and Practice," 91 *Minn. L. Rev.* 26 (2006); "Police Interrogation of Juveniles: An Empirical Study of Policy and Practice," 97 *J. Crim. L. & Criminology* 219 (2006).

2. 父母在场

由于大多数较为年幼的少年缺乏成年人所具备的理解诉讼过程并行使或放弃其权利的认知能力或法律能力，某些州试行了一些旨在补偿少年之特殊脆弱性的变通策略。通过成文法或法院判决的方式，这些司法管辖区使用了一些具体的指导准则或法院规则，以确保少年放弃权利或坦白供述的合法有效性。他们通常要求有一名“有利害关系的成年人”（interested adult）在场，如父母，或者要求有辩护律师的咨询。参见“路易斯诉州政府案”；“民众诉塞兹案”；“共同体诉某少年案”。[①] 例如，在“E. T. C. 案”[②] 中，佛蒙特州最高法院认为：该州宪法规定了三个标准以确立少年放弃权利的合法有效性，即其一，该少年“必须被给予了与成年人商谈的机会……其二，该成年人必须与该少年的福利有着大体的利害关系，且必须完全独立于控方，并无关联于控方，如父母、法定监护人或该少年的辩护律师；其三，该独立的成年利害关系人必须被告知并了解该少年所具有的权利。”约有 10 个州以成文法的形式规定了少年的父母或利害关系成年人在场的权利。例如，印第安纳州、爱荷华州、新罕布什尔州和西弗吉尼亚州的相关法律规定。[③]《科罗拉多州儿童法》规定：[④]

> 法律执行官员在拘留讯问中所获取的任何关于少年越轨行为的供述或权利承诺……皆不得被采用为对该少年的

---

① Lewis v. State, 259 Ind. 431, 288 N. E. 2d 138 (1972); People v. Saiz, 620 P. 2d 15 (Colo. 1980); Commonwealth v. A Juvenile, 449 N. E. 2d 654 (Mass. 1983).

② In re E. T. C., 141 Vt. 375, 378, 449 A. 2d 937 (1982).

③ Ind. Code § 31 - 32 - 5 - 1; Iowa Code Ann. § 232. 11; N. H. Stat. Ann. § 169 - B:121; W. Va. Code § 49 - 5 - 8(d).

④ The Colorado Children's Code § 19 - 2 - 511 (2000).

> 不利证据，除非在此讯问过程中，有其父母（或）监护人在场，且该少年及其父母（或）监护人……获悉了相关的告知事宜：该少年享有保持沉默的权利；其所作的任何供述都可能被用作不利于他的呈堂证供；其享有获取指定辩护律师的权利，如果其在讯问时提出如此的请求。作为例外，如果在此讯问中，有代理该少年的某个公益辩护人或辩护律师在场，则如此的供述或权利承诺可以获得采用，即使该少年的父母或监护人……没有在场。

如果警察没能遵从这些程序安全保障规定，法院通常会对其在拘留讯问过程当中所获取的供述予以排除。参见“民众诉 J. D. 案”；“州政府诉沃克案”。[①] 科罗拉多州法院严格地适用了该规定，并要求在讯问中有父母在场，即便少年误导了警察，并虚假地告诉警察其为成年人。参见“尼克拉斯诉民众案”。[②] 其他拥有父母在场规则的司法管辖区仅仅要求警察为遵从父母在场规则作出真诚而勤勉的努力，但在嫌疑人假报其年龄的情况下，对其供述予以采纳。参见“斯通诉州政府案”。[③]

有些州进一步阐述了要求父母在讯问现场的理由。父母在场将减小不可信的供述的风险，并减小压迫性的影响。例见“为了杰瑞尔·C. J. 之利益案”。[④] 父母在场将增进获取供述的精确性，使其在初始阶段参与诉讼，确保警察能够充分告知且少年能够真正理解其告知事项，并解除警察判断少年行为能力的负担。父母在场可

---

① People v. J. D., 989 P. 2d 762 (Colo. 1999); State v. Walker, 352 N. W. 2d 239 (Iowa 1984).

② Nicholas v. People, 973 P. 2d 1213 (Colo. 1999).

③ Stone v. State, 268 Ind. 672, 377 N. E. 2d 1372 (1978).

④ In re the Interest of Jerrell C. J., 283 Wis. 2d 145, 699 N. W. 2d 110 (2005).

以减少警察压迫的可能性，并使其有可能证实不公平的讯问计策的采取。参见“路易斯诉州政府案”。[①] 这些州认识到：大多数少年不够成熟，缺乏理解其权利或放弃其权利的行为能力，并认为：父母可以减小少年的恐惧心理和孤立无助感，并为其提供法律帮助的途径。如果大多数少年缺乏判断问题的成熟性或法律行为能力，那么特殊的程序安全保障便可以保护其免受其自身局限的危害。

有些州采用不同的措施来为讯问中的少年提供比米兰达规则和费尔规则所提供的更大保护。某些州要求警察对少年及其利害关系成年人予以米兰达警告，为其提供与辩护律师商谈的机会，并获取二者对之后权利放弃的同意。例见“路易斯诉州政府案”；“共同体诉某少年案”。[②] 某些州则要求父母在讯问现场，且对这样一种情况下获取的供述予以了禁止，即警察对少年及其父母予以了米兰达警告，并为其提供了与辩护律师商谈的机会，而后却将父母排除在外的情况。参见康涅狄格州的相关法律规定（供述应被禁止使用，“除非此儿童在其父母在场的情况下作出该供述”，且该供述是在二者获悉权利告知之后作出的）；[③] 又见“罗伯特·M. 案”（“父母在场”的规定禁止警察在警告之后将少年与其父母隔离的情况下获取的供述）。[④] 然而，在联邦层面的越轨指控中，在违反这些州预防性条款的情况下获取的供述仍然可能被采用。参见“合众国诉怀尔德尼斯案”（依据联邦法律，而非州法律，判定其在联邦指控中具有可采纳性）。[⑤]

某些州对此采用一种“两层次”的方法，并将较为年幼的少

---

① Lewis v. State, 259 Ind. 431, 288 N. E. 2d 138 (1972).

② Lewis v. State, 259 Ind. 431, 288 N. E. 2d 138 (1972); Commonwealth v. A Juvenile, 449 N. E. 2d 654 (Mass. 1983).

③ Conn. Gen. Stat. §46b - 137(a)(West Supp. 1986).

④ In re Robert M., 22 Conn. App. 53, 576 A. 2d 549 (1990).

⑤ United States v. Wilderness, 160 F. 3d 1173 (7th Cir. 1998).

年与较为年长的少年予以区别对待。有几个州要求未满 14 岁少年的父母必须在场，但允许较为年长的少年放弃此权利。参见"B. M. B. 案"（"我们不能忽视未满 14 岁儿童的不成熟和缺乏经验，以及这种儿童在面临警察拘留讯问中的显著不利地位"）①；"州政府诉普丽莎案"（"作为一个法律问题，成年人的缺席将导致该少年犯的供述不具有可采纳性，除非其父母或法定监护人的确无法到场"）。② 其他一些州明确要求未满 14 岁的少年与其利害关系成年人商谈，但只对较为年长的少年规定了其与利害关系成年人商谈的机会，以作为其合法有效地放弃其权利的前提条件。参见"共同体诉某少年案"；"共同体诉贝里案"。③ 有几个州将这些利害关系成年人的规定予以了组合。参见：康涅狄格州的相关法律规定；④ 印第安纳州的相关法律规定（权利放弃只能在律师的帮助之下或在与其"有意义的商谈"之后作出，且"与该儿童没有利益冲突的"父母或监护人必须在场）；⑤ 新墨西哥州的相关法律规定（未满 13 岁儿童的有罪供述不可采信，推定 13 或 14 岁儿童的有罪供述为不可采信，但可容辩解）；⑥ 西弗吉尼亚州的相关法律规定（未满 14 岁少年的有罪供述不可采信，除非其在父母在场的情况下作出）。⑦

为了让父母完成其意欲发挥的作用，某些州要求少年有机会进行"有意义的商谈"。"具有意义的商谈的规定……是一种仅仅针对少年的附加保护。这一适用于少年放弃权利的附加程序安全保障

---

① In re B. M. B., 955 P. 2d 1302 (Kan. 1998).

② State v. Presha, 748 A. 2d 1108 (N. J. 2000).

③ Commonwealth v. A Juvenile, 449 N. E. 2d 654 (Mass. 1983); Commonwealth v. Berry, 410 Mass. 31, 570 N. E. 2d 1004 (1991).

④ Conn. Gen. Stat. §46b－137 (1981).

⑤ Ind. Code. Ann. §31－32－5－1 (West 1998).

⑥ N. M. Stat. Ann. §32A－2－14(E), (F) (1987).

⑦ W. Va. Code §49－5－2(L) (Supp. 1996).

可以通过具有切实意义的商谈或这种商谈的确实机会来予以实现，而对于此安全保障，该少年（可于其后）在其适当权利主体在场的情况下予以放弃，只要该少年明知且明智地对其宪法权利予以放弃。”参见“希克曼诉州政府案”。[①] 通常情况下，父母在场以及父母与子女有机会进行私下交谈的机会便可以满足此项规定。参见“帕顿诉州政府案”。[②]

要求父母在场的法院相信：父母与其子女享有一致的利益，父母能够充分理解相关的法律状况，且其能够担当一名有效的建议者。然而，父母在讯问现场不一定会为儿童带来预想的好处，且有可能增加而不是减小对少年的压迫力。有研究表明：大多数父母并没有直接对其子女放弃权利的决定提出建议，而几乎总是催促其子女放弃权利。关于成年人理解和行使其米兰达权利的能力的研究，对即便是非常有意识帮助其子女的父母的相关能力提出了质疑。父母少有受过法律培训者，且不一定能够理解或辨别其子女的法律问题。父母与其子女的潜在利益冲突、父母对其子女被拘留的情绪反应以及其自身的智力或社会局限可能会妨碍其担任好预想的帮助性的角色。父母迫使其子女坦白认罪的案例比比皆是。参见“安格林诉州政府案”；“关于 C. P. 的问题案”；“共同体诉菲利普·S. 案”。[③]

3. 律师帮助

有几个州没有倚赖于法官基于“综合考量原则”的自由裁量审查，也没有倚赖于父母的在场，而是规定：在少年放弃其米兰达

---

① Hickman v. State, 654 N. E. 2d 278, 281 (Ind. Ct. App. 1995).

② Patton v. State, 588 N. E. 2d 494 (Ind. 1992).

③ Anglin v. State, 259 So. 2d 752 (Fla. Dist. Ct. App. 1972); In the Matter of C. P., 411 A. 2d 643 (D. C. Ct. App. 1980); Commonwealth v. Philip S., 611 N. E. 2d 226 (Mass. Sup. Jud. Ct. 1993).

权利之前，必须有律师在场，或者与律师进行过商谈。米兰达权利的放弃涉及技巧性和策略性的问题，以及对该权利本身的抽象意识问题。在权利放弃之前与律师进行商谈的规定本身认识到了少年的不成熟性、对法律执行缺乏经验，并为少年利益的保护提供了一种仅有的有效方式。有几个职业群体赞同将指定辩护律师和与辩护律师商谈作为少年放弃权利的前提条件。全国顾问委员会少年司法特别工作组（The National Advisory Committee Task Force on Juvenile Justice）建议：在警察讯问期间，各州应当禁止少年“在没有律师建议的情况下放弃其避免自证其罪的权利”。参见刑事司法标准与目标之全国顾问委员会：《关于少年司法与越轨预防之特别工作组报告》（1976 年）。[①] 美国律师协会（The American Bar Association）的少年司法标准建议：“一旦少年被拘留……诉请书被提起……或出现在立案会议上，该少年就应当享有获取律师辩护的权利，而无论哪种情况发生在先。”参见：美国律师协会—司法制度研究所：《审前诉讼程序之少年司法标准》（1980 年）；美国律师协会：《呼唤正义》（1995 年）。[②]

有几个州要求有辩护律师在讯问现场，并禁止少年在没有父母书面同意的情况下放弃其获取律师辩护的权利。爱荷华州的相关法律规定：“从某儿童因构成某严重或加重的不良行为或重罪的越轨指控而被拘留之时起……且在其后的由治安官员或缓刑官员采取的任何讯问过程当中……该儿童都应当享有获取辩护律师代理的权利。”[③] 如果没有父母的书面同意，未满 16 岁的少年不得放弃其权

① National Advisory Committee on Criminal Justice Standards and Goals, *Report of the Task Force on Juvenile Justice and Delinquency Prevention* (1976).

② American Bar Association – Institute of Judicial Administration, *Juvenile Justice Standards Relating to Pretrial Court Proceedings* (1980); American Bar Association, *A Call For Justice* (1995).

③ Iowa Code Ann. § 232.11 (1)(a) (West 1998).

利，且年龄较大的少年只能在一定情况下才能放弃其权利，即警察为通知其父母或监护人（其子女已被拘留，其有权进行探视并与之商谈）作出了“真诚”的努力。参见“J. A. N. 案”（对辩护律师缺席或没有获得父母同意的14岁少年的有罪供述予以了排除）[1]；“州政府诉沃克案”（“对于未满16岁的儿童，法律规定：除非有父母的书面同意，任何对获取辩护律师帮助权利的放弃皆为无效。对于16岁以上的儿童，法律以通知父母之真诚努力的规定来代替父母的书面同意……”）。[2] 与此类似，在“为了J. D. Z. 的利益案”[3] 中，法院将“在任何诉讼的所有阶段获取律师代理”的法律规定解释为包括在警察讯问的过程当中必须获得辩护律师的帮助。要求少年在放弃权利之前与辩护律师商谈的规定可以保护少年免受其自身不成熟和缺乏经验的危害，并且确认了只有律师，而非其父母，具有在对抗式的诉讼中帮助少年的必要技能。

强制性的、不可放弃的辩护律师指定可以保护少年的权利，帮助法院高效地处理案件，并确保任何放弃权利的决定是真正“明知的”和“明智的”。很明确，要求律师在讯问阶段以及整个诉讼过程中代理少年的规则，会对少年司法制度产生重大的影响作用。警察对少年予以讯问并从中获取权利放弃的能力可能会有所下降。事实上，有些法官对这种程序安全保障措施之于警察讯问的负面效应表示了公开的反对，同时，考虑到“社会对犯罪的义愤”，这些法官就该规则对犯罪镇压效率的影响后果表示了遗憾。参见“汤普森案”（“很显然，未成年人在持续攀升的犯罪浪潮中起到了超比例的作用，基于注重实效予以应对的要求，大多数法院已经在考虑反对全盘排除少年有罪供述的社会自我保护利益”）[4]。得克萨斯

① In re J. A. N., 346 N. W. 2d 495 (Iowa 1984).

② State v. Walker, 352 N. W. 2d 239 (Iowa 1984).

③ In the Interest of J. D. Z., 431 N. W. 2d 272 (N. D. 1988).

④ In re Thompson, 241 N. W. 2d 2, 5 (Iowa 1976).

州曾一度禁止少年在没有律师帮助或在场的情况下放弃其权利。参见得克萨斯州的相关法律规定；[①]"R. E. J. 案"[②]。然而，得克萨斯州修改了该法律规定，并允许少年在接到警察的米兰达警告之后放弃其权利。参见得克萨斯州的相关法律规定。[③] 宾夕法尼亚州最高法院采取一种"利害关系成年人"的规则，但后来对之予以了废弃，并代之以"综合考量"的方法，其理由为："大多数少年具有身心不成熟的固有不利因素，对他们的保护的实现方式会付出更大的社会和正义的利益。"参见"共同体诉克里斯马斯案"。[④] 于是，大多数州反对这一最能有效保护少年在讯问中免受其自身脆弱伤害的程序安全保障措施，并与此相反地采用一种将少年置于较成年人而言的实际不利地位的"综合"自由裁量政策。

4. 少年讯问强制录音录像

在过去的10年中，几乎所有的法律分析家和政策团体都主张以讯问录音或录像的方式来减小压迫，减小少年尤其易于作出的非真实有罪供述的风险，并使相关的诉讼程序更加可见、更加透明。在"为了杰瑞尔·C. J. 之利益案"[⑤] 中，威斯康星州最高法院行使了其监督权力，并要求警察对所有在拘留场所进行的少年拘留讯问予以电子记录。该法院提出了要求录音录像的诸多理由。电子记录可以提供最佳的证据，据此，法院可以基于总体情况判定少年的权利放弃和有罪供述是否为自愿的。其可以向法院提供一种"更为精确的、更为可靠的少年讯问记录"，并"减少证据的冲突"。

---

① Tex. Fam. Code. Ann. § 51.09 (Vernon 1973).

② In re R. E. J., 511 S. W. 2d 347 (Tex. Civ. App. 1974).

③ Tex. Fam. Code. Ann. § 51.095 (West 2000).

④ Commonwealth v. Christmas, 502 Pa. 218, 465 A. 2d 989 (1983).

⑤ In re the Interest of Jerrell C. J., 283 Wis. 2d 145, 699 N. W. 2d 110 (2005).

其将“减少关于米兰达规则和自愿性问题的争议数量”。其将保护警察，即嫌疑人可能会错误地谴责其采用了不适当的讯问计策。其将增进讯问的效能，即令警察能够集中精力于观察嫌疑人的反应，而非集中精力于做笔录。其将保护被告人的权利，即其可以提供一种独立的记录，借此法院可以解决警察与少年之间的警察总是获胜的关于可信度的争辩。

四、保密与审前识别程序

联邦最高法院在高尔特案件中注解道：

> 我们常说：少年得到了免予公开其偏差行为的程序保护……这是法律的策略，“将少年的错误掩藏于公众的充分注视之外，并将其埋葬于被人遗忘的坟墓中”。然而，这种保密要求言过其实。在大多数司法管辖区中，（少年）法院记录的公开取决于法官的自由裁量。成文法的限制规定几乎总是仅仅适用于法院的档案，且即便对此，有证据表明：许多法院也常常向联邦调查局（FBI）和军队提供相关的信息，并应政府机构甚或私人雇主的要求向其提供相关信息。警方档案具有更加重要的意义。在大多数州中，警方保留了完整的少年与“警方接触”的档案，且警方对公开少年档案具有完全的自决权。

在“合众国诉霍尔案”[①] 中，法院评注道：《联邦少年矫正法》（the Federal Youth Corrections Act），如同少年法院那样，具有这样一种目标，即“对这个国家的第一次犯错误的少年予以康复矫治，可以说……犯罪记录的恶害是众所周知的。被判有罪者永远

① United States v. Hall, 452 F. Supp. 1008 (S. D. N. Y. 1977).

被标定为不值得信任的社会成员。他们的就业前景永远大打折扣；他们常常是怀疑和不信任的对象……（其记录的封存或消除可以确保）该被告人不再有犯罪‘记录’，且其可以在没有犯罪污点的情况下重新开始其新的生活。”然而，在“合众国诉约翰逊案”[①]中，法院告诫道：“当昨日的少年越轨者成为今天的成年犯罪者，那么社会之前的宽容的背后理由便消失了。”因此，保密问题涉及收集人身识别证据以及之后对其予以使用、保存、传播和处理等一系列问题。

人身识别程序旨在收集“非言词性的”证据，其中包括：“指纹、手印、脚印、身体尺寸、血样、尿样、唾液样本、毛发样本以及其他合理的身体检查、笔迹样本、声音样本、照片以及列队指认或类似的需要少年在场的人身识别程序。”参见北卡罗来纳州的相关法律规定。[②] 因为这些是涉及身体实物方面的证据，而非言词方面的证据，故而联邦宪法第五修正案没有阻止警察收集这些数据。参见拉费：《刑事诉讼程序》。[③] 在警方收集了这些证据之后，他们还会建立实物档案，且在当下的法律使用之后，这些档案还会保存很长时间。人身识别程序及其证据、少年拘留及其判决以及审前的大众宣传，引发了少年司法制度的一些重要争议。针对少年人身识别证据的收集问题，如果需要对相关程序进行修改的话，那么，各州应当在多大程度上对成年人刑事诉讼程序予以修改？国家政策应当如何在保护公共安全和令少年受制于惯常的犯罪登记报告程序的后果之间予以平衡呢？国家政策应当如何在建立法律执行档案的合法利益和这些档案的永久标签、污点及其对少年的成年生活机会的负面影响风险之间予以平衡呢？

---

① United States v. Johnson, 28 F. 3d 151 (D. C. Cir. 1994).

② N. C. Gen. Stat. § 7A – 596 (Michie 1997).

③ Wayne R. LaFave, Jeroldn H. Israel and Nancy J. King, Criminal Procedure Fourth Ed. (2000).

人身识别程序的这种政策两难境地包括档案的建立、之后的使用和保存，以及令越轨少年受制于惯常的成年人犯罪登记报告程序等问题。进步时代的改革者们为了消除刑事诉讼程序以及永久性犯罪记录的戕害，而创建了一种独立的少年法院。然而，成年人刑事司法体系中的许多惯常特征越来越多地成为少年案件诉讼程序的组成部分。各州显然是为了有效的法律执行而要求收集人身识别证据，且保密性的限制规定不应当禁止警方对这些证据的收集。但是授权其惯常收集方法的法律规定会侵蚀少年司法体系和成年人司法体系之间的诸多差异。

1. 列队指认、照相与指纹识别程序

最初，联邦宪法第四修正案是从嫌疑人处获取人身识别证据的槛限。参见拉费：《刑事诉讼程序》。[①] 警察执行搜查，执行拘捕，需要具备合理根据（probable cause），即相信该指纹将成为某个犯罪行为的证据，抑或需要一种合法有效的同意。参见“莱恩斯诉州政府案”（获取少年指纹需要具备合理根据）；[②]“戴维斯诉密西西比州案”（对违反联邦宪法第四修正案所获取的指纹予以排除）。[③] 如果警方拥有合法有效的搜查权力，那么大多数州的少年指纹和照片便会被纳入惯常的犯罪登记报告程序。参见帕特丽夏·托比特等：《严重暴力少年犯罪之国家对策》（1996 年）。[④]

在“合众国诉韦德案”[⑤] 中，联邦最高法院判令：在被置于有罪指控前的列队指认之时，成年刑事被告人便具有了联邦宪法第六

① Wayne R. LaFave, Jeroldn H. Israel and Nancy J. King, Criminal Procedure Fourth Ed. (2000).

② Lanes v. State, 767 S. W. 2d 789 (Tex. Crim. App. 1989).

③ Davis v. Mississippi, 394 U. S. 721 (1969).

④ Patricia Torbet, et al., *State Responses to Serious and Violent Juvenile Crime* (1996).

⑤ United States v. Wade, 388 U. S. 218 (1967).

修正案所赋予的获取辩护律师帮助的权利。该法院说理道：被告人与被害人或证人之间的这种对质成为诉讼程序的一个“关键阶段”，从而需要辩护律师在场，以对证人进行有意义的反问。该法院进一步推理道：审前列队指认中的律师帮助将会减小不可靠的目击证人识别和暗示性的风险，降低错误识别和错误判决的可能性，并确保审判的公正性。

在“柯比诉伊利诺伊州案”[①]中，联邦最高法院以多数票否决了将获取律师辩护权扩展至有罪指控或正式指控之前的人身识别程序。该案推理道：联邦宪法第六修正案之获取律师辩护权仅仅及于对抗式诉讼程序“正式启动”之中或之后。该案的不同意见反对道：无论刑事诉讼程序是否正式启动，错误识别的风险和获取律师帮助的需要已经实际产生。在受到国家的正式指控之前，大多数的被告人都经过了被害人和证人的识别，因为人身识别可以提供指控所必要的某犯罪与其被告人之间的基本联系。柯比案对扩展获取律师帮助权利的否决只留给了尚未受到指控的被告人少于正当处理原则所赋予的安全保障。参见“曼森诉布拉维特案”；[②]“尼尔诉比格斯案”；[③]拉费：《刑事诉讼程序》。[④]

一些州的最高法院根据其州宪法对柯比案的判决予以了否定，并将获取律师辩护的权利扩展至有罪指控之前的识别程序。参见“布鲁诉州政府案”；“民众诉布斯塔曼特案”。[⑤]这些判决对保护犯罪嫌疑人免受歧视与国家在及时果断的调查中的利益予以了权衡，并得出结论：处于被拘留状态的嫌疑人在任何的列队指认中都

---

① Kirby v. Illinois, 406 U.S. 682 (1972).

② Manson v. Brathwaite, 432 U.S. 98 (1977).

③ Neil v. Biggers, 409 U.S. 188 (1972).

④ LaFave, *Criminal Procedure*.

⑤ Blue v. State, 558 P.2d 636 (Alaska 1977); People v. Bustamante, 30 Cal.3d 88, 634 P.2d 927, 177 Cal. Rptr. 576 (1981).

应当享有获取律师辩护的权利，除非存在紧急情况，且提供辩护律师的耽搁将过分地妨碍及时的调查。这些州法院推理道：一旦调查程序超然于即刻的律师在场之上，尤其是一旦警方将被告人拘留于警察署内，则可以抵消犯罪嫌疑人歧视风险的进一步的法律执行紧急情况便不复存在。

有些州法院经常将成年人刑事诉讼程序规则适用于少年法院的人身识别案件。参见戴维斯：《少年权利》;[①]“杰克逊诉州政府案”（遵从韦德—柯比案件的界分，即人身识别程序之获取辩护律师帮助权利仅仅及于诉讼程序的正式启动之后）;[②]“丹尼尔·T.案”[③]。在此，少年和成年人被一视同仁，即对抗式诉讼程序的“正式启动”方能触发获取辩护律师帮助的权利。因为各州在少年越轨案件的诉讼中不适用有罪指控或控告（indictments or complaints），所以提起少年越轨诉请书（a delinquency petition）通常标志着这一诉讼程序的“正式启动”。参见“M. A. 案”。[④]

有些州还将成年人刑事诉讼程序规则适用于少年照片识别程序。在“合众国诉阿什案”[⑤]中，联邦最高法院判决：当证人在庭外看照片陈列时，犯罪嫌疑人不享有辩护律师在场的宪法权利。在“M. B. 案”[⑥]中，法院认可了在没有律师在场的情况下获取的少年照片识别。参见“洛芙案”（在拘留之前的照片识别过程中，无权获取辩护律师帮助）。[⑦]

有些州允许警察对其拘留的少年进行拍照，并收集指纹。参见

① Davis, *Rights of Juveniles*.

② Jackson v. State, 17 Md. App. 167, 300 A. 2d 430 (1973).

③ In re Daniel T., 446 A. 2d 1042 (R. I. 1982).

④ In re M. A., 310 N. W. 2d 699 (Minn. 1981).

⑤ United States v. Ash, 413 U. S. 300 (1973).

⑥ In re M. B., 513 P. 2d 230 (Colo. Ct. App. 1973).

⑦ In re Love, 646 A. 2d 1233 (Pa. Super. 1994).

托比特：《国家对策》。[1] 关于获取少年指纹和照片以及其后对人身识别证据的使用和保存问题，各州的法律在相关罪名的规定上有所不同。有些州允许警察对因任何罪名被拘留的少年收集指纹和照片。参见康涅狄格州和爱达荷州的相关法律规定（“可以对被拘留的少年收集指纹和照片”）；[2] 得克萨斯州的相关法律规定（可以对因重罪或可予以监禁惩罚的违法行为而被拘留的少年进行拍照或收集指纹）。[3] 某些州要求警察对因重罪、一定严重程度的犯罪而被拘捕或拘留的 14 岁以上的少年收集指纹和照片。参见弗吉尼亚州、纽约州和爱达荷州的相关法律规定。[4]

关于人身识别证据收集之后的使用和保存问题，各州的法律有所不同。某些州规定：地方警察机关应当将人身识别证据保存在单独的、保密的执法档案中，而不是将其转交中心储存库。参见纽约州和俄勒冈州的相关法律规定。[5] 其他州则规定：警察机关应当将这些档案归入该州的刑事司法中心档案储存库。参见俄克拉荷马州和爱达荷州的相关法律规定。[6] 某些州授权警方只能在法院判决少年越轨者犯有重罪的情况下，将指纹信息移交该州的储存库，而其他州则主张在相关诉讼事由完成后即对这些档案予以销毁。参见内布拉斯加州和新泽西州的相关法律规定。[7] 美国律师协会在《关于

---

① Torbct, *Statc Rcsponscs*.

② Conn. Gen. Stat. § 46b – 133 (West 2000), Idaho Code § 20 – 516.

③ Tex. Fam. Code § 58.002 (Vernon 2000).

④ Va. Code Ann. § 16.1 – 299 (West 2000); N.Y. Fam. Ct. Act § 306.1 (McKinney 1999); Idaho Code § 20 – 516 (2000).

⑤ N.Y. Fam. Ct. Act § 306.1 (McKinney 1999); Or. Stat. § 419A.250 (2000).

⑥ Okla. Stat. Tit. 10 § 7307 – 1.6 (West 1998); Idaho Code § 20 – 516 (2000).

⑦ Neb. Rev. Stat. § 43 – 252 (1998); N.J. Stat. § 2A:4A – 61 (West 1999).

档案和信息的少年司法标准》（1980 年）[1] 中认为：法律执行机构需要人身识别证据，而无论犯罪人是少年还是成年人。如果警方或少年法院的结论是该少年没有实施相关的犯罪，那么美国律协建议法律执行机构对这些指纹和照片予以销毁。在国家完成了合法的执法需要之后，仍然对这些人身识别证据予以保存，会造成一种随后公开和污点化的持续危险。

关于少年法院档案的保密性及其与其他执法机构、学校和福利机构的共享问题，各州的法律有所不同。例如，许多州规定：如果某少年因暴力犯罪或持致命武器的犯罪而被拘捕，则少年法院应当通知其学校。[2] 本书第六章考察了为加强之后的刑事判决而对少年越轨判决记录的使用问题。本书第七章考察了由不公开的、保密的听证会转为公开审判的问题。

2. 审前公共宣传

本书第七章考察了如下问题：其一，少年获取“公开审判”的权利问题；其二，媒体出席庭审或发表从不公开的少年越轨案件诉讼中获取的信息的权利问题；其三，立法的相关努力，即力图在保护少年和增强少年司法体系的可见性及责任承担之间予以平衡的问题。在“史密斯诉每日邮报案”[3] 中，联邦最高法院对某州的一个成文法律规定的合法性进行了审查，该法律规定禁止新闻机构在没有获得少年法院书面同意的情况下公布任何被控犯罪的少年的姓名。在对犯罪的最初调查中，新闻机构从独立于少年法院之外的证人那里获悉了涉案少年的姓名，并随后公布了其姓名。联邦最高法

---

① The American Bar Association, *Juvenile Justice Standards Relating to Records and Information* (1980).

② Patricia Torbet, et al., *State Responses to Serious and Violent Juvenile Crime* (1996).

③ Smith v. Daily Mail Publishing, 443 U.S. 97 (1979).

院否决了该州的诉请，即保护少年犯的匿名权以及保持少年越轨案件诉讼的保密性成为国家的显著利益，从而关于信息传播的相关法律限制规定是正当的。尽管该州意图避免少年犯的污点化和标签化，但联邦最高法院还是判定：第一修正案保护新闻机构的相关合法权利，即对具有重大公共意义的事件信息予以真实的公布，即便这种公开对少年越轨案件诉讼的保密性产生了负面影响。

第四章　预备程序：立案与转处

几种官方工作人员所作出的决定会影响到少年司法案件的处理。警察可以在街道上或警局内对某案件予以非正式的处理，将其纳入某种转处项目，或者将其移送法院立案部门予以正式的处理。“被执法官员拘押的少年应当被尽快送往立案和评估工作人员处……不得有不必要的延误。”[①] 警察还可以作出初始性的决定，即是否将某少年纳入审前拘留机构——有待于检察官、缓刑官或少年法院法官的进一步审查。详见本书第五章。少年法院立案部门的缓刑官可以将少年送交少年法院接受正式的审判，或可通过非正式的监管项目或少年法院及其他社会服务机构管理的转处项目对相关案件予以处置。少年法院立案工作人员和少年法院法官也对审前拘留的少年案件予以审查。即便是在正式的判决之后，少年法院法官还可以从诸多的处置替代措施中予以选择，其中包括：在不作出越轨判决的情况下对案件予以进一步处理、非正式或正式的缓刑、离家安置（out - of - home placement）或判决入政府训导学校（commitment to a state training school）。详见本书第八章。

少年司法决定的作出是一个逐级的过程。警察或少年法院立案官员等初始的司法主体的决定，会影响到检察官、少年法院法官、缓刑官或矫正机构工作人员等之后的司法主体的决定。于是，少年法院的判决反映着其他阶段的司法主体的筛选过滤决定。如果警察

---

① K. S. A. § 38 - 2330 (d)(1)(2007).

将某案件送交少年法院，那么，受理案件的缓刑官会对该案予以滤筛，以决定对其予以正式处理或非正式处理。被移送至少年法院立案部门的约一半案件，会被缓刑官予以撤销或予以非正式的调处（adjustment）。在过去的30年中，被提请越轨立案并形成检察官的正式越轨案件起诉的案件比率大约在41%～58%之间。2002年，法院工作人员对提请受理案件中的58%予以了正式的立案，为30年来的最高比率，比上一个10年高出了10个百分点。[①] 少年的家庭背景、品格、种族以及当前罪行和先前记录影响着立案的决定。

某少年案件被送交少年法院之后，地方检察机关或少年法院的缓刑立案部门皆可决定对其予以正式处理或非正式处理。“首席检察官应当发展并运作一种少年法院的转处项目……”[②] 这些管理上的把关人是会对许多提请立案的案件予以非正式的处理：撤销案件、劝导、警告、转处、送交其他机构、社区服务或非正式的缓刑。[③] 通常情况下，这些案件保持开放状态，直至非正式的、自愿的处置得以成功完成之时，法院相关工作人员方才对案件予以解除。在大多数被予以正式处理的案件中，检察机关或缓刑官会提出诉请（petition），即一种起诉文书，以启动少年法庭的审判程序。诉请，在法律上，相当于成年人刑事诉讼中检察官提出的控诉（complaint）、控告（information）或大陪审团指控（a grand jury indictment）。少年法院立案工作部门的案件滤筛功能与检察官办公署的案件起诉功能之间的关系因州而异，因郡县而异。

一旦检察官或缓刑官提交了正式的越轨案件诉请，少年法院即就此诉请传讯（arraign）涉案少年。只有在国家提出诉请之后，获

---

① Howard Snyder and Melissa Sickmund, Juvenile Offenders and Victims: 2006 National Report (2006).

② 3 V. S. A. § 163 (a)(2008).

③ Howard Snyder and Melissa Sickmund, Juvenile Offenders and Victims: 2006 National Report (2006).

取律师辩护的权利方才及于少年法院。在传讯以及之后的审判中，法官会指定辩护律师代理涉案少年。然而，案件代理的比率因州的不同、因郡县的不同而差异甚大。尽管被正式地赋予了律师代理权，仍有许多少年在没有律师帮助的情况下应诉于少年法院。详见本书第七章。对于被予以审前拘留的少年，少年法院还会举行拘留听证会，以决定少年的拘押状况，直至进一步的法庭审理阶段，且也可能为此听证会提供指定辩护律师。详见本书第五章。在传讯中，少年或承认或否认诉请书中的指控。对于被拘留的少年，法官还对其审前拘押状况作出决定。拘留听证会中，少年法院法官的相关决定是最为重大的决定之一，因为对少年予以拘留的初始决定会影响到其后的处置决定。在许多案件中，少年在传讯中即对诉请书中的指控予以承认，且法官会迅速地对其案件予以处置，而通常不为其指定辩护律师。在其他案件中，法官会为少年指定公共辩护律师（public defender）或法院指定律师——在少年对诉请书的指控予以承认或否认之前，这些律师会与少年简单地交换意见。少年法院只对一小部分的越轨案件予以正式的对抗式的审判，这种审判通常被称为裁决听证会（adjudicatory hearing）。

法律执行与司法管理总统委员会：《自由社会之犯罪之挑战》(1967 年)①，推动了联邦最高法院的正当处理原则决定——这些决定对少年法院的诉讼程序进行了重大的改革。该犯罪问题委员会批判性地考察了少年司法制度的诸多方面，认为：进步时代的人们寄予少年法院的厚望常常得不到实现，同时，该委员会对高尔特案件决定所形成的和各州立法机构其后颁行的数项政策予以了推荐。该委员会建议道：少年法院最终可能会演化为一种蕴涵着独立的犯罪社会控制与社会福利功能的双轨体系。在这一双轨体系中，公务官员将对大多数的轻罪越轨少年和身份犯予以转处以及非正式处

① The President's Commission on Law Enforcement and Administration of Justice, *The Challenge of Crime in a Free Society* (1967).

理。大多数少年所犯的罪行轻微，其越轨行为属于正常现象，而无须正式的干预。至20世纪70年代，该委员会建议对相关的司法和立法政策予以变革，以将不太严重的少年犯从少年法院中分流出来。

高尔特案件的决定增强了少年法院诉讼程序的正规性，增加了其管理成本，并为非正式地处理轻罪少年案件提供了额外的推动力。转处项目形成了一种改革策略，即对正式干预予以最小化，并为此提供非正式的监管或服务。正如原初的少年法院将少年从成年人刑事法院中分流出来一样，转处项目在理论上将少年从少年法院体系中移转出来。转处的支持者主张：转处可以提供一种富有效率的把关机制，可以形成第一线的案件分类与路由选择，并可以避免对轻罪少年的污点化和标签化。转处可以积蓄稀缺的司法资源，并可以为应对少年不良行为提供非正式的处置措施，而这些措施可能为正式的诉讼体制所忽略。比较正式的诉讼渠道而言，转处还可以提供更为快捷、更为高效、更为灵活的重新融入社会的资源以及康复矫治的服务。尽管高尔特案件令少年法院受制于更强的程序上的正轨性以及上诉法院对法官决定的监督，但在非正式的基础上、在该体系的边际地带，警察和立案的把关人员继续地进行着低可见性的自由裁量决定。

一、立案

各州皆依靠立案滤筛来避免不适当和不必要的少年拘留，并以此保证“由缓刑官负责的少年立案部门的”决定具有一致性和客观性。[①]

少年司法体系的独有特征之一，即被称为“缓刑立

① Neb. Rev. Stat. § 29 – 2260.01.

案”（Probation Intake）的审前程序的存在。这些审前程序的功能在于：在诉请书提交之前，对事件以及法庭审判过程中需要解决的问题予以调处。如果少年越轨案件最终裁判的运用显然不具有价值，而或非正式的调处程序将获取同样的结果，以满足所有实际的或可能的各方利益，那么，该问题应当得以调处，而无须获取判决。例如“路易斯·R. 案”。①

各州法律以不同的方式对少年法院的案件滤筛和把关功能予以建构。在某些州，由检察官来决定是否对少年案件提交正式的诉请，或予以转处或非正式的调处。“郡县检察官，在其专有的自由裁量范围内，可以对案件予以转处，或将屡教不改或具有越轨行为的少年的指控转化为以社区为基础的替代项目，或者将其置于少年法院管理的转处项目。”参见亚利桑那州的相关法律规定。② 在其他一些州，少年法院的缓刑官负责立案的滤筛，即决定案件的转处，非正式监管，或将少年移交检察部门提起正式的诉请。各州法院将立案讨论会视为少年司法程序的一个不可分割的组成部分，且法院可以撤销越轨案件的诉请，而无须进行某一法定的初审调查（preliminary inquiry）。例见“凯文·尤金·C. 案”。③

各州的成文法或少年法院规则对非正式处理或正式处理的案件类型，以及缓刑官或检察官应当用于相关决定的标准予以了具体的规定。案件滤筛决定通常关注于：是否有充足的证据来确立少年法院的管辖权，以及正式诉讼程序是否符合儿童或公众的最佳利益。参见，得克萨斯州的相关法律规定。④ 大多数州将初期的案件滤筛

---

① In re Luis R., 399 N.Y.S.2d 847, 92 Misc.2d 55 (1977).

② Arizona Juv. Ct. R. Proc. 2(C).

③ In re Kevin Eugene C., 599 A.2d 1233, 90 Md. App. 85 (1992).

④ Tex. Fam. Code Ann. §53.01 (Vernon 2000).

决定权赋予少年法院的立案缓刑工作部门。例如，夏威夷州的相关法律规定；[①] 爱荷华州的相关法律规定（立案官员应当与执法部门会商，会见原告、被害人以及证人，与少年及其父母交换意见，且如有必要，在与郡县检察官商谈之后，决定是否提交诉请）。[②] 如果立案官员拒绝提交越轨案件之诉请，某些州则要求检察部门基于原告方的请求对该案予以复查，并赋予检察官以最终的指控权。例如华盛顿特区的相关法律规定。[③]

各州的成文法和少年法院规则对立案工作人员应当与谁会商、应当进行何种类型的询问或调查，以及在作出是否对案件予以非正式调处或正式诉讼的决定中应当考虑什么样的标准等问题描述的精确性有所不同。例如，加利福尼亚州的法院规则授权少年法院的主审法官，与缓刑、福利、检察、法律执行以及其他机构合作，构建立案规程，以评定移交之案件，并采取适当之行动。[④] 参见加利福尼亚州的相关法律规定。立案部门对案件予以审查，以判定少年法院是否对该案具有管辖权，是否有充分证据来支持该案的诉请，是否该社区中的非司法机构或项目能够更好地处理该案，以及是否儿童之福利或公众之保护允许非正式的监管措施或者需要正式的诉讼程序。为了作出这些决定，缓刑官或社会工作者可以进行相应的调查，并以此决定是否要求检察官提交诉请，或者以不采取任何进一步行动、对涉案儿童予以劝导或将涉案儿童送交其他机构或社区项目的方式，在立案阶段解决相关的问题。该规则将非正式监管项目的期限设定在6个月。

法院规则还对缓刑官在决定非正式或正式处理案件时应当考虑的标准予以了明确规定。这些标准包括：确立管辖权的证据的充分

---

① Haw. Rev. Stat. §571－31.2 (1998).

② Iowa Code Ann. §232.28 (West 1998).

③ D.C. Code Ann. §16－2305(c) (1998 Repl.).

④ Cal. R. Ct. 1404(a) (1999).

性；具有不太严重罪行的儿童先前是否在家庭、学校或社区内表现出某些重大问题；是否该问题反映着暂时的家庭危机，而该危机已经或能够得以解决；是否其他的社区资源更适合于该儿童的需要；该儿童及其父母或监护人的态度；该儿童的年龄、成熟度以及能力；该儿童先前的需要照管或越轨行为的历史；案件移交方的建议；被害人的态度；以及任何其他表明在立案阶段结案会符合儿童福利与公众保护利益的因素。① 参见加利福尼亚州的相关法律规定。

提交越轨案件之诉请代表着该程序的正式启动，以及少年获取律师辩护权利的起点。例如“M. A. 案”（“获取律师辩护权利的起始时间为正式诉请提交之时。在这一时间点上，抗辩式的诉讼程序明确开始”）。② 高尔特案件将少年法院的理论焦点从一个社会福利机构切换到了一个更为正式的、法律的和抗辩式的机构。在过去，各州以不同的方式将案件滤筛和起诉指控的功能定位于检察官（行政部门）和法院立案工作人员（司法部门）。少年法院立案部门可以对案件予以滤筛，并将建议正式起诉的案件送交检察官审查；检察官也可以对提交的案件予以初步的滤筛，而后将那些不需要正式诉请的案件委托立案部门予以非正式的处理。

华盛顿州的转处法律规定是检察官对立案滤筛程序的控制力不断增强的适例。③ 该法律规定以罪行标准来规范案件的提交及路由选择决定，并授权检察官将不太严重的案件提交法院立案部门予以处理，并赋予检察官更大的权力来建构转处项目，以及提起正式的诉请。其他州授权法院立案官员进行初步调查，但要求法院工作人员将涉嫌重罪或暴力轻罪的案件转交检察官。参见得克萨斯州的相关法律规定。④ 传统上，法院立案工作人员决定是否对案件予以正

① Cal. R. Ct. 1405 (1999).

② In re M. A., 310 N. W. 2d 699 (Minn. 1981).

③ Wash. Rev. Code § §13. 40. 070; 13. 40. 080 (1998).

④ Tex. Fam. Code Ann. §53. 01 (Vernon 2000).

式的诉讼，但是由于最近的立法变革，检察官越来越多地掌控了是否提出诉请的决定权。参见“马里科帕郡之上诉问题案”；[①] “巴伦·C. 案”（检察官对提出诉请的问题予以最终的决定，立案部门不得对此予以非正式的调处）[②]。

立案阶段的程序权利

通常而言，缓刑官以通知单（ticket）、传唤书（citation）或公函（official letter）传唤非拘留的少年来参加立案会议（intake conference）。立案工作人员会告知少年及其父母：会议可能产生提起越轨案件诉请的结果、诉请书可能作出的指控以及可能的法律后果。立案工作人员可能告知少年保持沉默的权利，以及少年法院不会对少年的沉默予以不利的考量，以及在审判中可以获取的其他程序权利，如获取律师辩护的权利、与证人对质的权利。参见堪萨斯州的相关法律规定。[③] 立案工作人员还会告知少年及其父母：其所透露的信息可被用于该少年罪行所造成的人身或财产损害的被害人所提起的民事赔偿诉讼中。

有时候，法院会考虑：在与立案部门的缓刑官会见时，少年享有何种程序权利，如获取律师辩护的权利以及避免自证其罪的特权。少年法院将立案会议设计为非正式的——参加人坐在会议室中，或者在办公室内围着一张桌子坐下。立案官员试图查清事件的全部原委，包括罪行的性质、有无同案犯、财物的下落等等。在诸多的非正式转处程序中，少年会对其有证据支撑的罪行予以供认，因为“涉案少年……必须对其导致当前指控的行为负责”。参见佛

---

① In the Matter of Appeal in Maricopa County, 122 Ariz. 252, 594 P. 2d 506 (1979).

② In re Baron C., 77 Md. App. 448, 550 A. 2d 740 (1988).

③ K. S. A. § 978. 234 (2008).

罗里达州的相关法律规定。[①] 在立案滤筛过程中，或在参与转处项目之前，缓刑官是否应当对少年予以米兰达权利的告知？立案部门是否应当为少年指定辩护律师？如果在立案阶段，少年对其罪行予以供认，而缓刑官最终决定对其提起正式的越轨案件诉请，而不是予以非正式的处理，缓刑官是否可以将少年的供认作为证据加以使用？由于立案会议举行于正式指控提交之前，除非少年的人身处于拘留状态，检察官很少在这一诉讼阶段陪同涉案少年。

在"弗兰克·H. 案"[②] 中，法院对立案会议是否成立为一个关键阶段以及在此阶段少年法院是否应当为少年指定辩护律师的问题予以了考察。最高法院关于关键阶段的分析聚焦于：被告人是否需要律师辩护以保护其别的权利，诸如避免自证其罪的特权、与证人对质的能力以及其他必须在审前程序中予以保护的程序权利。参见拉费：《刑事诉讼程序》。负责"弗兰克·H. 案"审判的法院判定：立案会议不成立为需要指定辩护律师的关键阶段，因为如果儿童在没有律师辩护的情况下出席会议，不会产生不利的法律后果。纽约的一项法律规定准许了相关成文法适用的豁免，并禁止少年在立案阶段的任何陈述被用于其后的任何越轨案件或刑事案件的诉讼中。参见纽约家庭法院法的相关规定（"在初审会议中所作的任何陈述皆不得被允许用作法庭事实调查审理的证据……"）。[③] 成文法适用豁免制度鼓励了少年在立案会议上的坦诚、合作和相关信息的充分披露。由于少年所言皆不会自陷有罪，该法院因此而认为：此阶段的涉案少年不需要米兰达警告，也不需要指定辩护律师。该法院认为：是否提出诉请的决定既是一个社会工作的决定，也是一个法律的决定，且检察官在立案阶段只能担当一个有限的角色。由于缓刑官的权威创制了一种内在的难以抗拒的驱动力，相关法律不仅

① Fla. Stat. § 983.303 (4)(a) (1998).

② In the Matter of Frank H., 337 N.Y.S.2d 118 (1972).

③ N.Y. Fam. Ct. Act § 735 (McKinney 2000).

对立案会议中产生的主要证据予以了禁止使用，还对相关陈述所派生的其他证据予以了禁止。参见“路易斯·R. 上诉案”。[①] 即便没有成文法适用豁免的规定，某些法院业已确认：鼓励少年坦诚讨论的政策排除了对少年在立案会议上对缓刑官所作陈述在其后诉讼中的使用。参见“韦恩·H. 上诉案”。[②]

尽管“弗兰克·H. 案”的判决认定：成文法适用豁免制度排除了获取辩护律师权利的需要，但即便是没有如此的豁免条款，少年在立案阶段也不享有米兰达警告之宪法权利。在“明尼苏达州诉墨菲”[③] 一案中，联邦最高法院认为：当缓刑官在办公室内对其予以会见时，某成年缓刑者没有处于被拘押的状态。尽管缓刑条件要求其与缓刑官进行会见，并如实地回答缓刑官的问题，该法院还是认定：缓刑官本身没有施加与警察拘押讯问雷同的强制性的压迫。非正式的立案会议，其强制性就更小了，因为父母通常会陪伴少年出席该会议。再者，不论立案会议是否构成拘押讯问，单单是缓刑官就可以在会议开始之际进行一个米兰达警告，并获取一个“知情、明智和自愿的”权利放弃，然后便可以在其后的越轨案件或刑事案件的诉讼中将获取的任何陈述作为证据予以使用。例如，田纳西州的相关法律规定（在立案会议中，缓刑官应当即时给予儿童米兰达警告）；[④] 又如，“立案工作人员应当告知少年‘保持沉默的权利’”。[⑤]

在某些情况下，警察会试图就便搭载于（piggy - back on）出席立案会议的传唤。例如，“德肖恩诉萨菲尔案”[⑥] 便涉及一名警

---

① In re Luis R., 399 N.Y.S.2d 847, 92 Misc.2d 55 (1977).

② In re Wayne H., 24 Cal. 3d 595, 156 Cal. Rptr. 344, 596 P.2d 1 (1979).

③ Minnesota v. Murphy, 465 U.S. 420 (1984).

④ Tenn. R. Juv. Ct. Proc. 12 (West 1998).

⑤ W.S.A. § 938.243 (2008).

⑥ Deshawn E. v. Safir, 156 F.3d 340 (2d Cir. 1998).

察对被传唤至缓刑部门参加立案会议的少年予以拦截，并对其予以讯问的做法。“弗兰克·H. 案”中的成文法适用豁免规定仅仅适用于立案会议，因而对少年予以讯问，并适当地对其予以米兰达警告的警察可以获取可用的被告人供述。再者，由于跟随警察进入讯问室的少年没有被拘押，因而未能对其予以米兰达警告也不会必然造成对供述的可采用性的禁止。

二、转处

尽管在少年司法体系之外对少年案件予以非正式处理具有其理论上的基本原理，但其中仍然存在一个问题，即各州是否对转处改革予以了有效的贯彻，抑或将其转变成了社会控制的另一种工具，并将其延伸至正常的少年人群。尽管转处改革的本来前提为自愿参与性和非司法执行性，但如果相关项目的工作人员可以通过提起诉请的威胁方式来诱导少年参与某一项目，那么少年是否真正自愿地参与？转处项目是否将其对象范围限定于那些非此即会进入少年司法体系的少年，或者说，这些转处项目是否涵盖了那些如果缺乏别的项目选择则原本会被警察予以劝导、训诫或释放的少年？

在某些州中，转处决定掌握在警察手中。例如，得克萨斯州的“初犯项目”（first offender program）授权警察将其拘押的非暴力轻罪少年送交少年委员会（juvenile board）。参见得克萨斯州家庭法的相关规定。[①] 如果该少年及其父母同意参与项目，则该委员会可能对其予以相应的处理措施，其中包括：恢复原状、社区服务、劝导或者其他的康复矫治服务，以及定期向警察或其他机构报告相关情况。如果少年拒绝或未能参与，该委员会就会将该案送交少年法院。

华盛顿州拥有一部建构和规范转处程序的综合性法律。参见华

---

① Tex. Fam. Code Ann. § 52.031 (Vernon 1998).

盛顿州的相关法律规定。[①] 由于华盛顿州的转处法律正式通过于1976年，其上诉法院已经回答了很多关于转处制度的普通法和政策方面的问题。该法律将转处的决定权予以了集中，并将其赋予了检察官和法院立案工作人员，而非警察。检察官行使案件滤筛的主要权力，即对案件予以起诉或予以转处；检察官还可以将非重罪案件滤筛的权力委托于少年缓刑官行使。该法律以罪行标准来界定转处的合法性，规范转处的协议，限制转处措施的时间长短与性质，以及保证转处协议签订与解除的一定程度的程序规范性。参见华盛顿州的相关法律规定。[②] 检察官必须对轻罪初犯予以转处，且可以对非重罪少年、没有前科的少年（包括犯有重罪者）以及其他无须正式起诉指控的少年予以转处。该法律通过允许少年达成相关协议的方式将转处措施予以书面的体现，以替代起诉指控。参见华盛顿州的相关法律规定。[③] 该法律对转处协议可以加诸的处理措施类型予以了具体化，如150小时以下的社会服务、恢复原状、劝导以及其他类似的处理措施。该法律还限制了转处措施的时间长短，即轻罪为6个月以下，重罪为1年以下。

转处过程也规定有基本的程序权利。少年在立案中可以获得律师帮助的权利，并在转处会议上可以获得关于转处协议条件的解释。参见华盛顿州的相关法律规定。[④] 该法律对如果转处部门随后撤销转处协议，少年可享有的程序权利予以了具体规定。这些权利包括：只有在违反该协议条件的情况下方能终止该协议；在终止协议的听证会之前获得告知；与证人对质的权利；以及获取律师帮助的权利。在根本上，华盛顿州的转处法律创制了一种非司法性的认罪答辩（guilty plea），并规定了非监禁的处理措施。由于非正式的认罪答辩

① Wash. Rev. Code § §13.40.070; 13.40.080 (1998).

② Wash. Rev. Code § §13.40.070 (1998).

③ Wash. Rev. Code § §13.40.080 (1998).

④ Wash. Rev. Code § §13.40.080 (8) (1998).

可以适用与缓刑相对等的处理措施，该法律所规定的程序安全保障类似于撤销缓刑所适用的程序安全保障。如果该少年之后再犯，则该法律还将被转处的罪行纳入该少年的越轨前科予以考虑。

由于华盛顿州的法律对转处予以了规范化，据此，其上诉法院对转处制度的几个方面予以审查。少年有权被考虑适用转处，以替代起诉指控，但却并不享有被纳入某转处项目的绝对权利。参见“华盛顿州诉查塔姆案”。[①] 只要转处部门提供一项完整而公正的关于其合法性的决定，便可以适当地否决某少年的诉请。关于转处合法性的决定需要个别化的考量，且检察官可以对或然适格于转处的特定类别罪行不适用正式处理的策略。参见“华盛顿州诉 WS 案”。[②] 如果某少年拒绝进入某转处项目，则检察官可能对该越轨少年予以某个比原来打算的缺乏“实际惩罚性”的更为严重的罪行指控。参见“华盛顿州诉麦克道尔案”。[③] 由此，检察官可能以提起更为严厉指控相威胁的方式，来诱导少年接受转处的措施。最后，只要立案部门依法获取了少年对律师辩护权利的放弃，政府即可以依法将被转处的罪行纳入该少年的越轨历史记录中，并以此加重之后的量刑判决。参见“华盛顿州诉基罗斯案”。[④]

各州对转处协议的程序管理不断加强。其中通常要求少年承认其参与越轨行为，并自愿而明智地达成可能包含 6 个月或更长时间监视的转处协议。参见阿肯色州的相关法律规定。[⑤] 少年所达成的转处协议，以“简单、通俗和易懂的语言”书写，其中，少年同意非司法性的缓刑监管，同意参加法院准许的教育、咨询或矫治项目，或在少年法院中，或在少年毒品法院中。参见阿肯色州的相关

---

① State v. Chatham, 28 Wash. App. 580, 624 P.2d 1180 (1981).

② State v. WS, 40 Wash. App. 835, 700 P.2d 1192 (1985).

③ State v. McDowell, 102 Wash. 2d. 341, 685 P.2d 595 (1984).

④ State v. Quiroz, 107 Wash. 2d. 791, 733 P.2d 963 (1987).

⑤ Ark. C. A. §9－27－323 (2008).

法律规定。[①] 其他州所设立的转处项目旨在实现诸多的目标：为正式审判提供变通措施；减小少年法院的案件负荷；减少再犯；以及收取赔偿。参见明尼苏达州的相关法律规定。[②] 转处项目的内容包括：开发法院立案部门及检察部门的案件滤筛标准；提供咨询劝导；进行药物依赖评估并将其送交适宜的治疗机构；将被转处的少年犯与适合的社区资源相联系；以及对少年的行为表现与遵纪守法情况予以监控。

某些州的转处项目强调恢复性司法的理念，即试图对能力发展、有责性和社区保护等几方面予以平衡。能力发展重点关注于少年的需要，并试图增强其能力，使其成为有益的、有责任心的公民。社区保护强调监管、社会控制以及公共安全。有责性则强调赔偿、社区服务，以及被害者与犯罪者之间的和解——以增进犯罪者对其错误行为后果的认识。参见明尼苏达州和佛罗里达州的相关法律规定。[③] 通常而言，恢复性司法委员会会与非暴力的少年犯、少年初犯进行会见——这些少年犯必须同意承担其行为的责任，并放弃其获取快速审判的权利以及其获取律师辩护的权利。该少年、其父母、被害人以及其他社区成员与专门小组进行会谈，其可以加诸的制裁结果包括：赔偿（恢复原状）、为被害人工作或进行社区服务、参加咨询劝导、教育或治疗服务。少年与专门小组之间的协议通过书面契约的形式予以固定。如果少年成功地履行了制裁措施，检察官便不得提起诉请。参见佛罗里达州的相关法律规定。[④] 如果该少年对建议的制裁措施予以拒绝，或未能对之予以成功履行，则检察官可以提起越轨案件之诉请。

---

① Ark. C. A. §9－27－323 (e)(1－4)(2008).

② Minn. Stat. Ann. §388.24 (West 2000).

③ Minn. Stat. Ann. §611A.775 (West 1998); Fla. Stat. Ann. §985.303 (West 1998).

④ Fla. Stat. Ann. §985.303 (West 1998).

第五章　审前拘留

警察对大多数少年的拘捕（take into custody）是没有拘捕令的。而后，警察必须作出如下决定：是否对其予以立即释放，并送交其父母；是否继续拘留，并进行进一步的调查；是否在警察局对其予以讯问，或将其扣留于非监禁机构或监禁机构。关于拘捕的法律通常规定：警察在拘捕儿童时，必须立即通知其父母。关于拘捕和拘留的法律包含着这样一个预设规定，即除非其符合拘留（detention）的标准，否则警察应当释放儿童，并送交其父母。详见本书第三章第一部分第3项。如果警察没有对其予以释放，接下来，司法体系中的几个参与主体将决定少年的过渡身份，以至于进一步调查、立案筛选（intake screening）、起诉指控和法庭审理。

起初，警察应决定是否对少年予以拘捕。如果警察决定将少年送入拘留所，那么接下来，负责立案的缓刑官或拘留所工作人员便试图与其父母取得联系，并决定是否对少年予以释放或予以拘留。如果拘留所工作人员决定对少年予以拘留，接下来，检察官便会立即提出诉状。最后，在拘留听证会（detention hearing）上，少年法院法官将决定是对该少年予以释放，还是不予释放，直至判决。根据法定期限的规定，司法体系中的这些不同参与主体必须在警方拘捕少年后的48～72小时之内作出相应的诉讼决定。如果法官决定对少年予以拘留，则该少年可能在监禁中度过一个月或者更长的时间，直至抗辩成功，或判决作出。参见施奈德、西格蒙德：《2006

年全国报告》。[1]

各州都对将少年送入收容所（a shelter care）和将少年送入拘留所或监禁场所予以区别。收容所是某种公立或私立的机构或团体之家（group home）[2]，而不是某种监禁机构，其被用以临时安置处置判决之前的儿童，或者在处置判决之后被用以对儿童的长期照管。[3]参见堪萨斯州、明尼苏达州（不对身体予以限制的机构）以及纽约家庭法院法的相关规定。拘留所是一种用以容纳未决犯或已决犯的公立或私立的监禁场所。参见堪萨斯州、明尼苏达州（对身体予以限制的机构）以及纽约家庭法院法的相关规定。[4] 大多数拘留所为监禁机构。工作人员控制着所有的出入口，或者以加锁的房屋、围墙以及身体的限制来控制其居留者。[5] 参见堪萨斯州的相关法律规定。收容所是一种非监禁的场所，而拘留所在功能上为成年人看守所（an adult jail）的对等物。收容所和拘留所之间的分别是具有重要意义的，因为联邦和各州的法律皆禁止将少年身份犯与少年越轨者一起安置于监禁拘留机构中。例如，“罗纳德·S. 案”；[6]以及联邦法院对此的相关规定（法院不得将少年身份犯安置于少年拘留所或矫正所）。[7]

---

① Howard Snyder and Melissa Sickmund, Juvenile Offenders and Victims: 2006 National Report (2006).

② 团体家庭(group home),也被译为“教养院”。——译者注

③ Kan. Stat. Ann. §38 – 1502 (1997); Minn. Stat. Ann. §260B. 015 Subd. 17 (West 2000) (physically unrestricting facility); N. Y. Fam. Ct. Act §301.2(5) (McKinney 2000).

④ Kan. Stat. Ann. §38 – 1502 (1997); Minn. Stat. Ann. §260B. 015 Subd. 16 (West 2000) (physically restricting facility); N. Y. Fam. Ct. Act §301. 2(4) (McKinney 2000).

⑤ Kan. Stat. Ann. §38 – 1502 (1997).

⑥ In re Ronald S., 69 Cal. App. 3d 866, 138 Cal. Rptr. 387 (1977).

⑦ 42 U. S. C. 5633 (a)(12)(A) (2000).

少年法院对少年予以拘捕的司法管辖权和成文法授权，还同时就警察、缓刑立案工作人员以及少年法院法官对少年予以拘留的权力进行了界定。也就是说，成文法授权警察对少年予以拘捕，如果该少年违反刑法，或者为身份犯——且警察认定该少年所处的情形会危及其健康、安全和福利。尽管各州赋予了警察广泛的初始干预权力，但其后的司法官员不一定会对所有的少年予以进一步的拘留。各州关于拘留的法律对继续拘留少年的标准予以了特定的不同等级的规定。尽管其法律规定的语词有着巨大的差异，各州的拘留标准着重于三个大体的要素：少年对其自身的危险性、其对他人的危险性以及其逃匿的可能性。例如弗吉尼亚州的相关法律规定（释放该少年则会对他人的人身或财产造成不当的危险，则会对该少年形成严重伤害的实质威胁，或者该少年声称要潜逃或有故意不到庭的记录）；[①] 明尼苏达州的相关法律规定（将少年释放并送交其父母，除非有理由相信：该少年会对其自身或他人造成危险，或者不会到庭接受审判）；[②] 佐治亚州的相关法律规定。[③] 审前拘留是各州对少年与成年刑事被告人予以区别对待的重要例证，因为少年法院有着对少年儿童的广泛的管辖权，且各州有着对少年儿童的保护主义政策。

一、保释的权利

除了其他事项以外，联邦宪法第八修正案规定：“不得要求提供过多的保释金”。在“斯塔克诉博伊尔案”[④] 中，联邦最高法院认为：

---

① Va. Code Ann. §16.1 – 248.1 (Michie 1998).

② Minn. Stat. Ann. §260B.171 (West 2000).

③ Ga. Code Ann. §15 – 11 – 18.1 (1998).

④ Stack v. Boyle, 342 U.S. 1 (1951).

> 联邦法律明确规定：非因死罪而被拘捕者有权获得保释。这一传统性的定罪前的自由权，可以保障辩护得以无妨碍的准备，并可防止定罪前的惩罚的加诸……除非这一审判前获得保释的权利得以保留，否则无罪之推定（the presumption of innocence）将会丧失其意义。审判前获得释放的权利，其条件在于：被告人能够提供充分的保证，以保证其将出庭接受审判，并在其被判有罪的情况下服从判决。

对成年人而言，“提供充分的保证”可以采取下列形式：缴付保释金或者以其他财产作为相应的抵押，向提供保释金的担保人（a bail bondsman）支付保费，个人担保的释放（release on personal recognizance），受监控的释放（supervised released），或者托管于第三方的释放（release to a third - party）参见拉费：《刑事诉讼程序》。[①] 理论上，保释的功能在于保证被告人能够到庭接受审判。审判前的释放可令被告人能够协助辩护的准备工作，并避免审判前的惩罚。法官基于被告人的逃匿风险性来设定保释金，并对其出庭的可靠性和可信度的指标予以审查，以作出相应的决定。逃匿风险的相关指标包括：指控罪行及其罪名成立的可能刑罚、标志着人身危险性的加重情节、性格与名声、财产状况、家庭情况、社区根基、先前的不到庭记录以及就业状况。

各州少年法对少年缴付保释金获取庭前释放的权利问题采取了三种不同的立场：某些州将是否允许保释作为一种类似于成年人的自由裁量问题；某些州否决少年具有获取保释的权利；而大多数州对该问题语焉不详。有几个州明确地赋予了少年获取保释的法定权

① Howard Snyder and Melissa Sickmund, Juvenile Offenders and Victims: 2006 National Report (2006).

利。例见佐治亚州的相关法律规定（法官应当对少年适用与成年刑事被告人相同的保释规定）；[①] 另参见“路易斯安那州为了班克斯的利益案”。[②] 某些州将是否允许保释作为一审法官的一个自由裁量问题。例如内布拉斯加州的相关法律规定。[③] 尽管保释的功能在于保证成年被告人到庭接受审判，但大多数州以及法院认为，少年的自由不应当倚赖于其缴付相应款项的能力。少年既没有金钱，也没有属于自己的财产用以缴付保释金。于是，金钱保释制度会令少年的自由取决于其家庭的经济资源。由于许多越轨少年的家庭贫困，因而金钱保释制度会令许多少年因贫困而非公共政策受到拘押。另外，少年不能缔结有效的合同，因而在没有具备偿付能力的成年保证人的情况下，保释担保人是不愿意为其释放而提供相应担保的。最后，如果法院对少年予以拘押乃是因为释放会危及其福祉，则金钱保释就会有所不宜。

大多数州关于拘留的法律规定或禁止或没有授权法官以缴付保释金或提供担保金来作为释放少年的条件。例见俄勒冈州的相关法律规定。[④] 曾有越轨少年对获取保释的否决提出了基于宪法的反对诉请，相关的州法院一致认为：“适当管制”的少年拘留法律规定了“充分的变通措施”以替代成年人的保释权利。例见“威廉·M. 案”；[⑤]“窦伊诉阿拉斯加州案”；[⑥]“莫里斯诉迪安马里奥案”。[⑦] 在典型案例——“L. O. W. 诉地区法院案”[⑧] 中，法院否决了少年就不予保释决定提出的宪法诉请，并认为：拘留法律的释放条件和

---

① Ga. Code Ann. §15－11－19 (1998).

② State in the Interest of Banks, 402 So. 2d 690 (La. 1981).

③ Neb. Rev. Stat. §43－253 (Michie 1994).

④ Or. Rev. Stat. §419C. 179 (1995).

⑤ In re William M., 3 Cal. 3d 16, 473 P. 2d 737, 89 Cal. Rptr. 33 (1970).

⑥ Doe v. State, 487 P. 2d 47 (Alaska 1971).

⑦ Morris v. D'Amario, 416 A. 2d 137 (R. I. 1980).

⑧ L. O. W. v. District Court, 623 P. 2d 1253 (Colo. 1981).

法定标准——“儿童或社会的福利”，为金钱保释制度提供了适宜的变通。该法院推理道：保释的功能仅仅在于保证成年被告人出庭接受审判，而少年拘留法律还同时具有保护儿童和社会的功能。该法院强调：由于许多少年缺乏经济资源，因而金钱保释制度有所不宜。再者，保释制度对遭受家庭虐待或父母拒绝接收的少年具有不利的影响。

当某州提出将某少年移送刑事法院作为成年人指控的诉请时，某些法院更倾向于采纳审前保释的宪法诉求。这些法院的理由为：当该州寻求排除少年法院对某少年的保护时，该少年便拥有了与此相应的更大的宪法保护。例如“K. G. 案”①。与此相对，其他法院则继续对少年获得保释的权利予以否决，直至法院作出将其移送刑事法院的决定。例如“犹他州诉 M. L. C. 案”。② 这些法院的理由为：在法官确定该少年的成年罪犯身份之前，少年法院的保护主义和康复主义政策居于优势地位。

二、审前拘留

何时以及如何识别少年特有的身心发展特性，即不成熟性、脆弱性和依赖性，是少年司法政策中的一个常见的矛盾问题。有时候，联邦最高法院或州立法机构会遇到对少年身心发展之有限性予以识别，并向其提供比成年刑事被告人更大的程序安全保障措施的问题。尽管如此，在“费尔诉麦克 · C. 案”③ 中，联邦最高法院对少年和成年人适用了同样的法律标准，以评价米兰达权利（the

① In re K. G., 89 Ohio Misc. 2d 16, 693 N. E. 2d 1186 (Com. Pl. 1997).

② State v. M. L. C., 933 P. 2d 380 (Utah 1997).

③ Fare v. Michael C., 442 U. S. 707, 99 S. Ct. 2560, 61 L. Ed. 2d 197 (1979), 113, 114, 126.

Miranda rights)[①] 的放弃，并以此将脆弱的少年实际地置于了不利的境地。另一方面，在某些情形下，联邦最高法院和立法者可以选择对越轨少年适用至少与成年被告人相当的诉讼程序，而不是在少年法院中适用有效性较低的程序安全保障，如否定其获取陪审团审判的权利。少年和成年人的审前拘留程序，是各州寻求对二者的不同政策以及适用不同程序的另一例证。

在“合众国诉萨勒诺案”[②] 中，联邦最高法院对《联邦保释改革法》(1984 年)[③] 的合宪性予以了支持，即允许联邦政府对成年被告人予以预防性的拘留，如果联邦政府在控辩对抗式的庭审中提出了清晰而令人信服的证据以说明：释放之条件不能“合理地确保……他人或社会的安全”。萨勒诺案件的多数意见认为：“犯罪预防”符合法律规范之目的，且不构成审前的惩罚。《保释改革法》对控辩对抗式的审理程序、证据“清晰而令人信服”的证明标准予以了规定，并对适于预防性拘留的少许极为严重的犯罪予以了明确规定。参见《联邦保释改革法》(1984 年)。[④]

与此相对，在“沙尔诉马丁案”[⑤] 中，联邦最高法院对一项更为不确切的少年法律规定的合宪性予以了审查——该法律规定对预防性的拘留予以了授权，即若少年法院法官认定：“该少年存在某种严重的危险性，即在回到法庭之前，该少年会实施某种若为成年人所为则构成犯罪的行为”。参见《纽约家庭法院法》的相关规定。[⑥] 通过一项6:3 的决定，法官伦奎斯特（Justice Rhenquist）推翻了下级法院对此项法律规定的否定判决，并认为：该法律合乎联

① 米兰达权利（the Miranda rights），即沉默权。——译者注

② United States v. Salerno, 481 U.S. 739 (1987).

③ Federal Bail Reform Act of 1984, 18 U.S.C. §3141 et seq. (2000).

④ Federal Bail Reform Act of 1984, 18 U.S.C. §3142(f) (1988).

⑤ Schall v. Martin, 467 U.S. 253 (1984).

⑥ N.Y. Fam. Ct. Act §320.5 (McKinney 2000).

邦宪法第十四修正案对基本公正的正当处理原则的规定。

“沙尔案件”的多数意见所考虑的问题为：审前拘留法律规定是否合乎国家法律之目的，以及其是否提供了充分的程序安全保障。该法院认为：该州具有显著的预防犯罪的利益，且少年所实施的犯罪行为数量非常之大。该法院声称：预防性的拘留可以保护其免受自己愚蠢行为的伤害，并注解道：类似的拘留法律在各州中非常盛行，且对少年的自由权益予以了最小化。“与成年人有所不同，少年总是居于某种形式的监禁中。”该法院认为，拘留并非对少年之惩罚，同时，该法院还对监禁条件的特征予以分析，并认为其为合法规范操作的结果，近似于父母的管控。“从定义而言，儿童被认为是无能力对其自身予以照管的人。他们需要父母的管控，且如果父母的照管不利，则政府必须扮演其政府监护的角色。”

在得出了预防性拘留合乎法律政策目的之结论后，该法院即对该法律规定的程序的充分性予以了考量。“沙尔案件”的多数派没有采用该法院所通常运用的正当处理原则分析，即私人权益的性质、事实判定错误的风险以及为避免这些风险所附加的程序安全保障的负担，以评估少年对拘留程序的抗辩。例见“马修斯诉埃尔德里奇案”。[①] 相反，该法院声称：该法律规定了告知权，且该案进行了一场快捷的听证会——其间，少年获得了辩护律师的帮助。该法院还同时认为：法官对合理根据（probable cause）的认定符合“格斯坦诉皮尤案”[②] 所涉及的联邦宪法第四修正案的规定。

有涉案少年就未来犯罪“严重危险”的法定标准提出了抗辩，即认为该标准因过于模糊而不合宪。该法院对此予以了否决，并声称：“从法律观点而言，关于未来犯罪行为之预测，没有什么从来就不可达到的。”尽管多数派意见相信法官能够准确预测少年的未来危险性，但该法院拒绝对法官应当采取何种标准、何种证据得以

① Mathews v. Eldridge, 424 U.S. 319 (1976).

② Gerstein v. Pugh, 420 U.S. 103 (1975).

满足这些具体标准，以及国家的证明责任等问题予以具体的规定。多数派意见坚持认为：其作用仅仅在于确保该法律与宪法的底线标准相符，而不在于拟订一部模范的法律。

为三个持不同意见的法官撰写呈词的法官马歇尔（Justice Marshall）反驳道：该法律没能实现国家法律之目的，也未能为此提供充分的程序安全保障。马歇尔注解道：未来犯罪“严重危险”之法定标准，既不能明确预期犯罪的类型或严重程度，也不能明确其发生的可能程度。更为根本的是，持不同意见的法官反驳道：法官们缺乏预测未来危险的可靠能力，且因此而不能对未来犯罪予以预防。

预测性的判断贯穿着少年司法体系与刑事司法体系——少年拘留、判决以及移送决定，成年人保释、判决、缓刑与假释，甚至于死刑决定。社会科学家们对犯罪预测的有效性、准确性和可靠性的评估问题进行了广泛的研究。关于法官与临床医生预测能力的实证研究始终如一地报道：他们缺乏准确预测未来行为的技术能力，且他们不同程度地过度预测并错误地监禁了许多所谓的潜在犯罪人——其中的许多人并不会在释放后再犯罪。[①] 除了预测犯罪危险的固有偏误之外，少年法院法官会在相当短的时间内作出其相关决定，且其决定的作出乃是基于少年社会背景的不完整信息。

法官马歇尔反对道：国家之所以不能实现其犯罪预防的目标，乃是因为大多数被拘留的少年并非危险或暴力的罪犯。各州拘留的罪犯中，暴力犯的比例大于财产犯的比例，但在少年法院的案件中，财产犯所占的比例却大得多。于是，检察官所指控的被拘留少

---

① Feld, Barry C., Bad Kids: *Race and the Transformation of the Juvenile Court* (1999) [hereinafter Feld, *Bad Kids*], 16, 19, 27, 49, 181, 188, 190, 193, 213, 228, 231, 237, 323, 338, 345, 347, 351, 352, 354, 356, 358.

年大多数为财产犯或毒品犯，而非暴力犯。[①] 该案的不同意见还批评了该法庭对少年自由权益的贬抑，以及将拘留所的监禁类同于父母监管的概念。

法官马歇尔还对多数派关于拘留程序的分析予以了批评。他注解道：该法律规定缺乏实质的标准或客观的指导规则，即其未能就法官应当考量的证据类型及其分量予以描述，也未能就确立未来严重犯罪之可能性的证明责任予以具体化。于是，该法律规定给予了法官广泛的裁量空间——在本案中持不同意见的法官担心，这种广泛的裁量空间会被加以武断的、反复无常的或歧视性的适用。

实证研究确证了自由裁量的拘留决定对少数族裔和女性的罪犯有着不利的影响。由于缺乏客观的标准、有效的指标或“风险评估”的工具，赋予每个法官对未来行为的揣度性预测裁量权的法律规定会助长歧视性的决定。关于少年法院决策的实证研究报告称：在对罪行严重程度、前科以及其他相关法律变量予以了控制之后，比较于类似情况的白人少年，法官会比例失调地拘押更多的少数族裔罪犯。[②] 参见琼·麦科德、卡西·斯帕茨·威多姆和南希·A. 克罗威尔：《少年犯罪，少年司法》。少数族裔监禁比例失调（Disproportionate Minority Confinement，DMC）的盛行，推动了为减少审前拘留与监禁的联邦项目的运作。[③] 被指控为轻罪犯和身份犯的女性少年的审前拘留比例也高于男性少年。参见米达·切斯尼－林德、兰德尔·G. 谢尔登：《女孩、越轨与少年司法》。[④] 女性拘留的比例失调，成为对身份犯予以转处和非监禁化的一项推动力。

---

① Howard Snyder and Melissa Sickmund, Juvenile Offenders and Victims: 2006 National Report (2006).

② Howard Snyder and Melissa Sickmund, Juvenile Offenders and Victims: 2006 National Report (2006).

③ 42 U. S. C. § 5601 (1994).

④ Meda Chesney – Lind and Randall G. Shelden, *Girls, Delinquency, and Juvenile Justice* (1998), 183.

三、拘留程序

“沙尔案件”的判决认为：拘留少年所使用的相关程序充分地“防范了对自由权的错误和不必要的剥夺”。该法庭将其与“格斯坦诉皮尤”一案所确立的拘留成年人的联邦宪法第四修正案之合理根据（probable cause）程序进行了比较。格斯坦一案的判决认为：任何拘捕后的自由权限制都需要一个及时的合理根据的司法判定，因为延长的拘留使得联邦宪法第四修正案之拘捕人犯的原则成为必要。格斯坦一案的判决注解道：一旦警察完成了对被告人的拘捕，使得没有拘捕令的拘捕得以正当化的紧迫状况便即刻消失了。该法院没有要求各州必须为被拘留的被告人提供一个控辩对抗式的合理根据的判定。其理由为：法官在签发拘捕令时，其合理根据是在单方面的程序中认定的；而如果法官在嫌犯被拘捕之后对合理根据予以认定，联邦宪法第四修正案对其并无更为正式的控辩对抗程序的要求。

“沙尔案件”的多数派意见总结道：适用于本案少年的预防性拘留的程序符合“格斯坦案件”之要求，因为该少年在非正式的初始应诉（initial appearance）中接受到指控告知（notice of charges），该法院对之予以记录，其父母对之予以陪同，且法官告知了少年保持沉默的权利以及获取律师辩护的权利。“沙尔案件”的多数派意见称：少年法院法官在初始应诉中作出了合理根据的判定，且无论如何，该州在初始应诉后的三天之内提出了诉请，并进行了一场正式的关于合理根据的听证会。

在“格斯坦案件”赋予刑事被告人及时获取关于合理根据之司法判定的权利之后，在“里弗赛德郡诉麦克劳克林案”[1] 中，联邦最高法院将及时的听证会界定在拘捕后的 48 小时以内。“麦克

---

① County of Riverside v. McLaughlin, 500 U.S. 44 (1991).

劳克林案件”之后，在“阿尔弗雷德·A. 诉洛杉矶郡高等法院案”[①] 中，加州最高法院对少年法院必须及时举行的合理根据与拘留听证会的期间问题予以了考虑。根据加州的法律，检察官必须在警察拘捕少年后的48 小时以内提出越轨案件之诉请。然而，“阿尔弗雷德·A. 案”的少年法院采取了72 小时以内的规则，而非“麦克劳克林案件”针对成年人的48 小时以内的规则。加州最高法院总结道：联邦最高法院并无意图将“麦克劳克林案”的48 小时规则自动地适用于少年拘留听证会。“阿尔弗雷德·A. 案”之所以区别于“麦克劳克林案”之48 小时规则，乃是因为成年被告人只需获得一个关于合理根据的判定，而少年却需要获得关于合理根据的司法判定以及该少年符合拘留法定标准的裁决。“阿尔弗雷德·A. 案”还注解道：联邦最高法院对“沙尔案件”的判决乃是基于联邦宪法第十四修正案之正当处理原则之考察，如非正式性和灵活性，而非对第四修正案的严格适用。

“阿尔弗雷德·A. 案”的不同意见对多数派意见提出了反对，称：多数派意见未能将“麦克劳克林案”的48 小时的及时性规则适用于被拘留的少年，并称：法院规则和成文法一致要求应当在继续拘留少年之前对其给予一个合理根据的判定。参见“莫斯诉韦弗案”（“格斯坦案件”的合理根据规则适用于少年）；[②]“R. W. T. 诉多尔顿案”（身份犯有权获取合理根据的判定）[③] 不同意见辩驳道：无以表明“麦克劳克林案件”的及时性分析被限定于成年被告人。其他州的成文法和少年法院程序规则，在少年法院法官是否必须适用成年人的48 小时规则或如同“阿尔弗雷德·A. 案件”的72 小时规则的问题上，有所差异。参见明尼苏达州、佛罗里达

① Alfredo A. v. Superior Court of Los Angeles County, 6 Cal. 4th 1212, 865 P. 2d 56, 26 Cal. Rptr. 2d 623 (1994).

② Moss v. Weaver, 525 F. 2d 1258 (5th Cir. 1976).

③ R. W. T. v. Dalton, 712 F. 2d 1225 (8th Cir. 1983).

州和得克萨斯州的相关法律规定。①

“格斯坦案”和大多数州的少年法并不要求正式的、控辩对抗式的合理根据判定。然而，由于少年法院法官在其决定少年审前拘留状况的过程当中，还对其他因素予以考虑，因而各州的法律和程序规则赋予了少年在拘留听证会上获取律师辩护的权利。参见明尼苏达州的相关法律规定；② 得克萨斯州的相关法律规定（如果起初在拘留听证会上，某少年没有律师代理，那么当法院对其予以指定辩护时，该少年即有权在检察官提出正式诉请之后的两天内获取重新的审理）；③“哈斯诉科洛西案”（适用于整个诉讼的律师辩护权及于拘留阶段）。④ 在拘留听证会开始之时，法官应当告知涉案少年及其父母获取辩护律师代理的权利，且如果该项权利被放弃，则应当为贫困的少年指定辩护律师。

除了合理根据之裁决外，少年法院法官还应作出该少年是否符合拘留法定标准的决定。关于拘留的法律规定包含了一个推定，即在警察对其予以拘捕之后，少年应该获释，而不是被拘押，或者说，暗示着“尽量少予限制的替代措施”的优先适用。如果警察或立案工作人员不对少年予以立即释放，那么检察官就必须予以起诉，且法院必须在特定的期间（通常为48～72小时）内举行一场拘留听证会。各州法律和法院规则关于拘留标准的具体规定有所不同。然而，所有的拘留标准皆主要关注于少年对其自身或他人或不

---

① Minn. Stat. Ann. §260B. 172 (West 2000); Mn. Rule Juv. Proc. 5. 04 (合理根据之裁决应当在48小时内作出); Fla. Stat. Ann. §985. 215 (West 2000)(合理根据之判定应当在被拘押后的24小时内作出); Tex. Fam. Code §54. 01 (Vernon 2000)(应当在48小时以内作出非控辩对抗式的合理根据裁决).

② Minn. Rule Juv. Proc. 5.07 (West 2000).

③ Tex. Fam. Code §54.01 (Vernon 2000).

④ Haas v. Colosi, 40 P.3d 1249 (Ariz. App. 2002).

出庭接受审判的风险。参见加州的相关法律规定。[①] 某些州要求决策者应用风险评估工具来优化其拘留决定，并以此来缩减适格于拘留的少年人数。风险评估工具重点关注于少年不出庭应诉的先前记录、前科、有待判决的罪行以及被拘捕时的缓刑或假释身份。参见佛罗里达州的相关法律规定。[②] 其他一些法院采取了如美国律师协会在《关于过渡期身份之少年司法标准》（1980 年）[③] 中建议的标准，以规范法官的拘留决定。参见“监禁机构审查小组诉科伊案”。[④]

少年法院必须针对某少年是否适格于拘留的问题作出个别化的判定，而不宜采用某种笼统划一的政策，机械地对所有被指控特定罪行的少年予以拘留。参见“威廉·M. 案”。[⑤] 然而，某些州所颁行的法律创制了某种可反驳的推定，即持枪犯重罪的少年构成了对其自身以及社会的危险。参见科罗拉多州的相关法律规定。[⑥] 因其规定了少年符合拘留标准的基于证据的推定，故而法院对如此的法律予以了赞同，但是少年可以以其他压倒这一推定的证据提出辩驳。参见“民众诉丹佛市郡少年法院案”。[⑦]

---

① Cal. Welf. & Inst. Code § 628 (West 2000).

② Fla. Stat. Ann. § 985.213 (2000).

③ American Bar Association, *Juvenile Justice Standards Relating to Interim Status* (1980).

④ Facilities Review Panel v. Coe, 187 W. Va. 541, 420 S. E. 2d 532 (1992).

⑤ In re William G., 3 Cal. 3d 16, 473 P. 2d 737, 89 Cal. Rptr. 33 (1970).

⑥ Colo. Rev. Stat. § 19-2-204 (3) (1994).

⑦ People v. Juvenile Court, City and County of Denver, 893 P. 2d 81 (Colo. 1995).

四、监禁条件与成人看守所

“沙尔案”之法院对少年的自由权益予以了贬抑，并对大多数州拘留少年的机构条件有所微词。许多州在审判前将大多数少年监禁于审前拘留中心，而非判决后的训导学校（training schools）或其他矫正机构中。参见菲尔德：《坏孩子》。不幸的是，全国的许多少年拘留机构的监禁条件类似于看守所。各州拘押的所有少年中，一半以上的被拘押于超过其定员的拥挤不堪的机构中。参见施奈德、西格蒙德：《2006 年全国报告》。

少年拘留中心与成年人看守所功能近似，非常雷同。实际上，尽管看守所不得对因轻罪而被拘留的成年人予以光身搜查（strip search），除非有合理的怀疑认为其持有违禁品，但法院却授权在没有个别化怀疑的情况下对初入拘留中心的少年予以例行的光身搜查。参见“N. G. 诉康涅狄格州案”；[①] “斯姆克诉明尼哈哈郡少年拘留中心案”。[②] 在“N. G. 案”中，法院使用了“T. L. O. 案”和“伊尔斯案”（Earls）的判决理由来衡量国家与个人的利益，并判定：没有嫌疑的光身搜查是合理的，即便是针对基于身份违法行为而违反法庭指令的少年而言。该法院强调了国家的代为少年父母的责任，并认定：少年拘留机构的“特殊需要”令没有个别化怀疑的搜身得以合理化。国家在搜查中的首要的、非法律执行的目的为“保护少年免受其自己或其他同监者的伤害，以及保护该监禁机构的安全”。“N. G. 案”的一种强烈反对意见驳斥道：没有嫌疑的光身搜查带有严厉的侵夺性，且将少年身份犯与被判重罪的囚犯予以了联邦宪法第四修正案保护层面上的等同。此外，与“N. G. 案”

---

① N. G. v. Connecticut, 382 F. 3d 225 (2nd Cir. 2004).

② Smook v. Minnehaha County Juvenile Detention Center, 457 F. 3d 806 (8th Cir. 2006).

的被拘留者不同的是，“弗农尼亚案”和“伊尔斯案”中被予以没有嫌疑的毒品检测的学生乃是出于自愿的。

除了监禁所固有的制度条件之外，审前监禁对被拘押的少年及其家庭有着重大的影响。拘留对少年的当前就业和未来工作前景有着不利的影响，打断了其教育的连续性，并将其与家庭予以分隔。负面的自我标签和囚禁经历对少年准备法律辩护的能力有所减损。尽管大多数法官并非将其初始的决定有条不紊地建立在罪行标准或其他相关法律因素之上，但被拘留的少年，与不被拘留的少年比较而言，具有更大的被判有罪和被判监禁的可能性。参见菲尔德：《坏孩子》。在对所犯罪行以及前科的变量予以控制的情况下，与获得自由的少年比较而言，少年法院对更多的被拘留少年予以了进一步的追究，判定其构成越轨的概率更高，并对其作出了更加严厉的量刑处置判决。

许多的政策分析家和专业机构建议：各州应当运用罪行标准、风险评估工具或其他的管理指导规则，以减少过度的审前拘留，以为高风险的少年保留拘留的资源，并以此为对公众安全具有极少威胁的少年发展限制性较小的替代措施。有些建议认为，法官应当仅仅对如下几类少年予以拘留：检察官指控其犯有严重的暴力犯罪，该罪如被证实，则可能被判监禁者；从机构中脱逃者；或先前具有不出庭应诉的明确记录者。参见美国律师协会：《审前诉讼程序之少年司法标准》（1980年）。[①]

在非城市地区，警察和少年法院常常缺乏少年拘留机构的资源，而将少年拘留在成年人看守所中，其条件甚至比成年囚犯还要糟糕。参见“D. B. 诉图克斯伯里案”（该案谴责了成年人看守所内的少年的监禁条件）。[②] 除了其他目的以外，《联邦少年司法与越

---

① American Bar Association – Institute of Judicial Administration, *Juvenile Justice Standards Relating to Pretrial Court Proceedings* (1980)

② D. B. v. Tewksbury, 545 F. Supp. 896 (D. Or. 1982).

轨预防法》（即JJDP法）[1] 试图“协助州和地方政府将少年从成年人看守所和监狱中转移出来”。JJDP法要求各州提交相关的执行计划，并就其对看守所移出命令的执行与遵守情况予以描述。除了其他的法定规则之外，各州的计划皆要求监狱不得将少年拘留于得以接触到成年未决犯和已决犯的机构中，即“视觉和声音的隔离”。[2] 然而，机构的隔离常常会导致少年被单独监禁于狭小的囚室中，并因此而造成被监禁少年的焦虑、心理疾病的恶化以及自杀风险的增加。如果隔离措施得当，或者其被拘押于都市以外的地区，或者别无他处可以安置，以及如果距离之遥远或路途之安全问题令移送少年至少年拘留机构的做法不可行，则各州可以将越轨少年拘留于成年人看守所24小时。尽管有JJDP法的看守所移出命令，各州还是将许多少年监禁于成年人监所中，即便监所工作人员不能确保少年的安全，不能满足少年的独特的营养需要，以及不能为其提供健康成长所必要的教育和身体锻炼项目。参见少年司法运动：《少年监禁：美国成年人看守所监禁少年之危险》（2007年）。[3] 各州将被移送刑事法院予以成年人指控的少年关押于看守所，而非少年拘留机构中，尽管许多少年没有获罪，且仅有1/4的获罪少年被判监禁刑。

---

① The Federal Juvenile Justice and Delinquency Prevention Act (JJDP Act), 42 U. S. C. § 5602 (a)(9) (2000).

② 42 U. S. C. § 5633 (13) (1998).

③ Campaign for Youth Justice, *Jailing Juveniles: The Dangers of Incarcerating Youth in Adult Jails in America* (2007).

第六章　少年法院管辖权的放弃

在20世纪80年代中期以及90年代早期之间，许多政客鼓吹“强硬政策”（get tough）以应对暴力犯罪、杀人犯罪以及青少年持枪犯罪（尤其是城市黑人男性犯罪）的增加。参见菲尔德：《坏孩子》。[①] 民意和政治领导人对少年法院康复矫治严重少年犯以及保护公众安全的能力提出了质疑。“严厉打击”（crack down）以及将更多的少年当作成年人来起诉的立法策略包括了降低移送管辖的年龄底线、增加被排除于少年法院管辖范围的罪名数量，以及将有关的裁量权从审判体系[②]（即审理放弃管辖案件的法官）转移至行政体系（即作出指控决定的检察官）。参见帕特丽夏·托比特等：《严重暴力少年犯罪之国家对策：1996年研究报告》，以下简称托比特：《国家对策》。[③] 尽管在大多数司法管辖区内，14岁是移送管辖的年龄底线，但某些州允许对10岁的少年适用放弃管辖，或

---

① Feld, Barry C., Bad Kids: *Race and the Transformation of the Juvenile Court* (1999), 16, 19, 27, 49, 181, 188, 190, 193, 213, 228, 231, 237, 323, 338, 345, 347, 351, 352, 354, 356, 358.

② 审判体系（judicial system），人们通常将其译为“司法体系”。鉴于中美司法制度的差异，即我国的司法体系包括审判体系和检察体系，而美国的司法体系通常仅指审判体系，为了避免概念的混淆，本书的译者将“judicial”一词译为“审判”，以令其中文内涵更为确切。

③ Patricia Torbet, et al., *State Responses to Serious and Violent Juvenile Crime: Research Report* (1996) [hereinafter Torbet, *State Responses*].

没有特定的年龄底线，而有些州规定可以对13岁的儿童适用成年人的指控。参见施奈德、西格蒙德：《2006年全国报告》。[①] 这些策略不再强调对少年犯的康复矫治与个别化考量，而是强调个人的有责性和司法系统的惩罚，将移送管辖的决定建立在严重罪行或前科的基础上，并令被放弃管辖的少年面临如同成年人的严厉判决。本章拟考察儿童的"成年人"刑事责任的界限，各州用以决定将少年向少年法院或刑事法院起诉的程序，以及将少年如同成年人予以起诉的刑罚后果。

每个州都有一个或多个法律条文规定如何将某些低于少年法院管辖年龄底线的少年视同成年人予以起诉。尽管各州的移送法律规定有所不同，但其不外乎三种不同的总体策略，即审判放弃管辖（judicial waiver）、立法之罪行排除（legislative offense exclusion）以及由检察官直接起诉（prosecutorial direct file）（在刑事法院中对儿童予以指控）。上述各种策略皆被分派于某个不同的国家部门，即由审判部门、立法部门或行政部门来决定是在少年法院还是在刑事法院中对少年进行审判。审判放弃管辖，即允许少年法院法官在进行了旨在判定某少年是否具有可矫治性或具有对公众的危险性的审判之后，予以移送管辖。与此相对照，立法机构可以通过排除严重犯罪的简单方式来划定少年法院的管辖范围，而无须审判。最后，在大约12个州中，少年法院和刑事法院享有共同管辖权，且检察官可以直接起诉，即就严重犯罪对少年向二者中的任何一个予以起诉，而无须经过对其指控罪行或法庭选择决定的任何司法审查。所有的放弃管辖策略皆试图对两方面的文化观念予以调和，即一方面，儿童身心不成熟、天真无邪；而另一方面，某些少年犯下了极

---

① Snyder, Howard & Sickmund, Melissa, *Juvenile Offenders and Victims: 2006 National Report* (2006), 25, 26, 29, 30, 31, 32, 34, 55, 61, 62, 152, 153, 172, 182, 188, 193, 196, 197, 203, 208, 213, 217, 225, 358, 359, 360, 369.

为邪恶罪行的可怕现实。放弃管辖策略在两个相互冲突的方面进行抉择，即一方面，少年具有依赖性和易受伤害性；而另一方面，少年具有自决性和有责性。同时，放弃管辖策略还要一方面划定犯罪成年期的界限，而另一方面却要对某些少年予以刑事归责。

决定论以及少年司法制度的康复矫治假说和自由意志论以及刑事司法制度，这一对法学理念之间的分立在转移管辖的法律中有着不折不扣的体现。尽管在理论上，少年法院力图矫治所有的少年犯，而少数但却显著的一些少年会挫败其努力。这些少年可能是一些接近少年法院管辖年龄上限的年龄较大的少年惯犯——他们对先前的干预措施无动于衷，附加的矫治措施未能在剩余的时间内对其奏效，抑或他们是一些被控犯有强奸、抢劫或杀人等严重犯罪而应当受到超出少年法院可以给予的更为严厉判决的少年。少年惯犯所犯的严重和暴力犯罪数量呈现出比例上的不均衡。具有高度可见性或严重的犯罪激起了社会的愤怒和恐惧，于是立法者采取了严厉的制裁措施，以确保其政治上的有利方面。政客和公众可能更倾向于将这些少年视为成熟而老练的罪犯，而非儿童。

放弃管辖的法律规定了一种管辖权限上的安全阀，即容许对某些少年予以抵罪性的牺牲，以平息政治上和公众的喧嚷，容许法官展示其能够保护公众，令立法者可以通过降低少年法院管辖年龄上限的方式来排遣压力，并令检察官和政客们得以展示其“对犯罪之强硬”。放弃管辖的法律隐含着量刑政策方面的争议，如康复矫治、剥夺犯罪能力以及报应之间的紧张矛盾，关注罪犯的需要和罪行的严重性之间的紧张矛盾，自由裁量和法律规则之间的紧张矛盾，以及非决定论和决定论之间的紧张矛盾。放弃管辖的法律试图调和因儿童是罪犯、罪犯为儿童而引起的矛盾冲突。

在技术和管理层面上，各州的转移管辖法律有所不同，但其所采取的方式大体上不外乎审判之放弃管辖、立法之罪行排除以及检察官直接起诉三种。参见美国审计总署：《少年司法：刑事法院审理的少年及其案件处理》（1995 年）（以下简称审计总署：《少年司法》);[①] 施奈德、西格蒙德:《2006 年全国报告》。[②] 审判放弃管辖之法律令少年法院法官得以在旨在判定某少年是否具有可矫治性、是否对公众安全具有危险性的审理之后,基于其裁量权,放弃其对少年案件的管辖权,抑或简单地判定:保留管辖权是否"会与少年以及公众的最佳利益发生矛盾"。这些个别化的评估反映着少年法院所惯用的判决裁量权。

立法之罪行排除条款常常对审判放弃管辖有补充作用。该方法强调罪行的严重性,并反映着刑法的报应价值。立法机关创制了少年法院,并拥有相当的余地,以界定其管辖范围,并基于年龄和罪行将某些少年排除于少年法院的管辖范围。例如,有些州将 16 岁以上的被控谋杀或死罪的少年案件排除于少年法院的管辖范围之外。参见明尼苏达州的相关法律规定。[③] 其他一些州所排出的罪名列表甚至更长,其中包括性犯罪、放火罪、绑架罪、加重的抢劫罪,等等。参见阿拉斯加州和华盛顿特区的相关法律规定。[④]

约 12 个州采取了第三种方法,即检察官放弃管辖或"直接起诉"。在这些州中,少年法院和刑事法院共同行使对特定年龄及罪行的管辖权,如,对于较为年长的被指控犯有严重罪行的少年,检察官可以选择向少年法院或刑事法院予以起诉。参见施奈德、西格

---

① United States General Accounting Office, *Juvenile Justice: Juveniles Processed in Criminal Court and Case Dispositions* (1995) [hereinafter GAO, *Juvenile Justice*].

② Snyder, Howard & Sickmund, Melissa, *Juvenile Offenders and Victims: 2006 National Report* (2006), 25, 26, 29, 30, 31, 32, 34, 55, 61, 62, 152, 153, 172, 182, 188, 193, 196, 197, 203, 208, 213, 217, 225, 358, 359, 360, 369.

③ Minn. Stat. Ann. §260B.015 Subd. 5 (West 2000).

④ Alaska Stat. §47.12.030 (Michie 2000); D.C. Code Ann. §16 – 2301 (2000).

蒙德：《2006年全国报告》。[①] 因为分权的宪法教义，法院通常不对行政裁量决定进行审查，且就审判机关的观点而言，检察官之移送案件属于一种普通的指控决定。参见“曼杜利诉圣地亚哥郡高等法院案”。[②]

每一种放弃管辖策略都有其支持者和批评者。审判放弃管辖的支持者赞同少年法院的康复矫治理念，并认为：个别化的移送管辖决定有助于寻求灵活性与严格性之间的适当平衡。而批评者的反对意见认为：法官缺乏有效或可靠的诊断工具，以精确评估少年的可矫治性，或预测其危险性，且其缺乏相应标准的裁量会导致不相协调和偏颇歧视的决定。罪行排除方法的支持者关切判决政策的正义该当性，并主张：制裁措施的采取应当建立在诸如罪行的严重性、犯罪经历以及价值相当等更为客观的因素的基础上，以及统一性和平等性的基础之上。而批评者则质疑：立法者是否可以刈除审判裁量权，而不至于令相关的诉讼程序过于僵化且涵盖过宽，抑或立法者是否可以简单地将相关的裁量权转移至检察官的指控决定中。检察官直接起诉的支持者主张：比较“柔情”的法官或“强硬”的立法者而言，检察官可以更为中立、更为客观地担任起把关者的角色。而批评者则认为：检察官往往屈从于政治的压力，常常在犯罪问题上摆出某种象征性的姿态，其行使裁量权的主观性和个人嗜好性与法官无异，且会在司法管理层面上产生地理上的差率。

从这些相互对抗、相互矛盾的主张中选择一种放弃管辖的策略，意味着审判基本政策上的争议。诸如，放弃管辖政策是应当反

---

① Snyder, Howard & Sickmund, Melissa, *Juvenile Offenders and Victims*: 2006 *National Report* (2006), 25, 26, 29, 30, 31, 32, 34, 55, 61, 62, 152, 153, 172, 182, 188, 193, 196, 197, 203, 208, 213, 217, 225, 358, 359, 360, 369.

② Manduley v. Superior Court of San Diego County, 27 Cal. 4th 537, 117 Cal. Rptr. 2d 168, 41 P. 3d 3 (2002).

映少年法院的法学理念，还是应当反映刑事法院的法学理念，以及是应当主要关注于罪犯的个别化矫治，还是应当主要关注于对严重罪行的惩罚？如果政策的制定者赞同刑法之报应价值，那么移送管辖的决定就应当归于相对机械的规则，即基于当前的罪行或先前的记录、被排除的罪名以及预设的放弃管辖指导规则。而如果放弃管辖应当体现对罪犯的康复矫治使命，那么法官需要一种非预先确定性的裁量程序来对少年的可矫治性或危险性问题作出个别化的评估。

一、放弃审判管辖

大多数州的少年法院对违反刑律的18岁以下少年行使初始性、排他性的管辖权。从少年法院之初创开始，法官有权放弃其对某些少年犯的保护，并将他们移送至刑事法院。放弃审判管辖的听证会体现着少年法院在决定将少年当作少年予以矫治、抑或将其当作成年人予以惩罚的问题上的个别化、以犯罪人为导向的（offender - oriented）方法。在肯特案件[1]中，联邦最高法院对放弃管辖程序予以了正规化，并要求少年法院提供某些程序上的正当处理原则保护措施。联邦最高法院之所以提出了正轨审理的要求，不是简单地因为少年法院承载着越轨少年的特殊利益，而是因为是否放弃管辖的决定涉及关于犯罪人的事实方面的争议，而这需要一种抗辩式的审理予以判定。肯特案件规定：法官应当进行“充分的调查”，尽管相关的法律赋予了法院“在事实审查以及相关结论判定方面的重大的裁量权”。肯特案件的结论为：通过放弃管辖决定的少年法院保护的丧失，是一个“意义非常重大”的行动，其需要法庭审理、辩护律师帮助、获取社会调查和其他相关记录，以及书面的可供上级法院审查的裁决和结论。“在我们的法律体系中，不容许在没有

① Kent v. United States, 383 U.S. 541 (1966).

仪式——没有法庭审理、没有有效的辩护律师帮助、没有理由陈述的情况下，作出具有如此重大法律后果的结论来。”尽管该法院决定：根据联邦法律规定，肯特应当被哥伦比亚特区的政府收养，但其语词指示了一个潜在的宪法基础，即对任何的放弃审判管辖决定予以了程序上的正当处理原则规定。肯特案件的程序规定预期了诸多的安全保障，而在之后的高尔特案件[①]的越轨裁决中，联邦最高法院就这些安全保障予以了规定。

接下来，在“布里德诉琼斯案”[②] 中，联邦最高法院将联邦宪法第五修正案之（禁止）双重审判条款（double jeopardy）适用于少年越轨案件的判决。该规定要求：在对少年案件进行法庭审理之前，各州应当根据指控的法律理由，作出是将少年作为少年予以审判还是将少年作为成年人予以审判的决定。

肯特案和布里德案规定了法官进行放弃管辖审理的正轨程序框架。然而，法官作出放弃管辖决定的实质性基础是一个主要的难题。直到最近，放弃管辖的法律规定允许法官基于其对相关客观因素的评估转移管辖权。这些客观因素，如少年的可矫治性以及其对公众安全的威胁性。例如，在肯特案件中，联邦最高法院在其裁判意见中附加了一个关于实质标准的列表，即少年法院法官在进行“充分调查”时可以考虑的实质标准：

> 其罪行符合成文法的规定……如果其具有起诉的法律理由，且如果其恶性极大或者具有某种加重情节；抑或，如果其显现出某种再犯的模式，即表明该少年可能无法通过少年法院的司法程序得以康复，即便其不太严重；抑或，如果公众需要获得相应的保护，则该少年案件将被放弃管辖。

---

① In re Gault, 387 U.S. 1 (1967).

② Breed v. Jones, 421 U.S. 519 (1975).

少年法院法官在决定是否对此罪行放弃其管辖权时，将对如下的决定性因素予以考虑：

1. 被指控罪行之社会危害性之严重程度，以及为保护社会是否需要放弃管辖。

2. 被指控之罪行是否为攻击性的、暴力性的、预谋性的或者故意的。

3. 被指控之罪行是否为侵犯人身或侵犯财产，尤其是那些侵犯人身且造成人身伤害后果的罪行。

4. 控方起诉的法律理由。例如，是否有证据令大陪审团有望对其作出有罪裁决……

5. 该少年之同案犯为成年人，且对整个案件在同一法院中的审判与处置有此需要……

6. 通过考察其家庭、环境状况、情感态度倾向以及生活方式，该少年被判定为具有老练性和成熟性。

7. 该少年的前科和成长史，包括先前与少年援助部门（the Youth Aid Division）、其他法律执行机构、少年法院以及其他具有司法管辖权的部门的接触，或者先前受到过少年机构的监禁。

8. 对公众予以充分保护以及对该少年予以合理矫治之可能性之展望（如果其被判定为犯有被指控之罪行）——通过应用当前少年法院可资获取的程序、服务和设施。

各州的司法判决和放弃管辖法律规定通过各种方式对少年可矫治性的标准予以了明确，且其通常包含着肯特案件之大概而矛盾的因素列表。然而，放弃管辖之决定具有程度非常高的裁量性，且法官无须对放弃管辖的每一个标准予以均等的考量。参见“合众国诉纳尔逊案”。[①]

某些州将管辖权之放弃限定于重罪案件，且对此设立了刑事指控的年龄底线，通常为16岁、15岁或14岁。参见施奈德、西格蒙德：《全国报告》。[②] 在这些州中，14岁的移送管辖年龄底线是最为通行的，也是与普通法之刑事责任年龄相一致的。其他州对罪行和年龄底线皆无明文规定，而是将成年期的判定交由法官裁量。某些州就不同的罪行规定了不同的放弃管辖年龄。例如，可对犯有任何重罪的16岁少年放弃管辖，但只能对犯有谋杀罪或其他严重犯罪的14岁少年放弃管辖。参见施奈德、西格蒙德：《全国报告》。[③]

放弃管辖的程序

放弃审判管辖听证会由检察官发动，即由检察官随少年越轨案件的诉请书（delinquency petition）提交一项移送管辖的诉请（file a transfer motion）。为避免违反“布里德诉琼斯案”所确立的禁止双重审判规则，在法院决定是将该少年置于少年法院还是置于刑事法院中予以审判之前，法官不允许涉案少年对诉请书所指控的罪行进行答辩。在少数几个州中，少年可以请求移送管辖或者启动放弃管辖诉讼程序。例如，某少年想要获得陪审团审判，或者有着大量的前科而检察官所指控的罪行相对较轻——并因此而更愿意在刑事法院而不是少年法院中接受审判。然而，由于成文法律缺乏相应的授权，法院不允许少年自主地放弃管辖而移送至刑事法院。例见“K. A. A. 案”（少年不得为某些违背其自身最佳利益的短期利益

---

① United States v. Nelson, 90 F. 3d 636 (2d Cir. 1996).

② Howard Snyder and Melissa Sickmund, Juvenile Offenders and Victims: 2006 National Report (2006).

③ Howard Snyder and Melissa Sickmund, Juvenile Offenders and Victims: 2006 National Report (2006).

而放弃少年法院之管辖);[1]“安娜·玛丽·S. 案”(将可以矫治的少年置于少年法院的管辖之下予以治疗——这种属于政府的利益预先排除了少年选择审判平台的权利)。[2]

(1)合理根据与实质标准

放弃管辖听证会需要考虑两个不同的问题:合理之根据(probable cause)以及该少年是否符合放弃管辖之实质标准。各州的相关法律程序通常将这两个不同问题分为两个诉讼阶段。参见北卡罗来纳州的相关法律规定。[3] 又如在密歇根州,相关的法院规则将放弃管辖听证会明确地划分为两个阶段:[4]

①第一阶段。第一阶段的审理旨在判定:是否有合理的根据认为,相关的罪行存在,且如果该罪行为成年人实施,则构成重罪;同时,有合理的根据认为,该14岁以上的少年实施了该犯罪……

②第二阶段。如果法院在听证会的第一个阶段中裁定其合理根据成立……那么,听证会的第二阶段就应当判定:支持放弃管辖之诉请是否能够最好地实现少年与公众的利益。

第一阶段的审理旨在判定:是否存在相信该少年犯了该罪且符合其年龄标准的合理根据。如果放弃管辖之法律规定将移送管辖的合法性限定于重罪,或者在某个特定年龄之后所犯的重罪,那么,法官就必须查证少年符合这些标准的合理根据。在许多州中,严重罪行之指控成立为放弃管辖之推定,即少年法院为何应当保留管辖权的证明责任被转移给了少年。法官必须作出具有合理根据的明确裁定,以适当地配置放弃管辖听证会中的证明责任。例如,在明尼苏达州,如果法院裁定:有合理的根据相信某少年为16岁或17岁,且触犯了某个按照成年人量刑指南应当判处监禁的罪行,那么

---

① In re K. A. A., 410 N. W. 2d 836 (Minn. 1987).

② In re Anna Marie S., 99 Cal. App. 3d 869, 160 Cal. Rptr. 495 (1979).

③ N. C. Gen. Stat. § § 7A - 609; 7A - 610 (1999).

④ Mich. R. Court - Probate Court 5.950 (West 1999).

相关的放弃管辖法律即推定：少年法院将会放弃管辖权，且少年应承担其应当获准保留管辖权的证明责任。例见明尼苏达州的相关法律规定。[①] 法院通常以罪行标准来创制一种可容辩解的放弃管辖推定，并以此将相关的证明责任转移给涉案少年。参见“L. J. S. 案”和“为了 A. L. 之利益案”。[②] 在合理根据的确立中，某些州只允许检察官使用可在法庭审判中得以采纳的证据。参见北卡罗来纳州的相关法律规定；[③]“R. J. D. 诉俄克拉荷马州案”；[④]“民众诉哈纳案”（只有“依法可采纳的证据”可被用以确立合理之根据）。[⑤]

判定其罪行之合理根据之后，法官就必须决定该少年是否符合放弃管辖的实质标准。某些州重点关注于少年的可矫治性，并要求法官考虑犯罪的老练程度、康复矫治的潜在可能、先前的干预情况、越轨的历史以及罪行的严重程度等因素。另一些州以立法或司法方式采纳了与肯特案件相一致的标准。还有一些州重点关注于“少年以及公众的最佳利益”，并要求法官对罪行的严重程度、少年对其罪行的有责性程度、前科状况、被纳入矫治项目的历史以及少年司法体系可用之惩罚或矫治项目的充足性等因素予以评估。参见密歇根州的相关法律规定；[⑥] 明尼苏达州的相关法律规定。[⑦] 有少年以正当处理原则和“因含混不清而无效（非法）”等理由对放弃管辖之法律规定提出反对意见——这些法律规定允许法官以“无法矫治”或“非适当矫治对象”为由对少年予以移送管辖。然

---

① Minn. Stat. § 260B. 125 Subd. 2a (West 2000).

② In re L. J. S., 539 N. W. 2d 408 (Minn. Ct. App. 1995); State in the Interest of A. L., 271 N. J. Super. 192, 638 A. 2d 814 (App. Div. 1994).

③ N. C. Gen. Stat. § 7A-609(c) (2000).

④ R. J. D. v. State, 799 P. 2d 1122 (Okl. Cr. App. 1990).

⑤ People v. Hana, 443 Mich. 202, 504 N. W. 2d 166 (1993).

⑥ Mich. Comp. Laws § 712A. 4 (West 2000).

⑦ Minn. Stat. § 260B. 125 (West 2000).

而，绝大多数的法院否决了这些宪法性的抗辩意见，并坚持认为有关的法律规定是足够准确的。参见“唐纳德·L. 诉高等法院案”;[①]“新罕布什尔州诉斯玛古拉案”。[②]

尽管放弃管辖听证会为非正式的审理方式，且更像是量刑审理程序，而非定罪审判，但其程序却是抗辩性的——法庭会指定辩护律师对少年予以协助。参见“肯特诉合众国案”;[③] 又如，密歇根州的相关法律规定（聘请辩护律师和获取指定辩护律师的权利）;[④] 北卡罗来纳州的相关法律规定（应当有律师代理少年之诉讼）。[⑤] 政府一方和少年一方皆可提供与放弃管辖标准相关的证据，并可以对另一方的证言和意见进行交叉盘问。例如，少年可以对提交社会调查报告的缓刑官予以盘问，针对其建议的根据提出质问。例如亚利桑那州马里科帕县（Maricopa）的相关法规。[⑥] 辩护律师的作用包括：收集有利的证据、仔细查阅法院工作人员的报告和建议，以及在少年司法程序中提出替代性的矫治涉案少年的处置措施。参见“哈泽尔诉合众国案”。[⑦]

各州关于证明责任及其在放弃管辖诉讼程序中的承担主体的法律有所不同。由于少年法院享有初始性和排他性的管辖权，且由州政府来提起诉请以启动移送管辖的诉讼程序，因此检察部门应当承担最初的证明责任。某些州允许法官基于优势证据（a preponderance of the evidence）放弃对少年的管辖权。参见马里兰州的有关

---

① Donald L. v. Superior Court, 7 Cal. 3d 592, 102 Cal. Rptr. 850, 498 P. 2d 1098 (1972).

② State v. Smagula, 117 N. H. 663 A. 2d 608 (1977).

③ Kent v. U. S., 383 U. S. 541 (1966).

④ Mich. Comp. Laws § 712A. 4 (West 2000).

⑤ N. C. Stat. § 7A – 609.

⑥ In the Matter of Appeal in Maricopa County Juvenile Action No. JV127231, 183 Ariz. 263, 902 P. 2d 1367 (Ct. App. 1995).

⑦ Haziel v. United States, 404 F. 2d 1275 (D. C. Cir. 1968).

法律规定；[①] 又见“F. S. 案”。[②] 其他一些州要求检察官以清晰而有说服力的证据说服法官放弃其管辖权。例如明尼苏达州的有关法律规定。[③] 州政府排除合理怀疑的证明责任仅仅适用于越轨行为之法庭审判，而不适用于放弃管辖之审理。参见“温希普案”[④]。在某些州中，一旦检察官确立了相信某少年实施了一定罪行的合理根据，相关的法律规定便将其缘何应当留在少年法院中的证明责任转交由该少年来承担。参见明尼苏达州的相关法律规定。[⑤] 法院通常会支持这种证明责任的转移。参见“谢拉诉高等法院案”；[⑥]“民众诉琼斯案”。[⑦]

许多州的法律都有“一旦放弃管辖，一直放弃管辖”的规定。一旦某少年法院放弃了对某少年的管辖权，检察官就可以就针对某少年惯犯今后的任何指控向刑事法院提起诉讼。[⑧] 参见阿拉斯加州的相关法律规定；[⑨] 密西西比州的相关法律规定；[⑩] 施奈德、西格蒙德：《2006 年全国报告》。

（2）放弃管辖审理的证据

放弃管辖审理的特征类似于处置或量刑程序（dispositional or

---

① Md. Cts. & Jud. Proc. Code Ann. § 3 – 817 (c).

② In re F. S., 586 P. 2d 607 (Alaska 1978).

③ Minn. Stat. § 260B. 125 (West 2000).

④ In re Winship, 397 U. S. 358 (1970); Chap. 7. A. 2.

⑤ Minn. Stat. § 260B. 125 (West 2000).

⑥ Sheila O. v. Superior Court, 125 Cal. App. 3d 812, 178 Cal. Rptr. 418 (1981).

⑦ People v. Jones, 958 P. 2d 393, 18 Cal. 4th 667, 76 Cal. Rptr. 2d 641 (1998).

⑧ Howard Snyder and Melissa Sickmund, Juvenile Offenders and Victims: 2006 National Report (2006).

⑨ Ala. Code § § 12 – 15 – 1(8), 12 – 15 – 34(h) (2000).

⑩ Miss. Code Ann. § 43 – 21 – 157(8) (2000).

sentencing proceedings)，其所适用的证据规则不像定罪审判（criminal trials）那样严格。参见“民众诉哈纳案”。[①] 尽管放弃管辖审理是一种抗辩式的诉讼，但法官可以将其裁定建立在“非正式的但却可靠的证据”基础上，其中包括传闻证言（hearsay testimony）。参见“三个未成年人案”；[②]“史密斯诉阿拉斯加州案”；[③]“爱荷华州诉赖特案”。[④] 正常情况下，法院会采信警察拘留和罪行的记录、缓刑报告及社会经历记录，尽管其中包含着传闻的内容。参见“T. D. S. 案”；[⑤]“民众诉泰勒案”。[⑥]

在“民众诉哈纳”[⑦] 案的审理中，密歇根州最高法院曾考虑：第五和第六修正案的证据限制规则是否适用于放弃管辖审理的第二阶段或处置阶段。在该案的放弃管辖审理中，该州采纳了从被告方获取的供述。该法院认为：联邦宪法第五和第六修正案关于质证的限制性规定并不影响被告人供述在放弃管辖审理中的可采纳性，因为放弃管辖只是一种处置性的裁定，而不进行任何的关于有罪或无罪的判定。尽管多数意见强调该诉讼程序的灵活性与简便性，但反对意见在放弃管辖和量刑审理以及“埃斯特尔诉史密斯案”[⑧] 所施加的联邦宪法第五修正案限制规则之间进行了类比。反对意见辩驳道：因为放弃管辖增加了被告人量刑的严重程度，埃斯特尔案件限制了政府强行获取或使用被告人供述的权力。

放弃管辖听证会常常集中关注少年的可矫治性，且法官会要求

---

① People v. Hana, 443 Mich. 202, 504 N. W. 2d 166 (1993).

② Three Minors, 684 P. 2d 1121 (Nev. 1984).

③ Smith v. State, 475 So. 2d 633 (Ala. Crim. App. 1985).

④ State v. Wright, 456 N. W. 2d 661 (Iowa 1990).

⑤ In re T. D. S., 289 N. W. 2d 137 (Minn. 1980).

⑥ People v. Taylor, 76 Ill. 2d 289, 29 Ill. Dec. 103, 391 N. E. 2d 366 (1979).

⑦ People v. Hana, 443 Mich. 202, 504 N. W. 2d 166 (1993).

⑧ Estelle v. Smith, 451 U. S. 454 (1981).

由心理学家或精神病学家提供关于其诊断和预测情况的专家证言。成文法和法院规则授予了法官获取临床诊疗评估结果的权力，以便其进而对相关少年的可矫治性予以评估。如果国家要求以心理学或精神病学方面的证据来证明少年不适于矫治或对少年一方提供的适宜矫治的临床证据予以反驳，则获取少年之法医学评估便引发了联邦宪法第五修正案之自证其罪的潜在问题。在“埃斯特尔诉史密斯”案中，法院认为：避免自证其罪之特权适用于法院指令的精神病学测试——该测试乃是用于成年人定罪判决后的量刑审理，且对临床医生的获取许可及证言披露有所限制。自埃斯特尔案件之后，某些州法院认为：任何法院指令的为判定可矫治性的心理学评估皆有违于联邦宪法第五修正案赋予少年的权利。参见“R. H. 诉阿拉斯加州案”;[①]“为了 A. D. G. 之利益案”（少年享有避免自证其罪之特权，而不得被强制接受对其不利的会见）。[②] 其他一些州则规定：少年的辩护律师应当陪同少年出席临床诊断。参见“克里斯托弗 · P. 诉新墨西哥州案”。[③]

法院和立法机构试图通过限制强制自证其罪的方式来平衡放弃管辖审理对精神病学证据的需求。某些州通过要求少年接受精神病学或心理学测试，然后在其后的越轨或定罪判决中对相关的临床证据予以豁免使用和限制援引的方式，来解决其两难困境。参见“S. R. J. 案”;[④]“合众国诉 A. R. 案”（少年在精神病学临床会见中的任何陈述皆不得用于之后的定罪诉讼中）。[⑤] 其他一些州规定：如果少年不愿意接受精神病学专家的测试，则该少年将被禁止纳入关于其适于矫治的专家证言。参见“共同体诉韦恩 · W. 案”（就

① R. H. v. State, 777 P. 2d 204 (Alaska Ct. App. 1989).

② In the Interest of A. D. G., 895 P. 2d 1067 (Colo. Ct. App. 1994).

③ Christopher P. v. State, 816 P. 2d 485, 489 (N. M. 1991).

④ In re S. R. J., 293 N. W. 2d 32 (Minn. 1980).

⑤ United States v. A. R., 38 F. 3d 699 (3d Cir. 1994).

此予以作证的少年，即放弃其相关的特权，即可被强制回答国家一方提出的相关问题)。[1] 如果少年的辩护律师获取了医学临床评估以资于放弃管辖审理之辩护，那么某些州便允许指控一方在其后的定罪审判中传唤精神病学专家作为证人出庭。在“爱荷华州诉隆伯格案”[2] 中，法院认为：医生—病人之特权不适用于此，因为该少年寻求精神病学专家的咨询意见不是为了帮助治疗，而是为了诉讼。

如果少年在鉴定结论之审理中对其被指控罪行予以作证，那么检察官就可以将此证言纳入其后的越轨或定罪审判吗？参见“西蒙斯诉合众国案”（被告人基于联邦宪法第四修正案所作出的关于证据合法性的不利证言不得用于其审判）。[3] 在“拉蒙纳 · R. 诉高等法院案”[4] 中，加州最高法院赋予了少年在鉴定结论审理中所作的任何陈述的使用免责（use - immunity）的权利，并在其后的越轨或定罪判决中禁止使用其相关的陈述。该法院将此与缓刑犯在缓刑撤销审理中的自证其罪危险进行了类比，并推理道：如果没有使用免责的权利，则少年无法对鉴定结论予以抗辩。在其他一些司法管辖区中，成文法律赋予了少年在放弃管辖审理中作证的免责权利。例如新泽西州的相关法律规定（在放弃管辖审理中的任何证言皆不得被纳入判定成立越轨或有罪的审理中）；[5] 又如“新泽西州诉弗格森案”；[6]“共同体诉蓝塞姆案”（放弃管辖审理中的任何证据不得纳入任何其他的诉讼中）。[7]

实践中，法官重点关注三组因素，以评估少年的可矫治性和危

---

① Commonwealth v. Wayne W., 606 N. E. 2d 1323, 1330 (Mass. 1993).

② State v. Rhomberg, 516 N. W. 2d 803 (Iowa 1994).

③ Simmons v. United States, 390 U. S. 377, 394 (1968).

④ Ramona R. v. Superior Court, 693 P. 2d 789 (Cal. 1985).

⑤ N. J. Stat. Ann. § 2A:4A - 29 (West 2000).

⑥ State v. Ferguson, 255 N. J. Super. 530, 605 A. 2d 765 (Ct. App. 1992).

⑦ Commonwealth v. Ransom, 446 Pa. 457, 288 A. 2d 762 (1972).

险性。其一，少年的年龄及其居于少年法院管辖范围内的剩余时间，这对少年法院的量刑处遇选项有所限制，且产生着放弃管辖年长少年的动因，尤其是那些被指控犯有严重罪行者。法官更易于放弃较为年长少年的管辖权，而不是较为年幼少年的管辖权。其二，法官重视医学临床评估中所反映出来的矫治预测以及先前的矫治干预情况。一旦少年用尽了可用的矫正资源，移送管辖的可能性就增大了。其三，法官对少年危险性的评估往往基于其当前罪行的严重性、前科以及少年是否使用过枪支弹药等情况。

放弃管辖的标准由“可矫治性”和“危险性”等语词而构成，这给予了法官广泛的裁量权。相互矛盾的实质因素列表，如肯特案件所附加的，无法提供充分的指导规范，却反而允许了法官有选择性地强调或此或彼的某个变量，并作出任何决定。放弃管辖的主观性、控制结果的指导规范的缺乏以及区分少年的有效可靠的临床手段的缺乏，令法官可以作出缺乏有效的程序或上诉审查的不公平的偏颇决定。实证研究评估显示：法官有可能以某种个人偏好性的、不公平的和片面的方式来适用放弃管辖的法律规定。参见菲尔德：《坏孩子》。不同州之间对近似类型的少年犯的放弃管辖比率的差异相当大。在某个单独的司法管辖区内，郡县与郡县之间，法院与法院之间，法官们诠释和适用放弃管辖法律规定也不相一致。在某些州中，对于受到类似指控的少年，乡村地区的法官比城市地区的法官更易于作出放弃管辖的决定。即使在某一个都市郡县中，同一法院中的几个法官对类似情况案件的决定也有所不同。少年的种族差异总是影响着放弃管辖的决定，法官对少数族裔少年犯的放弃管辖比率高于其对类似白人少年犯的放弃管辖比率。参见施奈德、西格蒙德：《2006 年全国报告》；审计总署：《少年司法》。

（3）放弃管辖决定的上诉审查

肯特案件的判决要求一审案件的法官（trial judges）作出具体的事实裁定和法律结论，以令上诉审查具有实在的意义。如果某法官的移送管辖决定没有包括充分的理由说明，那么上诉法院就会以缺乏具体裁决之理由而撤销其决定。参见“民众诉邓巴案”;[①]“C. L. A. 诉佐治亚州案”。[②] 如果一审法官没能遵从法定程序或者没有作出规定的裁定，上诉法院也会因此而撤销其决定。参见“哈尔顿诉共同体案”（移送管辖之理由“必须足够具体，以令旨在判定其是否合乎法律规定的上诉审查具有实在的意义”）;[③]“路易斯安那州诉科林斯案”（一审法院必须具体地阐述移送管辖之标准）;[④]“西弗吉尼亚州诉索尼娅·B. 案”（少年法官未能审查心理学评估，未能依法作出关于少年心理状态、成熟性、情感倾向以及相关个人因素的具体分析）。[⑤] 某些情况下，上诉法院还会以一审法官未能考虑少年的可矫治性因素而仅仅关注于被指控罪行的严重性为由否决该法官的相关决定。参见“J. D. W. 案”;[⑥]“J. K. C. 案”。[⑦]

被移送管辖的少年常常会针对法官作出的不利的放弃管辖决定提出上诉，而与此同时，检察官也就少年法院否决其移送管辖之诉请而提出上诉。大多数州规定：在最终判决（如指控罪名成立之判决）之前，不允许少年就移送管辖决定提出上诉。参见“克莱案”;[⑧]“州政府支持公诉之施耐尔格罗夫诉波特巡回与少年法院案”（认为：“无权立即提请上诉，而……必须等到放弃管辖授权的刑事指控的最终裁决作出之后方能提请上诉”）。[⑨] 例如，佛罗里达州的法律不将放弃管辖决定视为最终决定，而规定：被告人必须

① People v. Dunbar, 423 Mich. 380, 377 N. W. 2d 262 (1985).

② C. L. A. v. State, 137 Ga. App. 511, 224 S. E. 2d 491 (1976).

③ Harden v. Commonwealth, 885 S. W. 2d 323, 325 (Ky. App. 1994).

④ State v. Collins, 694 So. 2d 624 (La. App. 1997).

⑤ State v. Sonja B., 395 S. E. 2d 803, 807 (W. Va. 1990).

⑥ In the Matter of J. D. W., 881 P. 2d 1324 (Mont. 1994).

⑦ In the Matter of J. K. C., 891 P. 2d 1169 (Mont. 1995).

⑧ In re Clay, 246 N. W. 2d 263 (Iowa 1976).

⑨ State ex rel. Snellgrove v. Porter Circuit and Juvenile Courts, 386 N. E. 2d 680 (Ind. 1979).

等到刑事法院定罪判决之后方能提出上诉，参见“为了 R. J. B. 之利益诉佛罗里达州案”。[1] 其他一些州则允许少年就放弃管辖决定提请上诉，因为其终结了少年法院的管辖权，且因此而成其为一个终局决定。“I. Q. S. 案”；[2] “州政府支持公诉之艾奇逊案”；[3] “爱达荷州诉哈尔伍德案”（“决定放弃少年司法管辖权成立为终局决定……在此问题得以判定之前，其他的进一步诉讼程序应当予以中止”）。[4] 各州允许检察官立即提请上诉，如果法官否决了放弃管辖之诉请，因为倘若国家首先在少年法院中对少年予以了审判，则“布里德诉琼斯”一案的决定将排除重复的刑事指控。参见“民众诉马丁案”。[5]

上诉法院尊重一审法官保留或放弃管辖的裁量权，而很少基于实质理由而撤销其放弃管辖的决定。在某种程度上，法定标准的含混不清和相互矛盾，如肯特案件所附，限制了上诉法院严格审查一审法官自由裁量决定的能力。其审查的通常标准，如“充分的证据”、“明显的不当”或“裁量权的滥用”，以及上诉法院对一审法官事实裁定的尊重，会导致其对少年法官之实体决定的肯定——这些实体决定多为放弃管辖权。参见“杰里迈亚·B. 诉内华达州案”。[6] 另一方面，上诉法院似乎更倾向于以其对案件事实的判断来替代一审法官之判断，并以此撤销其保留少年案件管辖权的决定。参见“民众诉琼斯案”；[7] “D. F. B. 案”。[8] 这并不奇怪，上诉

---

① In the Interest of R. J. B. v. State, 408 So. 2d 1048 (Fla. 1982).

② In re I. Q. S., 309 Minn. 78, 244 N. W. 2d 30 (1976).

③ State ex rel. Atcheson, 575 P. 2d 181 (Utah 1978).

④ State v. Harwood, 572 P. 2d 1228 (Idaho 1977).

⑤ People v. Martin, 67 Ill. 2d 462, 367 N. E. 2d 1329 (1977).

⑥ Jeremiah B. v. State, 823 P. 2d 883 (Nev. 1991).

⑦ People v. Jones, 958 P. 2d 393, 18 Cal. 4th 667, 76 Cal. Rptr. 2d 641 (1998).

⑧ In re D. F. B., 433 N. W. 2d 79 (Minn. 1988).

法院所指令的将少年移送至刑事法院的案件通常涉及被指控犯有严重罪行的少年。参见“民众诉福尔茨案”;[①]“民众为了 Y. C. 之利益案”。[②]

二、立法之罪行排除

立法排除之法律规定将一定年龄和被指控犯有特定罪行的少年排除在少年法院的管辖范围之外。立法机构制定少年法院法,并以诸多不同的方法来界定其管辖范围、权力和宗旨。例如,当前各州将少年法院的管辖年龄上限设定为 17 岁、16 岁或 15 岁——作为各州的一项政策,没有宪法上的缺陷。见本书第二章。因为少年仅仅作为立法机构的一个创造物而存在,所以立法者可予之,亦可夺之。“立法者可以……拒绝给予所有超过 15 岁的少年‘国家亲权’学说的保护。立法机构可以完全给予,也可以有条件地给予……”例如“堪萨斯州诉格林案”;[③]“民众诉吉勒斯案”(联邦或各州宪法皆无某州必须拥有少年法院之规定)。[④] 如果某立法机构将少年法院的司法管辖权界定于仅仅涵括某个年龄以下,且其罪行没有被排除于外,那么,依据成文法的定义,则其他年龄的少年皆为成年刑事被告人。

超过半数的州皆至少将某些罪行排除于少年法院的管辖范围之外,最常见的为较为年长的少年的严重犯罪。参见施奈德、西格蒙德:《2006 年全国报告》;审计总署:《少年司法》。[⑤] 例如,某些

---

① People v. Fultz, 554 N. W. 2d 725 (Mich. 1996).

② People in the Interest of Y. C., 581 N. W. 2d 483 (S. D. 1998).

③ State v. Green, 218 Kan. 438, 544 P. 2d 356 (1975).

④ People v. Jiles, 43 Ill. 2d 145, 148, 251 N. E. 2d 529, 531 (1969).

⑤ Howard Snyder and Melissa Sickmund, Juvenile Offenders and Victims: 2006 National Report (2006).

州将被指控犯有谋杀罪、强奸罪或绑架罪的16岁以上少年排除在外。例见：阿拉斯加州的相关法律规定。[①] 另一些州将被指控犯有上述罪行的15岁少年排除于外，如路易斯安那州的相关法律规定；[②] 14岁排除于外者，如弗吉尼亚州的相关法律规定；[③] 13岁排除于外者，如俄克拉荷马州的相关法律规定；[④] 抑或没有年龄底线者，如内华达州的相关法律规定。[⑤] 某些州将14岁以上的少年死罪案件排除于外，且对16岁以上少年案件的排除规定了更长的严重犯罪的列表。例如马里兰州的相关法律规定。[⑥]

被排除于少年法院之外的少年曾对其被自动地归于成年期并被置于刑事法院接受审判的状况提出异议，即认为有关的排除规则有悖于联邦宪法第十四修正案之正当处理以及平等保护的条款。这些少年辩称：对其在刑事法院中的指控之所以违背正当处理原则，乃是因为其没能获得肯特案件判决所赋予的程序安全保障，且法官没能对导致其转移管辖的检察官起诉决定予以审查。这些少年还辩称：立法决定对被指控特定罪行的少年进行着如同成年人一样的分类，这有悖于平等保护的原则，因为其分类是非理性的、武断的。参见“考克斯诉合众国案”；[⑦]“合众国诉布兰德案”；[⑧]“民众诉索普案”。[⑨]

---

① Alaska Stat. § 47. 12. 030 (West 2000).

② La. Child. Code Art. 305.

③ Va. Code § 16. 1 – 2691 (West 2000).

④ Ok. Tit. 10 § 7306 – 1. 1 (West 2000).

⑤ Nev. Stat. § 62. 040 (West 2000).

⑥ Md. Stat. § 3 – 804 (West 2000).

⑦ Cox v. United States, 473 F. 2d 334 (4th Cir. 1973), cert. denied, 414 U. S. 869 (1973).

⑧ United States v. Bland, 472 F. 2d 1329 (D. C. Cir. 1972), cert. denied, 412 U. S. 909 (1973).

⑨ People v. Thorpe, 641 P. 2d 935 (Colo. 1982).

肯特案件判决之后，美国国会对哥伦比亚特区少年法的相关条款进行了修正。继此，少年法院的司法管辖范围延伸到了18岁的大多数罪行，但国会将被指控暴力犯罪（如谋杀罪和持枪抢劫）的16岁或17岁少年排除于外。[①] 在“合众国诉布兰德案”（关于立法之罪行排除法律规定的典型案例）中，检察官指控布兰德犯有持枪抢劫罪（一种被排除于少年法院管辖范围的罪行），并对其向刑事法院予以起诉。布兰德辩称：他应当获得肯特案件判决所赋予的作为放弃管辖先决条件的程序安全保障，因为少年案件指控和刑事案件指控之间具有显著的差异。法官是否放弃管辖，抑或立法是否排除以及检察官是否对少年向刑事法院予以指控，其对少年的结果是一样的。布兰德案件判决的多数意见否决了其主张，即立法机构以及检察起诉放弃管辖的类似后果需要相当的程序安全保障。该案件的判决拒绝加诸任何程序规定，或对检察官的起诉决定予以审查。该案的判决乃是基于根深蒂固的分权学说，即法官不对检察官之裁量予以审查，除非其故意进行歧视性或不公正的分类。针对一项对检察起诉放弃管辖法律规定提出的质疑，在“考克斯诉合众国案”中，联邦最高法院明确地否决了关于以程序安全保障措施来限制检察起诉裁量运用的意见。

法院之所以不对检察官的起诉决定予以审查，乃是因为宪法之分权否定了司法部门拥有驱使或控制行政部门自主裁量决定的权力。除非检察官的决定进行了基于种族、宗教信仰以及类似的有悖于平等保护原则的不公平的分类，否则法院将不对关于是否以及对谁予以何种犯罪指控的决定予以审查。例如“奥伊勒诉博尔斯案”；[②]“维特诉合众国案”；[③]“合众国诉阿姆斯壮案”。[④] 司法权之

① D. C. Code § 16 - 2031(3)(A) (Supp. 1970).

② Oyler v. Boles, 368 U. S. 448, 456 (1962).

③ Wayte v. United States, 470 U. S. 598 (1985).

④ United States v. Armstrong, 517 U. S. 456 (1996).

所以避免对检察起诉决定的妨碍，乃是根源于担心其对敏感法律和政策判断之侵扰。如果司法审查令其权力得以迫使检察官提交或撤销案件，那么法官便有可能妨碍检察官通过有选择地起诉来最大限度地发挥其效率，或者迫使其错误地配置资源。法官之所以拒绝审查检察起诉决定，乃是因为在调查期间的保密需要。起诉前的适合性审理可能泄露保密资源。另外，影响检察起诉决定的因素，即关于证据以及是否有罪的评估、资源的配置以及其他的执行政策和优先考虑事项，很少有书面记录以供审判前的司法审查之用。

只有在被告人提供了关于故意违反平等保护原则（如基于种族而对某些被告人予以选择性的起诉，且对其他不同种族的类似情况的被告人不予起诉）的确凿证据的情况下，法院才会对关于检察官选择性或歧视性执法之诉请予以审查。例如“合众国诉阿姆斯壮案”。[①] 为了获胜，被告人必须同时证实“检察起诉政策具有歧视性的效果，且该效果为歧视性目的所驱使。”也就是说，被告人必须证实：起诉决定具有不公平的影响以及不适当的动机。基于阿姆斯壮案件的判决理由，因排除罪行而被起诉于刑事法院的少年具有一种几乎无法超越的证明责任，即证实：检察官因其种族而故意对其予以成年人的指控，但却不对犯有同样罪行的不同种族的少年一视同仁。

布兰德案中的一种强有力的不同意见谴责道：罪行排除法律规定显然是一种规避肯特案件之正当处理原则要求的做法。与审判放弃管辖之审理不同，罪行排除允许检察官对少年的放弃管辖乃是基于起诉决定之可能原因，而没有审理程序，没有对少年的矫治可能性问题予以考虑，没有相关理由的陈述，也没有指定辩护律师。然而，许多的起诉决定对被告人有着重大的影响后果，如不起诉决定、不以重罪而以轻罪起诉的决定、援引几个可适用法条中的某一个的决定。

---

① United States v. Armstrong, 517 U.S. 456 (1996).

罪行排除之立法取消了对少年矫治可能性的考虑。起诉决定所涉及的唯一的事实问题仅与犯罪性质、可能之原因以及可证明的法律罪过相关。刑事审判要求对检察官所提出的事实判断予以最为严格的审查，即要求其排除合理怀疑。罪行排除之法律规定简单地将其结论的决定性因素置于被指控的罪行，而非犯罪人。

少年辩称：罪行排除之法律规定，基于重罪或轻罪的分别，以创制某种武断的、非理性的法律界别（或犯罪的身份，或越轨的身份）的方式，违背了平等保护的原则。法院对这些主张予以了否决，并称：基于罪行的界分既不存在某种固有的可疑分类，也不存在某种不公平的歧视，且少年矫治的丧失并没有侵犯某种需要严格司法审查的基本权利或重大自由。参见“合众国诉布兰德案”。[①]法院认为：被指控重罪或轻罪之类别划分是一种合理的界分基础，因为立法者有合理的理由相信：严重的罪犯不易于矫治，对公众安全有威胁，对其予以康复矫治的代价太大，不利于少年司法体系中的其他更易于矫治的少年的康复矫治，抑或仅仅是因为他们因其罪行而应当受到更大的惩罚。康复矫治主义的少年法院则假定：罪犯之间有所差异，且其罪行和真实需要之间并不存在直接的关联。立法者则确切地预判：犯有重罪的少年与犯有轻罪的少年是不同的。

如果法律规定基于其罪行而将少年排除于少年法院的管辖范围之外，而其后，刑事法院又判定其所成立的犯罪为非排除之罪行，较轻的罪行，那么该法院应当对该少年予以成年人的量刑，还是予以少年的量刑呢？某些法院认为：被排除的罪行包容了其所可能涵括的所有较轻罪行，且一旦国家将少年视同成年人予以审判，那么其不得援引定罪之后的少年法院的量刑利益。参见“康涅狄格州

① United States v. Bland, 472 F. 2d 1329 (D. C. Cir. 1972), cert. denied, 412 U. S. 909 (1973).

诉莫拉莱斯案”;[1]“明尼苏达州诉贝尔案”。[2]其他一些司法管辖区则规定：被判较轻罪行的少年应当被视为少年予以量刑，除非国家在定罪之后进行一个放弃管辖的审理程序，以决定是否对少年予以如同成年人的量刑。例如伊利诺伊州、俄勒冈州和肯塔基州的相关法律规定。[3]类似于莫拉莱斯和贝尔案件的基于起诉指控而非最终定罪判决的剥夺管辖权的决定，怂恿着检察官以将其排除于少年法院之外的方式对少年予以过度的指控，并以此在刑事法院中获取更为长期的判刑。较轻的非排除性的定罪否定了检察官借以成年人指控的犯罪严重性的评估。不支持对检察官审前起诉决定予以审查的审判策略并没有预先排除在事实辨明之后对其予以重新审查。布兰德案件的一个基本原理为：刑事陪审团审判为检察官基于罪行的评估提供了最佳的评定。如果陪审团裁决某少年构成较轻罪行，而依据立法标准，该罪行不在排除之列，那么少年法院对该少年的管辖权应当因量刑处遇之目的而恢复。将量刑处遇建立在定罪的基础之上，可以对检察官裁量权的滥用起到重要的制约作用。

三、共同管辖与检察官直接起诉

某些州规定了少年法院和刑事法院对特定犯罪的共同管辖权，并赋予了检察官对特定年龄的犯有同样罪行的少年向其中任何一个法院予以直接起诉或指控的自主裁量权。在罪行排除规则中，只要具有特定的指控罪行，就可导致刑事指控，与此不同，直接起诉的法律规定给予了检察官选择诉讼平台的更大的自主裁量权。例如，阿肯色州的少年法院和刑事法院对 16 岁以上的重罪少年以及 14 岁

---

① State v. Morales, 240 Conn. 727, 694 A.2d 758 (1997).

② State v. Behl, 564 N.W.2d 560 (Minn. 1997).

③ 705 Ill. Comp. Stat. 405 §5 – 130 (West 2000); Or. Rev. Stat. §419C.361 (West 2000); Ky. Rev. Stat. Ann. §640.010 (Michie 2000).

以上的犯有所列的18种暴力犯罪之一或者有三次重罪前科的少年具有共同的管辖权。检察官可以对犯有同样罪行的少年向其中的任何一个司法体系进行指控。例如阿肯色州的相关法律规定。[①] 与此类似，在佛罗里达州，检察官可以直接对任何年满16岁或17岁的犯有任何重罪的少年以及任何年满14岁或15岁的犯有所列的15种犯罪之一（其中包括谋杀罪、抢劫罪和性暴力犯罪）的少年予以刑事指控，“如果基于检察官的判断和裁量，鉴于公众利益的需要，应当考虑对这些少年予以成年人的制裁”。参见佛罗里达州的相关法律规定。[②] 在直接起诉的司法管辖区中，检察官会作出两种类型的决定：其一，是否存在相信该少年犯有某特定罪行的合理根据，以及该罪行是否居于共同管辖的范围之内；其二，对该少年向少年法院予以指控，还是对其向刑事法院予以指控。检察官之于证据充足性之评价或起诉指控之抉择的专门技能，在少年法院或刑事法院之诉讼平台的选择决定问题上，不具有任何独特的职业上的深刻见解。

大约有12个州允许检察官对特定年龄和罪行的少年向少年司法或刑事司法体系中的任何一个予以起诉。参见施奈德、西格蒙德：《2006年全国报告》；审计总署：《少年司法》。[③] 在立法之罪行排除规则中，指控罪行决定着少年法院或刑事法院的司法管辖权，与此不同，直接起诉之法律规定允许检察官选择诉讼平台，而无须进行任何指控托词。在大多数直接起诉的州中，成文法律没有任何指导性规则、标准或尺度来控制检察官之平台选择。有两个州对检察官的管辖裁量加诸了类似于肯特案件法律标准的指导。参见

---

① Ark. Code Ann. § 9 – 27 – 318 (b) (Michie 1997).

② Fla. State. Ann. § 985.227 (1)(a) – (b) (West 1997).

③ 注同前文。

内布拉斯加州和怀俄明州的相关法律规定。[①] 在司法放弃管辖审理程序中，心理学专家和法院工作人员可以为法官提供关于少年成熟性、犯罪老练性以及基于临床评估、社会服务工作报告和面谈的矫治可能性等方面的信息，而检察官通常缺乏获取个人信息的手段。特定标准或审查程序的缺乏会导致其诉讼平台选择决定中的武断、个人偏好和不一致以及地区的差异。

尽管一些少年对授权检察官选择少年之少年犯或刑事犯身份的直接起诉法律规定提出了反对意见，但上诉法院援引布兰德案件的原理对这些诉请予以了否决。在对其直接起诉之法律的坚持中，佛罗里达州最高法院注解道："检察起诉裁量权，其本身为宪法分权之产物，且法院因此而不得干涉检察官在控制刑事起诉上的自由裁量权。"参见"佛罗里达州诉凯恩案"；[②] "杨克诉怀俄明州案"（赋予检察官决定对少年向少年法院或刑事法院予以起诉的裁量权不违反宪法）。[③] 基于布兰德案件之分权原理，法院对检察起诉放弃管辖之法律规定几乎持有一致的支持意见。例如，"沃克诉阿肯色州案"；[④] "查普曼诉佐治亚州案"；[⑤] "迈尔斯诉地区法院案"。[⑥]

在"曼杜利诉高等法院案"[⑦] 中，加州最高法院审查了少年就21号法律修正案提出的反对意见——该修正案废除了审判放弃管辖之法律，并赋予了检察官对犯有列举重罪（enumerated serious offenses）的14岁少年直接予以刑事指控的权力。少年诉称：该法律

---

① Neb. Rev. Stat. 43－276（1997）; Wyo. Stat. Ann. §14－6－273(b)(i)－(vii)(1997).

② State v. Cain, 381 So. 2d 1361（Fla. Sup. Ct. 1980）.

③ Jahnke v. State, 692 P. 2d 911（Wyo. Sup. Ct. 1984）.

④ Walker v. State, 309 Ark. 23, 827 S. W. 2d 637（1992）.

⑤ Chapman v. State, 259 Ga. 592, 385 S. E. 2d 661（1989）.

⑥ Myers v. District Court, 518 P. 2d 836（Colo. 1974）.

⑦ Manduley v. Superior Court, 27 Cal. 4th 537, 117 Cal. Rptr. 2d 168, 41 P. 3d 3（2002）.

规定违背了分权原则，因为其给予了检察官而不是法官以审判的决定权。然而，该法院强调了检察官的传统的起诉裁量权，并注解道：起诉前的众多决定影响着其后的量刑处遇措施，而并没有对司法审判功能造成违反宪法的侵犯。该法院否决了少年的正当处理原则质疑，即认为：与肯特案件的情况（即少年法院在该案中享有最初的和排他性的管辖权）有所不同，本案的少年没有具备少年法院管辖之下的任何保护性的利益，且因而不享有任何程序保护权利。该法院还否决了少年的平等保护问题分析，即强调：诸多的法律对同样的罪行规定了不同的刑罚，且检察官对之享有裁量权，只要其不是基于歧视而为之。

上诉法院通常对检察起诉放弃管辖持赞同意见，仅有一个案例离经叛道，该案即“犹他州诉毛希案”。[1] 在该案中，犹他州最高法院推翻了该州直接起诉的法律规定，即认为该法律规定剥夺了少年获取国家法律“统一运作”的权利。犹他州的法律规定，类似于其他州的共同管辖规定，允许检察官对某些重罪少年向少年法院予以指控，但却对其他犯有同样罪行的少年向刑事法院予以指控。毛希辩称：立法创制了一种不合理的、武断的分类，因为其允许类似情况的少年接受如此不同的后果，而对此不加任何理由的说明。毛希案件的法院对该州宪法的一条规定（即要求法律应当得以“统一运作”）予以了推论，即认为该规定包含了类似情况的罪犯应当受到类似待遇的要求，除非有关待遇的差别有助于进一步实现相关法律的目的。由于有关的法律规定没有任何标准或指导性规则借以指引检察官对诉讼平台的选择决定，该法院找不到任何理由来支持检察官对某些少年向刑事法院提出指控，而对其他同样年龄、同样罪行的少年向少年法院提出指控。尽管该法院认可立法机构对适于成年人指控的少年予以分类的广大权力，如严重的罪犯、累犯或持枪的罪犯，但该法院要求立法者对相关的标准予以具体化，而

---

① State v. Mohi, 901 P.2d 991 (Utah 1995).

不是创制一种允许以检察官的决定来进行相关分类的制度体系。

撤销放弃管辖、移送回转与混合判决

进步的改革者们为了避免将脆弱的少年与成年人一起关押于监狱而创制了独立的少年法院和矫正机构。旨在将更多的较为年幼的少年移送至刑事法院的立法政策，令更多的少年面临着成年人矫正处遇的法律后果。由于许多被排除的罪行具有强制性的量刑底线，因此被视同成年人予以指控和定罪的少年还面临着更为长期而严格的监禁可能。与被关押于少年矫正机构中的少年相比较而言，被关押于监狱的少年更有可能成为暴力侵犯的被害者，更有可能受到性侵犯，且更有可能自杀。参见菲尔德：《坏孩子》。[①]

为了保持检察官所主导的诉讼程序的灵活性，并给予可矫治的少年适当的处遇措施，对于那些因为罪行排除规则或检察直接起诉决定而最初被置于刑事法院管辖的少年法院案件，许多州允许法官对其予以撤销放弃管辖（reverse waiver）或者移送回转（transfer back）。参见纽约的相关法律规定；[②] 审计总署：《少年司法》。一半以上的州规定了直接起诉和罪行排除的司法管辖区允许刑事法院的法官将少年移送回转至少年法院接受审判，或者对其以少年犯的量刑处遇判决来替代成年犯的刑事判决。参见阿肯色州、佛罗里达州、内布拉斯加州、佐治亚州和马里兰州的相关法律规定；[③] 审计总署：《少年司法》。[④] 在某些州，起初将少年置于刑事法院的法律创制了一种不适于少年法院审判的推定，并将相关的证明责任转移

① 注同前文。

② N. Y. Crim. Proc. Law § 725.10 (McKinney 1992).

③ Ark. Code Ann. § 9-27-318(d) (Michie 1993 & Supp. 1995); Fla. Stat. § 985.233 (West 1997); Neb. Rev. Stat. § 43-261 (1993); Ga. Code Ann. § 15-11-5(b)(2)(B) (1994); Md. Code Art. 27 § 594A (Michie 1997).

④ 注同前文。

给少年，即少年需要证明法官应当将其回转至少年法院进行审判的理由。参见“沃克诉阿肯色州”案；[1] 又见：怀俄明州的相关法律规定。[2] 在其他规定了罪行排除的司法管辖区中，检察官可以作出“撤销放弃管辖”的决定。例如，在佐治亚州，刑事法院拥有对13~17岁被指控犯有谋杀罪、强奸罪或持枪抢劫罪的少年的排他性的管辖权，但地方检察官“可以在调查之后，基于特别的理由”，转而将少年向少年法院予以起诉。参见佐治亚州的相关法律规定。[3] 然而，在大多数州中，刑事法院的法官在重造的肯特案件式诉讼程序的法律规定之下作出“撤销放弃管辖”或“移送回转”的决定，而其法律规定首先敦促各州适用罪行排除或直接起诉的法律。

某些州赋予了刑事法院法官以少年越轨案件判决的选择权，以作为移送回转法律规定的替代措施。例如，在佛罗里达州，除被判可适用死刑或终身监禁的罪行的少年之外，刑事法院法官对视同成年人而被判有罪的少年保留了相关的选项，即“在成年人矫正体系之外，将其置于适于儿童的矫治部门，或将其置于某种少年社区控制项目中”。参见佛罗里达州的相关法律规定。[4] 当决定是采取少年制裁措施、还是采用成年人制裁措施时，该法律要求法官对量刑处遇前的调查报告（a pre - sentence investigation report）予以审查，进行一场关于量刑处遇的审理（a sentencing hearing），并将其决定基于八种列举的标准——与肯特案件判决所附加的标准非常相似。参见“特劳特曼诉佛罗里达州案”。[5] 阿肯色州也有类似的程序——该州的少年法院和刑事法院对一定年龄和罪行的案件拥有共

---

① Walker v. State, 803 S. W. 2d 502 (Ark. 1991).

② Wyo. Stat. Ann. §14 - 6 - 237(g)(Supp. 1995).

③ Ga. Code Ann. §15 - 11 - 5(2)(C) (1997).

④ Fla. Stat. Ann. §985. 233 (1)(a) (West 1997).

⑤ Troutman v. State, 630 So. 2d 528 (Fla. 1993).

同的司法管辖区，检察官可以选择其中之一作为审判平台。参见阿肯色州的相关法律规定。[①] 被起诉于刑事法院的少年可以请求法官举行一场移送管辖的听证会，于此，法院将考量“罪行的严重程度”、该少年是否“超越了现存的康复矫治项目的矫治效能”，以及其“前科记录、性格特质、心理成熟度，以及其他反映少年康复矫治希望的因素”。详见阿肯色州的相关法律规定。[②] 本着如同肯特案件的标准，法院必须“以清晰而令人信服的证据”（by clear and convincing evidence）来确定少年应该被当作成年人予以审判——该证明标准高于许多州审判放弃管辖诉讼所要求的证明标准。[③]

对严重少年犯判刑的另一个策略为“混合判决”（blended sentencing）[④]。参见托比特：《国家对策》。[⑤] 相关法律试图将少年法院的康复效能与刑事法院的威慑效能予以融合，即规定少年法院可以适用其一般情况下所不能适用的较长刑罚。越轨案件之判决与刑事判决有所不同，即当罪犯达到其处遇年龄上限或其他法定终结日期之时，少年法院便失去了其权效。于是，在对年长惯犯或被判严重罪行的少年予以量刑处遇判决时，少年法院就难以达成与其罪行相适应的制裁措施。增加少年法院之刑罚权能或者给予刑事法院之少年处遇判决选项的法律规定，代表着对暴力犯罪者和惯犯的另一种类型的以罪行为基础的量刑处遇策略。混合判决之法律融合了少年法院和刑事法院的效能，规定了少年法院在一般情况下所不能适用的更长刑罚，或增加了刑事法院的康复矫治选项。参见菲尔德：《坏孩子》；托比特：《国家对策》。混合判决，为了某些少年，向

---

① Ark. Code Ann. § 9 – 27 – 318 (Michie 1997).

② Ark. Code Ann. § 9 – 27 – 318 (e) (Michie 1997).

③ Ark. Code Ann. § 9 – 27 – 318 (f) (Michie 1997).

④ Sentencing，即判决，指定罪（conviction）之后的量刑处遇决定。

⑤ 注同前文。

少年法院提供了惩罚以及治疗的选项，并向刑事法院提供了监禁的治疗选项。少年犯、混合或拓展管辖判决存在几个变化类型，其变化乃是基于：检察官首先是将少年置于少年法院还是置于刑事法院进行审判。

被视同成年人置于刑事法院审判的少年的少年犯身份保持着治疗性处遇判决的选项。其为被视同成年人审判的少年和年轻成年犯提供了一种折中性的量刑处遇选项。这些法律将判决时年龄为16～21岁的青少年安置于单独的矫治机构中，或者成年人矫正机构的年龄分隔区中，将判决的刑期限定在作于成年人的范围内，并在定罪量刑之后为其提供某些减轻的处遇措施。《加州青少年法》（the California Youth Authority Act）授权刑事法院法官将被视同成年人予以定罪的少年和年轻成年人移送至青少年局（the Youth Authority）予以安置，并接受相应的矫治项目，而不是将其送往监狱，并保留其管辖权直至21岁。参见加利福尼亚州的相关法律规定。[①]佛罗里达州的检察官将许多少年向刑事法院起诉，且该州的少年犯罪法授予了法官将这些少年视同成年人予以判决的替代选项。[②]刑事法院法官可给予少年以少年犯的判决处遇，也可将其判决入监狱服刑——遵循肯特案件式的法定标准。其他一些州赋予了法官对被视同成年人判罪的少年予以少年犯身份的判决处遇选项，而不是将其判决入监狱服刑。参见托比特：《国家对策》。[③]

混合判决的第二个版本允许少年法院法官适用加重的判决——该加重判决超越了其对被置于少年法院中予以审判的普通越轨少年所适用的判决。参见巴里·C. 菲尔德：《暴力犯罪少年与公共政

① Cal. Welf. & Inst. Code § 1731.5 (West 2000).

② Fla. Stat. § 958 (2000).

③ 注同前文。

策：少年司法法律改革之案例分析》；[①] 托比特：《国家对策》。关于这些对被置于少年法院审判的少年予以加重制裁的法律规定，新墨西哥州、明尼苏达州和得克萨斯州有着其不同的代表性版本。新墨西哥州将少年划分为“越轨少年犯”（delinquent offender）、“少年犯”（youthful offender）以及“严重少年犯”（serious youthful offender）。参见新墨西哥州的相关法律规定。[②] 这些类别乃是基于年龄和罪行的划分，而检察官将少年归入其中之一予以指控。一个年满16岁或17岁被指控犯有一级谋杀罪的少年构成“严重少年犯”，法院必须对其作出视同成年人的判决。“少年犯”包括年龄在15～18岁之间的被指控犯有特定的加重或暴力犯罪的少年。越轨少年和少年犯皆享有在少年法院中获取陪审团审判的法定权利，且由相同的法官予以主持，而无论该案所适用的是少年案件诉讼程序或刑事案件诉讼程序。继判定少年犯之罪名成立之后，法官会进行一场“准放弃管辖”的量刑处遇听证会，以决定是将该少年视同成年人予以判决，还是将其作为少年犯予以判决。基于其对少年之“矫治或康复的可能性”之评估，法官可以对少年予以成年人的刑事判决，也可对其予以少年处遇措施——其管辖权可以延伸至21岁。参见新墨西哥州的相关法律规定。[③]

明尼苏达州将一些严重的少年犯纳入“拓展管辖少年”（Extended Jurisdiction Juvenile）的指控程序。（以下简称EJJ）参见明尼苏达州的相关法律规定。[④] 适格于EJJ指控的少年包括：被指控犯有据推测会被判刑入监之罪行的16岁或17岁者，法官拒绝将其移送至刑事法院的少年，以及在EJJ听证会中法官判定其符合以罪

① Barry C. Feld, *Violent Youth and Public Policy: A Case Study of Juvenile Justice Law Reform*, 79 Minn. L. Rev. 965 (1995).

② N. M. Stat. Ann. §32A-2-3(C), (H), (I) (Michie 2000).

③ N. M. Stat. Ann. §32A-2-20 (Michie 2000).

④ Minn. Stat. Ann. §260B.130 (2000).

行为基础的公众安全标准的较为年幼的少年。参见菲尔德:《暴力犯罪少年》;[①] "L. J. S. 案"(确认了检察官指定较为年长的少年为 EJJ 的权力)。[②] 尽管被置于少年法院接受审判,EJJ 少年享有成年人的程序安全保障,其中包括了获取陪审团审判的权利。获取陪审团审判的权利是这一准成年人身份的基本元素,因为法官同时采取某种少年越轨处遇措施和某种保留以至于少年处遇判决完成的刑事判决。[③] EJJ 身份将少年量刑处遇的管辖范围拓展至 21 岁,而不只限于普通越轨少年的 19 岁。如果 EJJ 少年违反了少年判决处遇的附加条件,则法院可以撤销其缓刑,并执行其刑事判决。少年法院适用刑事程序安全保障对少年予以审判,保留了对少年矫正资源的获取,提供了更长的矫正监管期限,并保留了适用成年人监禁措施的可能性——如果少年不遵守缓刑规定或再犯罪。其他一些州对这一混合判决的策略予以了效仿。参见托比特:《国家对策》。[④]

得克萨斯州采取了一种确定刑罚判决的法律(a determinate sentencing law),适用于被判特定暴力犯罪的少年,以对其适用某种变通性的判决选项——或将其视为越轨少年,或将其视为成年犯。参见得克萨斯州的相关法律规定。[⑤] 如果某少年被指控并被判列举之暴力犯罪之一,那么"法院或陪审团可以将其送交'得克萨斯州少年委员会'(the Texas Youth Commission)——可能将其移送至相关的执行部门,或者将其送往'得克萨斯州刑事司法局'(the Texas Department of Criminal Justice)的赦免与假释分部——死刑或一级重罪适用不超过 40 年的刑期,二级重罪不超过 20 年,三

---

① Feld, *Violent Youth*.

② In re L. J. S., 539 N. W. 2d 408 (Minn. Ct. App. 1995).

③ Minn. Stat. Ann. §260B. 130 (2000).

④ 注同前文。

⑤ Tex. Fam. Code Ann. §§53.045, 54.04(d)(3) (Vernon 2000).

级重罪不超过10年”。参见新墨西哥州的相关法律规定。[①] 少年享有与刑事被告人同样的程序权利，其中包括陪审团审判的权利。少年判决的执行开始于少年矫治机构中，至其18岁，法院会进行一场类似于肯特案件标准的量刑处遇听证会，以决定是将其继续留在少年矫正体系中，还是将其送往成年人矫正体系中完成其确定的刑期。其他一些州颁行了类似于得克萨斯州的法律，以令少年法院法官得以对被判重罪的少年适用超出少年法院量刑处遇管辖范围的判决，或者令少年在成年人矫正机构中完成其刑期。参见托比特：《国家对策》。[②]

尽管各州的法律规定在许多细节方面有所不同，其混合判决策略具有共同的特点。因为这些法律规定了成年人的刑事程序安全保障，所以其能够对少年刑罚的现实作出相应的反应。一旦某州赋予了少年获取陪审团审判的权利以及其他刑事程序安全保障，该州即保留了惩罚少年的选项，并同时获得了矫治少年的更大的灵活性。以刑事程序权利之保障来审判少年，即保留了延伸其管辖范围的选项，以至于超出可给予普通越轨少年的管辖范围的数年以上。混合判决法律规定体现了少年法院与刑事法院之间的程序与实体的融合，为双重性的放弃管辖法律提供了一种理念上的变通，并意识到：青春期成立为一个渐进发展的连续谱系（a developmental continuum），而需要一个逐级渐进的系列制裁措施与之相适应。

四、刑事法院中的少年

放弃管辖法律的新近变化增加了按年龄划分的少年被视同成年人起诉、审理和判决的数量。一些州少年法院的司法管辖范围止于

① Tex. Fam. Code Ann. § §53.045, 54.04(d)(3) (Vernon 2000).

② Patricia Torbet, et al., *State Responses to Serious and Violent Juvenile Crime*: *Research Report* (1996) [hereinafter Torbet, *State Responses*].

15岁或16岁，而非17岁，这些州因此而每年有20万名按年龄划分的少年被视同成年人予以审判；同时，因为移送管辖的法律，另有5.5万名被视同成年人予以审判。20世纪90年代期间，在没有就放弃管辖法律对少年司法体系或刑事司法体系各组成部分的系统影响进行分析的情况下，许多州对放弃管辖的法律规定予以了修改。少年犯大量涌入刑事法院，对检察及审判资源提出了更多要求，而刑事司法人员却没有得到相应的增加。在许多州中，被放弃管辖的少年的审前羁押身份处于模糊状态，而这可能导致其羁押期限的拖长，即若法官对放弃管辖诉请予以否决，少年或检察官就此提请上诉的等待期间。由于刑事法院会对少年犯施以更为严厉的判决，监狱人口会因此而增加，但其床位或与年龄相适应的矫治项目却没有相应的增加。

成年人刑事法院对被放弃管辖的少年犯的判决主要基于其当前罪行的严重程度。对当前罪行的注重体现着普通刑事判决的操作方法，并体现出相应的失当，即不能将少年越轨案件的判决结果系统地纳入年轻成人的犯罪历史记录中。于是，刑事法院常常会对暴力少年犯和少年惯犯予以差异非常重大的判决。前者可能被判长期的监禁刑，其中包括“不得假释的终身监禁”（life without parole），以至于如“罗珀诉西蒙斯案”[①] 的死刑。再者，少年暴力犯常常会承受这些截然不同的法律后果，仅仅是因为法官、立法者或检察官决定将他们视同成年人而非少年予以审判。与此对照，少年侵财惯犯常常会如同成年初犯一样，受到比那些被法官留下作为少年予以审判的越轨者还要宽仁的判决。参见菲尔德：《坏孩子》。[②]

① Roper v. Simmons, 543 U.S. 551 (2005).

② 注同前文。

1. 促成成年人量刑的少年定罪判决[①]

由于少年法院记录的保密性、少年法院与刑事法院工作人员在功能上和物理上的分离以及跨越两个法院体系来保持完整的罪犯历史记录的困难，刑事法院通常因此而缺乏获取少年越轨历史记录的渠道。少年法院为了避免少年犯的污点化而对其记录的封存或清除，对职业罪犯（career offenders）[②] 的识别以及加重其后的成年案件量刑有所妨碍。少年具有多项罪行可以作为判断其犯罪职业生涯肇始的最为可靠的指标，但若不能将两个法院体系的犯罪历史记录予以整合，则可能会令严重的少年犯避免其因长期犯罪而应当受到的惩罚。

资以获取少年档案的政策会引起少年法院的康复矫治目标与识别职业罪犯的公共安全利益之间的矛盾冲突。尽管在传统上，针对犯了轻罪或和停止了进一步犯罪的少年，为避免其污点化，少年法院对其档案的获取予以了限制，但对于持续犯罪至成年期的少年而言，档案保密制度可能是不适当的。尽管在传统上有着少年法院档案的保密和限制制度，各州越来越多地对少年先前判决记录予以使用，以加重其成年案件的量刑。约有一半的州规定：当刑事法院对年轻的成年被告人予以量刑时，应当对少年历史记录予以结构性的考量，即将其纳入量刑指南的犯罪历史分值评定中。参见托比特：《国家对策》。[③]

一些州以及联邦量刑指南将少年的先前判决纳入成年被告人的

---

① 少年定罪判决（juvenile convictions），即少年被依法确定为构成越轨（delinquency，或罪错）的判决。——译者注

② career offenders：职业罪犯，即以犯罪为生活方式的罪犯。——译者注

③ 注同前文。

犯罪历史评分中。在“合众国诉约翰逊案”[①] 中，一审法官基于被告人的多项少年判决记录的犯罪历史点数而增加了其判决的刑期。该判决的多数意见认为：惩罚累犯的国家利益超越了封存少年越轨记录的保护政策，且相关的指导规则可以将少年判决与成年判决一视同仁地作为其罪责性的粗略指标。该判决的不同意见批评了《量刑指南》（the Sentencing Guidelines）将少年监禁判决与成年人监禁判决的等同化，并指出：少年法院对少年的判决旨在矫治和康复，而非惩罚。该不同意见辩驳道：少年监禁判决可能反映了少年家庭环境的不足或者社区矫治资源的缺乏，而非与成年人监禁判决相关联的罪责性。加州的“三振出局”（three - strikes）量刑法律，为了加重量刑之目的，将少年越轨判决视同先前的重罪判决纳入其中。参见加州刑法典的相关规定（如果某少年为 16 岁以上，且被判构成加州移送管辖法律所规定的 23 项严重罪行之一，那么为了加重量刑之目的，其先前的少年越轨判决可以成立一个先前的重罪判决）；[②] 另参见“民众诉史密斯案”（被告人因少年越轨判决而获得了先前的两“振”，其因相同事件而成立为多次犯罪）。[③] 某些州将少年越轨前科作为一种自由裁量因素，而另一些州则将少年越轨前科正式地纳入犯罪历史记录的分值计算中。某些州的量刑指南对少年越轨前科的考量要稍微轻于其对成年犯罪前科的考量，且仅仅将少年 16 岁以后所犯的重罪考虑进来，或者其点数少于成年有罪判决。然而，有几个州在罪犯的犯罪历史分值的计算中，不对少年判决和成年判决予以量上的区别，且将二者予以同等纳入。例如堪萨斯州的相关法律规定。[④]

---

① United States v. Johnson, 28 F. 3d 151, 307 U. S. App. D. C. 284 (D. C. Cir. 1994).

② Cal. Penal Code § 667 (d) (3) (West 1994).

③ People v. Smith, 110 Cal. App. 4th 1072, 1 Cal. Rptr. 3d 901 (2003).

④ Kan. Stat. Ann. § 21 - 4170(a) (1995).

在“阿普伦迪诉新泽西州案”[①] 中，联邦最高法院认为：联邦宪法要求国家向陪审团就增加某犯罪之刑罚以至于法律规定之上限的任何事实提供证明，以达到排除合理怀疑的程度，而其中“不包括先前判决的事实”。由于大多数州否定越轨少年拥有获取陪审团审判的权利，[②] 许多州因此而认为：阿普伦迪案件判决中包含了可以将少年判决用以加重犯罪量刑的意思。在“合众国诉泰伊案”[③] 中，第九巡回法院（the Ninth Circuit）认为：“阿普伦迪案件判决对‘先前判决’的排除，限定了先前判决的程序要件，即提供了陪审团审判的权利，并证明到了排除合理怀疑的程度。于是，‘先前判决’之例外不包括没有提供陪审团审判权利的少年判决。”与此相对照，第八巡回法院在“合众国诉斯莫利案”[④] 的判决中主张：加重的量刑判决可以纳入少年先前判决的因素。另参见“合众国诉琼斯案”；[⑤] 巴里·C. 菲尔德：《阿普伦迪案件和麦基弗案件之间的宪法冲突：基于少年越轨判决之量刑加重以及少年法院司法之品格》。[⑥] 在少年案件判决是否应当归属于阿普伦迪案件之“先前判决”例外排除规定的问题上，联邦法院之间和州法院之间都存在分歧。大多数法院允许法官基于先前的少年越轨判决而加重其量刑，即由于少年案件审判规定了充分的程序安全保障措施，因而其符合“先前判决”之例外规定。参见“合众国诉伯奇案”；[⑦]

---

① Apprendi v. New Jersey , 530 U. S. 466 (2000).

② 参见本书第七章:“麦基弗诉宾夕法尼亚州”一案【McKeiver v. Pennsylvania, 403 U. S. 528 (1971)】。

③ United States v. Tighe, 266 F. 3d 1187 (9th Cir. 2001).

④ United States v. Smalley, 294 F. 3d 1030 (8th Cir. 2002).

⑤ United States v. Jones, 332 F. 3d 688 (3rd Cir. 2003).

⑥ Barry C. Feld, “The Constitutional Tension Between Apprendi and McKeiver: Sentence Enhancements Based on Delinquency Convictions and the Quality of Justice in Juvenile Courts,” 38 *Wake Forest L. Rev.* 1111 (2003).

⑦ United States v. Burge, 407 F. 3d 1183 (11th Cir. 2005).

"民众诉高等法院案"。[①] 少数州认为：没有陪审团审判权利的少年判决缺乏符合"先前判决"例外规定的程序品质，或者依据州法律的规定而不成立为"有罪判决"（convictions）。例如"合众国诉泰伊案"；[②] "路易斯安那州诉布朗案"；[③] "俄勒冈州诉哈里斯案"。[④]

2. 视同成年人的少年量刑判决

将少年放弃管辖移送至刑事法院予以视同成年人的量刑判决，其中包含着对少年刑事责任的法律认识及文化理解。因非常严重的犯罪而将年幼的少年移送管辖，会令其因在 13 岁或 14 岁时实施的犯罪行为而面临"不得假释的终身监禁"的强制性的量刑规定。少年刑事责任的问题有其更为广阔的理论背景，如有责性以及该当之惩罚、报应主义与功利主义量刑政策之间的矛盾冲突，以及儿童期的社会与法律构造。令儿童面临强制性的终身监禁的法律规定，构成了一种政治与文化的判断，即少年的可谴责性和有责性与成年人一样。

在"索利姆诉赫尔姆案"[⑤] 中，联邦最高法院对一个非死刑案件适用了罪刑均衡的分析，并为评估某特定量刑判决是否不均衡而采用了三方面的检测，即刑罚严厉性与罪行严重性的对应、与同一司法管辖区内其他类型犯罪的量刑判决的比较，以及与同类犯罪在其他州的量刑判决的比较。其后，在"哈姆林诉密歇根州案"[⑥] 中，联邦最高法院支持了对被告人持有可卡因的犯罪行为强制适用

---

① People v. Superior Court, 113 Cal. App. 4th 817, 7 Cal. Rptr. 3d 74 (2003).

② 注同前文。

③ State v. Brown, 879 So. 2d 1276 (La. 2004).

④ State v. Harris, 118 P. 3d 236 (Or. 2005).

⑤ Solem v. Helm, 463 U. S. 277 (1983).

⑥ Harmelin v. Michigan, 501 U. S. 957 (1991).

不得假释的终身监禁的量刑判决，并否决了被告人的诉请——强制性的刑罚预先排除了司法审判对个人减轻情节的考量，而这种考量为死刑案件之必须。哈姆林案件的多数意见否决了这一诉请，而认为：联邦宪法第八修正案没有赋予刑事被告人以罪刑均衡分析的宪法权利。

联邦最高法院对各州刑事政策判断的顺从，事实上即赋予了州立法者以不可审查的预先规定犯罪之刑罚的权威。罪刑均衡分析是对各州刑事判决的一种宪法限制，而联邦最高法院对此予以了否决，这对被视同成年人予以审判的少年而言，具有特殊的重要意义。刑事法院对被放弃管辖或排除管辖的少年所判定的诸多最为严重的罪行，都承载着重大的量刑、强制性的刑罚裁量底线，甚至于强制性的“不得假释的终身监禁”。没有底线年龄限制的排除性法律规定使得甚至是非常年幼的少年也面临着这些严峻的刑罚。迄今，法官们已经对2，500名少年犯判处了“不得假释的终身监禁”，且随着少年死刑的废除，这一数字还将增加和恶化。参见巴里·C. 菲尔德：《一种更为缓慢的死亡方式：“罗珀诉西蒙斯”一案之于被判不得假释的终身监禁的少年的意义》。[1]

联邦量刑指南明确地否定了将“年少”作为其指导规则幅度范围之外减轻少年犯量刑判决的正当事由。参见《美国量刑指南》。[2] 有几个州的量刑法律规定将“年少”作为减轻量刑的事由。例如：亚利桑那州的相关法律规定；[3] 佛罗里达州的相关法律关于“被告人因过于年幼，而无法鉴别其犯罪的后果”的规定；[4] 路易

① Barry C. Feld, “A Slower Form of Death: Implications of Roper v. Simmons for Juveniles Sentenced to Life Without Parole,” 22 Notre Dame. J. L., Ethics & Pub. Pol'y 10 (2008).

② U.S. Sentencing Guidelines Manual § 5H.1 (1995).

③ Ariz. Rev. Stat. § 13 – 702(D)(1) (1996).

④ Fla. Stat. ch. 921.0016(4)(k) (1996).

斯安那州的相关法律关于“在犯罪时，犯罪人年幼”的规定；[①] 北卡罗来纳州的相关法律关于“被告人年龄、不成熟或有限的心理能力”的规定。[②] 根据诸如此类的加强减轻的量刑法律，一审法院法官通常会在法理上和事实上考虑被告人年幼的因素，且如果他们不予考虑，则上诉法院通常会将案件发回重审。例如“田纳西州诉亚当斯案”；[③] “犹他州诉斯特伦克案”。[④] 然而，在将年幼视为减轻事由的州中，年幼因素只是被法官作为刑罚裁量诸多事由中的一个来予以考量。在大多数州中，法官是否将年幼作为一个减轻事由予以对待，是一审法院的一个裁量权问题，而不对此予以宽仁并不成立为可以改判的错误，也不成立为裁量权的滥用。上诉法院通常会肯定对被视为成年人予以定罪的 13 岁少年作出的不得假释的终身监禁的强制性量刑判决，并就任何关于少年年龄的特别考虑予以否决。例如“华盛顿州诉马希案”；[⑤] “北卡罗来纳州诉格林案”；[⑥] “北卡罗来纳州诉斯汀内特案”。[⑦]

在“哈里斯诉赖特”[⑧] 案中，基于相关法律的强制性规定，一审法官以严重谋杀罪（aggravated murder）判处了一名 15 岁少年不得假释的终身监禁。该法院否决了该案的一个诉请，即强制适用于少年的不得假释的终身监禁违反了联邦宪法第八修正案关于禁止残酷及非正常刑罚（cruel and unusual punishment）的规定，并指出：各州的相关法律对此予以了普遍的规定。该法院强调：罪刑均衡之分析主要关注于犯罪与刑罚之间的关联，而不是刑罚与罪犯有责性

---

① La. Rev. Stat. Ann. §905.5(f) (West 1997).

② N.C. Gen. Stat. §15A-134.D.16 (e)(4) (1996).

③ State v. Adams, 864 S.W.2d 31, 33 (Tenn. 1993).

④ State v. Strunk, 846 P.2d 1297, 1300-02 (Utah 1993).

⑤ State v. Massey, 803 P.2d 340 (Wash. App. 1990).

⑥ State v. Green, 124 N.C. App. 269, 477 S.E.2d 182 (1996).

⑦ State v. Stinnett, 129 N.C. App. 192, 497 S.E.2d 696 (1998).

⑧ Harris v. Wright, 93 F.3d 581 (9th Cir. 1996).

之间的关联。对此，仅有一个例外，即内华达州最高法院规定：根据该州宪法，对被判犯有谋杀罪的 14 岁少年强制适用“不得假释的终身监禁”，成立为“残酷及非正常刑罚”。参见“瑙瓦纳诉内华达州案”。[①] 由于放弃管辖法律将谋杀罪排除于少年法院管辖范围之外的规定没有年龄底线的限制，该法院因而认为：肯定存在某些个非常小的年龄，对此年龄的少年适用不得假释的终身监禁判决成立为“残酷及非正常的”刑罚。

随着各州将更多的少年送入监狱，处理少年的矫正措施包括具有极少的少年与成年人差别的成年人监禁、逐级监禁（于此，少年的判决执行开始于少年机构或成年人机构中的分隔监区，然后在成年人机构中执行完其剩余刑期）以及年龄分隔监禁（或在监狱内的单独机构中，或在为年轻成年人准备的单独的少年机构中）。几乎所有的州都在其成年人矫正机构中对被视为成年人判刑的少年予以监禁，或与年轻成年人一起，抑或如果该少年达到一定的年龄，如 16 岁，则将其与一般人群一起关押。

3. 少年死刑

历史上，一些州对犯罪时为儿童的人执行过死刑。在联邦最高法院于“罗珀诉西蒙斯案”[②] 最终废除少年死刑之前，美国共对约 300 名犯罪时未满 18 岁的少年执行了死刑，且现有超过 2% 的死囚为犯罪时为未满 18 岁者。

“罗珀诉西蒙斯案”之前的 20 年中，联邦最高法院考虑了好几个相关案件，这些案件都提出了这样一个问题，即联邦宪法第八修正案是否禁止各州对犯罪时为少年的罪犯执行死刑。在“埃丁斯诉俄克拉荷马州案”[③] 中，该法院以一审法院没有将 16 岁少年

---

① Naovarath v. State, 779 P.2d 944 (Nev. 1989).

② Roper v. Simmons, 543 U.S. 551 (2005).

③ Eddings v. Oklahoma, 455 U.S. 104 (1982).

被告人的情感发展和家庭背景状况作为减轻事由予以考量为由，推翻了其死刑判决。在1988年的“汤普森诉俄克拉荷马州案”[①]中，持多数派意见的法官判定：所有15岁的罪犯缺乏适用死刑所必需的有责性。随后一年，在“斯坦福诉肯塔基州案”[②]中，该法院支持了对犯罪时年满16岁或17岁的少年适用死刑。尽管斯坦福案的判决承认：一般而言，少年的有责性小于成年人，但该法院还是否决了类别化的（categorical）死刑适用禁止，而是允许陪审团逐案判定某特定的少年是否具有令死刑执行正当化的有责性。

在2005年的“罗珀诉西蒙斯案”中，联邦最高法院以5∶4的决定推翻了斯坦福案件的判决，并类别化地（categorically）禁止了各州对犯罪时未满18岁的少年执行死刑。在此前几年的“阿特金斯诉弗吉尼亚州案”[③]中，联邦最高法院判定：联邦宪法第八修正案禁止各州对精神发育迟滞（mental retardation）的被告人执行死刑。在阿特金斯案件中，该法院认定了全国现有的一致反对意见——因为有30个州禁止这一做法，且立法变革日益摒弃对精神发育迟滞的被告人执行死刑的做法。阿特金斯案件的法官还进行了罪刑均衡的分析，并得出了精神发育迟滞的被告人缺乏执行死刑所必要的有责性的结论。

近似于阿特金斯案件的分析，实证及规范因素引导了罗珀案件多数意见关于“标志着一个成熟社会之进步的进化中的正当标准”的评估。州立法和陪审团的量刑决定，提供了关于全国对执行少年死刑的一致反对意见的相应证据。除了关于全国一致反对意见的客观迹象外，为了判定死刑是否或可成为针对少年的适当刑罚，法官们还进行了一番关于少年有责性的罪刑均衡分析。法官肯尼迪（Justice Kennedy）撰写了多数派意见，并在其中提出了三点理由，

---

① Thompson v. Oklahoma, 487 U.S. 815 (1988).

② Stanford v. Kentucky, 492 U.S. 361 (1989).

③ Atkins v. Virginia, 536 U.S. 304 (2002).

即单单是基于年龄，各州何以不能对具有刑事责任的少年施以与成年犯同样严厉的刑罚。其一，少年的有责性不能等同于成年人的有责性。少年判断能力的不成熟和较弱的自我控制能力会导致其冲动行事，且对其行为后果缺乏充分的认识。其二，较成年人而言，少年更易于受到同伴的负面影响。少年对其父母和社区的更大依赖性，可令其错误行为的责任得以更为广泛的扩散。其三，与成年人的人格相比较而言，少年的人格更具暂时性和非定型性，且少年犯罪所表现出来的关于其堕落品性的可靠证据较少。鉴于少年人格的暂时性，“从道德立场而言，将少年的错误行为与成年人的错误行为予以等量齐观，是一种误导，因为对少年之人格缺陷予以改造具有很大的可能性”。该法院注解道：少年判断力的不成熟性、对负面影响的易感性以及其人格的暂时性，还同时否定了关于死刑的报应与威慑的正当理由。

曾因投下关键一票而造就了汤普森案件与斯坦福案件之矛盾结果的法官奥康纳（Justice O’Connor）对罗珀案件的法院裁定表示了不同意见。她承认：少年——作为一个类别，其成熟性或有责性小于成年人，而她同时反对道：多数派意见没能提供相应的证据，以反驳州立法机构关于“至少，某些 17 岁的谋杀犯，在某个适宜的案件中，足够成熟而该当死刑”的判断。她质疑道：17 岁少年与 18 岁成年人之间的有责性差别，是否可以令这一断然明确的规则得以正当化。她还对多数派意见的一个结论提出了异议，该结论即进行死刑裁量的陪审团不能充分评估某个少年的有责性，或不能对年少之减轻因素予以适当的权衡。

在一个单独的不同意见中，法官斯卡利亚（Justice Scalia）批评了多数派意见认定全国对执行少年死刑的一致反对意见的计算。他还同时批评了多数派意见对社会科学研究成果的有选择性的依凭，以支撑其类别化的结论，即所有的少年皆缺乏充分的令其死刑执行得以正当化的有责性。最后，他谴责了多数派意见对以个别化的陪审团来考量少年有责性，并以此替代类别化的禁止规定的否决。

尽管奥康纳和斯卡利亚的不同意见皆主张个别化的有责性评估，法官肯尼迪还是选择了类别化的禁止：

> 少年犯和成年犯之间的差异过于显著且众所悉知，而不宜冒险允许缺乏有责性的少年承受死刑。其中存在某种不可接受的可能性，即特定犯罪的残忍性或冷血性可能压倒基于年少的理所当然的减轻主张——即便是在少年犯因其客观成熟程度、脆弱性以及缺乏真实的堕落性而该当轻于死刑的判决的情况之下。

显然，法官肯尼迪担心：陪审团成员在被残忍的、冷血的谋杀犯激怒的情况下，会无视年少因素的刑罚减轻作用。为避免这些风险，联邦最高法院将年龄作为判定有责性的决定性标准，并以此将法律如何对待少年犯的现实与法律及我们的文化认为应当如何对待少年犯的信仰予以统一。

第七章　少年越轨案件审判：审判中的程序权利

在少年法院中，程序与实体相互纠结。先进的改革家们拟想了一个本着儿童“最佳利益”判案的非正式的法院。在高尔特案件中，联邦最高法院强调了“矫治美辞”与“惩罚现实”之间的脱节，并对更强有力的程序保障提出了要求。尽管高尔特案件促进了少年法院和刑事法院之间的程序融合，但在理论和现实之间，在“书本纸面上的法律”和“实际运作中的法律”之间，仍然存在重大的割裂。30多年前，联邦最高法院在“肯特诉美利坚合众国”(Kent v. United States) 一案中评论道：“该儿童承受着双差待遇 (the worst of both worlds)：他既没有获得给予成年人的保护，也没有获得为儿童所设定的热切关心和更生治疗。”理论上，联邦宪法和州法律赋予了少年越轨者获得正式、抗辩式的审判和获得律师有效帮助的权利。现实中，少年法院应用着某种程序制度来审判少年，而受到犯罪指控并面临监禁可能的成年人很少会同意接受相应的审判。

尽管少年法院和刑事法院之间的融合不断增加，但大多数州都未能提供鉴于其身心不成熟性而对少年进行的特殊程序保护，也未能为其提供全套的成年犯的程序权利。在某些情况中，各州像对待成年刑事被告人那样对待越轨少年，即当正式的平等增进其不利的时候，允许他们放弃律师辩护而陷于无助。在另一些情况中，大多数州少年法院应用不够充分的程序保障，即当相关的缺陷程序比较有利于国家的时候，如否定少年拥有获得陪审团审判的权利。作为一个逻辑性和连贯性的问题，少年犯要么拥有成年人的行为能力，要么不拥有。如果他们拥有，则无论如何都应当推定：他们享有与成年人同样的法律权利。如果他们不拥有，则他们需要拥有特殊的程序保护措施，以弥补其身心的不成熟性和发展的局限性。在“双差待遇”中，法院和立法者在具有冲突性的“权利主义”政策和“保护主义”政策之间进行挑选和抉择。少年是自治的和有责的，抑或是不成熟的和不适格的——他们操纵着这一冲突的意思结构，以便实现社会控制的最大化并加强法律家长主义。

如同本书第三章，本章不欲统揽刑事被告人在审判中的所有程序权利，并将其与少年法院中的类似程序权利进行对照。与此不同，本章拟审视：法院和立法者如何利用儿童期或康复的流动概念来漠视少年对成年刑事被告人同等程序权利的诉求，如麦基弗（McKeiver）案件中对其获取陪审团审判之宪法权利的否定。尽管少年法院和刑事法院之间在正规程序方面有所融合，但在少年越轨案件的诉讼中，少年是否继续承受“双差待遇”的问题仍然存在。

一、少年法院的宪法归化

联邦最高法院将“少年法院的宪法归化”作为沃伦法院（Warren Court）[①]“正当处理原则革命”（Due Process Revolution）的一个组成部分来实施。20 世纪 60 年代期间，沃伦法院对联邦宪

---

① 沃伦法院(Warren Court),即指 1953 ~ 1969 年沃伦伯爵担任首席大法官期间的美国联邦最高法院。这段时期的联邦最高法院将公民权、自由权、司法权力和联邦权力扩展到了前所未有的境地,如结束种族隔离、组合权利法案、结束公立学校强制祷告。该时期的联邦最高法院被认为是美国司法权力的顶峰期,其后续的影响深远。可参考:http://en.wikipedia.org/wiki/Warren_Court#cite_note-0。——译者注

法第十四修正案和权利法案进行了解释，以达到限制政府对公民生活的干预，达到扩展对少数族裔和被褫夺公权者的平等权，并规范行政管理和刑事司法的决策的目的。由于那些被指控为犯罪者的比例过多地偏重于贫困者、少数族裔和少年，联邦最高法院的刑事诉讼程序决定紧紧跟随着公民权利意见的步调。

20 世纪 60 年代期间，联邦最高法院运用了三个相互关联的策略，为刑事被告人提供宪法性的程序保障：结合、重新解释和平等保护。参见拉费：《刑事诉讼程序》。[①] 其一，联邦最高法院将第四、第五和第六修正案的大部分内容与第十四修正案的正当处理原则条款相结合，并将《权利法案》（the Bill of Rights）中的条款适用于美国各州。其二，该法院重新解释了这些条款，重新界定和扩展了这些宪法权利的含义，并对州法律的执行和刑事司法官员给予了更大的司法监察。其三，该法院大大扩展了法律平等保护的原则，并将宪法性的安全保障措施延伸至先前绝缘于司法审查的行政官员。联邦最高法院在该时期的重要的少年司法裁决——高尔特案、温希普案和麦基弗案——涉及宪法方法论、联邦主义与法理学以及越轨少年可以在州少年法院案件处理程序中获得的程序权利的特定细节问题。

---

① LaFave, Wayne R., Israel, Jerold H. & King, Nancy J., *Criminal Procedure* (4th ed., 2000), 36, 62, 67, 68, 69, 72, 108, 117, 118, 123, 144, 145, 146, 162, 174, 252, 255, 287, 289, 304, 314.

1953 年的联邦最高法院，沃伦大法官居中

1. 高尔特案件与程序上的正当处理原则

因为打了一个下流电话，当局将 14 岁的杰拉尔德·高尔特（Gerald Gault）予以拘押，在没有通知其父母的情况下将其整夜关押，并在第二天对其进行了审判，其中，缓刑官指控其为越轨者。法官没有告知其任何权利，没有为其指定辩护律师，没有听取证人证言，没有建立档案，也没有进行任何调查。在盘问其打电话的情况、高尔特承认拨打过该电话号码之后，法官即认定其为越轨者。在一周后的处置审理中，法官判决：将高尔特送入州立工业学校（the State Industrial School），“期间为未成年期（即直至 21 岁），除非因法律正当处理原则而得以释放”。而如果是对一个成年人的如此犯罪行为，法官的判决顶多为 50 美元的罚金或两个月的监禁。高尔特案件的上诉引发了一个问题，即在少年实施的越轨行为如果是成年人则构成犯罪行为且法官可以判处监禁的案件审判中，宪法要求怎样的程序性安全保障，如果有的话。通过强调程序的规范性，联邦最高法院将少年法院的聚焦点从少年的“真实需求”（real need）切换为犯罪行为，并将少年越轨案件的审判从一个社会福利性的询问修正为一个准刑事性的控诉。斯图尔特法官（Justice

Stewart）在高尔特案件中的不同意见反对少年越轨案件审判中的任何宪法安全保障，并论辩道：少年法院不采取抗辩式的审理，而是秉持着“政府监护”（parens patriae）或“国家亲权”的理念来帮助儿童。

回顾本书第一章，高尔特案件的决定是经验主义的，是基于“实际运作中的法律”而非“书本纸面上的法律”。高尔特案件直面了少年法院的现实，与其进步时代的缔造者的雄辩言辞之间存在相当的差异。联邦最高法院的裁决反映了同时期关于少年法院的经验实证研究，以及关于程序安全保障的重要性的态度变化。参见《犯罪问题之总统委员会》。[①] 该法院觉察到：少年法院程序安全保障措施的缺失有时候导致了案件处理的不公正和事实发现的不准确。该法院注意到：少年的高犯罪率和高再犯率与少年法院拥护者关于成功干预的断言之间存在矛盾。高尔特被判入少年越轨者的工业学校和被判入罪犯的矫正机构之间，在宪法意义上，不存在任何的重大差异。尽管联邦最高法院认同少年法院的康复目标，但其坚持认为：少年法院必须为此提供某些程序的安全保障措施。

高尔特案件中，代表多数意见的福塔斯法官（Justice Fortas）与布莱克法官（Justice Black）和哈伦法官（Justice Harlan）的不同意见反映了联邦最高法院内部的历史性分歧，即是否将《权利法案》纳入联邦宪法第十四修正案，并将其适用于州刑事案件和少年越轨案件的诉讼中。参见拉费：《刑事诉讼程序》。[②] 福塔斯法官总结道：州少年越轨案件的审判必须提供充分的程序安全保障，以与联邦宪法第十四修正案正当处理原则理念的基本公正保持一致。布莱克法官的一致意见认为：因为少年越轨案件诉讼实际上是

① 参见 President's Commission on Law Enforcement and Administration of Justice, *The Challenge of Crime in a Free Society* (1967), 154。

② Wayne R. LaFave, Jeroldn H. Israel and Nancy J. King, Criminal Procedure Fourth Ed. (2000).

对被控犯罪的少年的审判，其可能导致监禁的法律后果，所以少年应当享有与成年被告人同样的程序安全保障。反映其整体组合的立场，布莱克法官将越轨少年的程序权利建立在联邦宪法第五和第六修正案（即自证其罪、获取律师辩护、对抗与交叉质证）的基础上，而非基于正当处理原则的一般理念。与此相对照，哈伦法官将其裁决单独建立在联邦宪法第十四修正案正当处理原则条款的基础上。在决定何种权利为满足宪法意义上之诉讼程序之必要的问题上，哈伦不赞成如布莱克法官所主张的那样——简单地将成年人刑事诉讼程序移植到少年法院中。与此不同，哈伦所寻求的是一种不阻碍少年法院实质目标实现的基本公正的诉讼程序。

高尔特案件确立：各州必须保障少年越轨者的接受告知权、获取律师辩护权、对质与交叉询问证人的权利以及避免自证其罪的特权。沃伦法院的正当处理原则法学理论强调了宪法性程序的双重功能，即确保准确的事实发现和避免政府压迫。接受告知权、获取律师辩护权、对质权和避免自证其罪权有益于此二者。

联邦最高法院要求及时的情况告知，以使少年得以准备辩护，并限制越轨判决的基础。“告知，遵循正当处理原则规则，必须充分前置于法庭审理的安排日程，以便提供合理的准备机会，同时其必须‘详尽地说明受指控的特定的不法行为’。”因为该法院单单规定了提前书面通知涉案少年及其父母——“这被视为民事或刑事诉讼程序对宪法规则的满足”，所以关于特定性程度的要求以及必须通知谁的问题仍然存在。该法院还总结道：“交叉质证之对质和证人证言宣誓为‘越轨案件’事实调查之基本程序。”

与此同时，高尔特案件所确立的获取律师辩护权使得少年法院看起来更像是刑事法院，并对相关的权利范围予以了限制。联邦最高法院认为，获得辩护律师代理是一种基本权利，而且少年法院法官、缓刑官，抑或该儿童的父母都无法充分地保护少年越轨者的法定权利。尽管律师可能会令越轨案件的审判更具抗辩性且缺乏治疗性，该法院仍然对此后果持肯定态度。“涉案儿童是否会被判定为

'越轨者'并承受多年自由权的丧失——在如此的案件诉讼中，其问题的严重程度可与重罪指控相提并论。”由于越轨案件审判铰合着技术性的法律问题，并影响着少年的自由权益，因而只有律师方能提供有效的法律辩护。

在诸多的程序背景中，沃伦法院裁决支持获取律师辩护权，以便监控司法体系的运作，并以此确保其顺应其他的程序规则。尽管该法院引述了“犯罪问题之总统委员会”关于强制指定辩护律师的意见，高尔特案件只是确立：正当处理原则要求少年法院法官告知涉案儿童及其父母具有获取律师辩护的权利，以及在其负担不起聘请律师费用的情况下具有获取指定辩护律师的权利。高尔特案件还认可了少年对获取律师辩护权的放弃。该法院将少年获取律师辩护的权利建立在联邦宪法第十四修正案之正当处理原则条款的基础上，而非第六修正案之具体规定的基础上。该法院还允许越轨少年放弃律师辩护，并由此而对律师在少年法院中的可用度和效能产生了不利的影响。详见本书第四部分。

高尔特案判定：宪法保障少年享有第五修正案之避免自证其罪的特权。这很可能是该案最重要的规则，因为该规则与“国家亲权”少年法院的传统理论相对立。与高尔特被赋予的基于联邦宪法第十四修正案正当处理原则条款的其他宪法权利不同，联邦最高法院将此判定明确地建立在联邦宪法第五修正案的基础上。尽管在历史上人们坚决认为越轨案件诉讼为民事问题，但该法院关于联邦宪法第五修正案的判定清楚地确立了少年越轨案件审判的准刑事性和抗辩性的属性。该法院业已应用联邦宪法第十四修正案之正当处理原则条款来评价少年口供（confession）的自愿性和可靠性。详见本书第三章第三部分。联邦宪法第十四修正案的自愿性原则重点关注于事实的确切性和强迫认罪的不可靠性，而避免自证其罪的特权却是抗辩性诉讼体制的支柱——将个人与国家之间的关系定义为一种平等的关系，并拟防止来自于政府的压迫。由于越轨少年面临着刑事指控以及可能的机构监禁，联邦最高法院将此特权纳入少年法院中。哈伦法官不同意将避免自证其罪的特权纳入少年法院，因为他认识到：此为抗辩性诉讼程序的基本要素。他担心：这可能根本地改变少年法院的性质，并制造出一种刑事审判的气氛。

2. 温希普案件与证明责任

“温希普案件”[①] 在时间顺序上和问题分析上，紧随高尔特案件而来。温希普案件提出的问题为：联邦宪法宪法第十四修正案是否要求在少年越轨案件的诉讼中适用排除合理怀疑的证明标准(proof beyond a reasonable doubt)。因为联邦最高法院先前未曾对此问题作出过裁决，该法院首次规定：正当处理原则要求在刑事案件中适用排除合理怀疑的证明标准。布伦南法官（Justice Brennan）就在刑事诉讼中适用排除合理怀疑证明标准的问题提出了几点正当理由：减少事实错误的风险；保护被告人的政治自由权益和个人自由免受不公正定罪的耻辱。通过将事实错误的风险加之于国家，排除合理怀疑的证明标准令刑事诉讼的结果得以合理合法化，并令来自于政府的压迫得以防止。

于是，联邦最高法院判定：基于同样的理由，排除合理怀疑的证明标准应当适用于少年越轨案件的诉讼中。温希普案件否决了国家所主张的民事与刑事的差别以及治疗与惩罚相对抗的基本原理，并判定：刑事指控以及可能被判处机构监禁的耻辱要求在少年越轨案件的诉讼中适用最高的证明标准。温希普案件平衡了安全保障及其对法庭审理的影响之间的价值，其结论为：排除合理怀疑的证明标准不会对少年法院的案件处理造成不利的影响。哈伦法官的一致意见详细地说明了证明责任在审判中的影响作用。事实调查使得对复原案件事实的可能性的权衡成为必要，同时，证明责任的承担反映了对案件事实及其错误风险可能存在的相信——或有利于或不利于相关的个人或国家。哈伦认为：“我们认为，将无罪者判定为有

① In re Winship, 397 U. S. 358 (1970).

罪，其负面社会效果并不等同于将有罪者判定为无罪”，因为前者比后者糟糕得多。将同样的原则适用于少年越轨案件，他评论道：“在此的事实错误，如同在刑事案件中，令被告人（越轨少年）经由国家施加的监禁，脱离家庭，面临其个人自由权的完全丧失……该少年被污点化……归根结底，该被告人犯了罪。”

首席大法官伯格（Chief Justice Burger）不同意温希普案件的大多数裁决意见，反对道：该案的多数意见会通过附加宪法性程序规则的方式，令已经超负荷的少年法院雪上加霜。他主张对越轨少年的审判给予更大的灵活性，而不是对其附加刑事诉讼程序的安全保障。其后，在“阿丁顿诉得克萨斯州案”① 中，涉及非自愿民事居留（involuntary civil commitment）案件证明责任的问题，伯格将少年越轨案件的审理与刑事审判同等看待。“温希普案件认定：某人事实上是否实施了犯罪行为，该基本问题在两种诉讼（犯罪和越轨）中是相同的。二者之间不存在任何有实质意义的分别，我们要求国家对少年行为及其意图的证明达到排除合理怀疑的程度。”在阿丁顿案件中，伯格注解道：因其有助于保持刑法的道德力量，排除合理怀疑的证明标准得以成为刑事案件中的一个关键元素，但其不应当被适用得过于宽泛，不应当在非刑事案件中得以适用。

3. 麦基弗案件与陪审团和公开审判

“麦基弗案件”② 是联邦最高法院关于少年案件正当处理原则问题的第三个裁定。该案为少年法院和刑事法院之间的程序差异提供了宪法基础和法学基本原理。麦基弗案件引发的问题为：联邦宪法第十四修正案的正当处理与基本公正原则是否要求国家为越轨少年提供陪审团审判。该法院否决了少年享有获取陪审团审判的权

---

① Addington v. Texas, 441 U.S. 418 (1979).

② McKeiver v. Pennsylvania, 403 U.S. 528 (1971).

利。麦基弗案件展现了该法院为保持少年司法体系在程序上和理念上区别于刑事司法体系的最为重大的裁定。如此一来，陪审团审判的否决对少年越轨案件审判程序的其他诸多方面产生了影响：证据的可采信性、证据合法性审查（suppression hearing）的时机选择、事实调查的地位以及事实裁定后的处遇措施的性质。

麦基弗案件的前一年，联邦最高法院在“邓肯诉路易斯安那州案”[①] 中赋予了成年刑事被告人在刑事诉讼中的获取陪审团审判的权利，因为基本的公正不仅要求事实的准确性，还同时要求获得免受政府压迫的保护：

> 赋予被告人获取陪审团（与其同样的普通人）审判的权利，给予了他某种难以估量的安全保障，以对抗腐败或狂热的国家公诉人，以对抗顺从的、有成见的或偏心的法官。如果被告人更愿意获得陪审团的常识情理判断(common－sense judgment)，而非更具教养的但很可能是更少同情感的单个法官的反应，那么他就会愿意接受陪审团的审判。不仅如此，联邦和州宪法的陪审团制度反映了关于官方权力运作的基本决定，即不愿将涉及公民生命和自由权的无限权力托付给某一位法官或某一群法官。对不受监察的权力的忧惧，非常典型地存在于我们的州政府和联邦政府的其他方面，在刑法中得到了体现，即坚决主张社会共同体在有罪或无罪判决问题上的参与。

麦基弗案件中，布莱克门法官（Justice Blackmun）的相对多数意见适用了联邦宪法第十四修正案的正当处理原则条款，而非邓肯案件所依据的联邦宪法第六修正案的陪审团条款，来决定相关的宪法问题。他声称：正当处理和基本公正的原则只关注事实调查的

---

① Duncan v. Louisiana, 391 U.S. 145 (1968).

准确性问题，尽管高尔特案件还确立了旨在防止政府压迫的避免自证其罪的特权。麦基弗案件建构了“一种替代性的保障和保护措施”，并暗示：对程序安全保障的关注，如陪审团审判，抹杀了“少年法院制度所设想的公正、关心、同情心以及家长式关注的每一个方面”。

麦基弗案件没有进行系统性的分析，而只是简单地列举了相关的理由，即为何法官足以替代陪审团的事实调查能力，为何陪审团会扰乱或损害非正式的少年司法程序，以及为何陪审团不会积极地提升少年法院的运作。联邦最高法院在陪审团权利的功能及其对少年司法体系的影响之间进行了权衡。该法院考虑到：是否陪审团审判在少年司法体系中不如其在刑事司法体系中那么至关重要。麦基弗案件的相对多数以及怀特法官（Justice White）的一致意见认为：少年法院的立案程序和法官的康复理念防止了政府的压迫。该法院重申了其对“康复理念”的赞同，强调了其对保持非正式的灵活的少年法院的愿望，并断定：法官能够如陪审团一样乐于且公正地查清案件的事实。此外，该法院强调了陪审团审判可能对少年法院造成的负面影响：其可能令审判更具抗辩性，并令少年司法程序更为趋同于刑事司法程序；其将令少年司法程序更为正式；且其会削减少年司法的机密性，并导向公开审判。赋予少年获取陪审团审判的权利，会实质性地消除少年法院与刑事法院之间的所有程序差别，并可能导致对单独的少年法院的消除。

布莱克门法官断言：陪审团审判会导致公开审判，尽管他并没有分析其中的不利。与此相对照，布伦南法官在麦基弗案件中的相关不同意见与高尔特案件的更为广阔的双重原理（即事实的准确性和防止政府压迫）保持着一致性，并对布莱克门法官关于公开审判的问题予以了回应。布伦南法官对陪审团的功能及其对少年法院的影响作用进行了权衡，并将公开审判视为保证相同保护的一种替代方法。与布莱克门法官不同，布伦南法官认为：高尔特案件不仅仅关乎事实调查的准确性问题。在布伦南看来，正当处理原则并非规定着某种特定的程序，而是一种结果，即保护个人免受政府的压迫。尽管陪审团在成年人审判中具有防止政府压迫的功能，但布伦南法官认为：少年法院中的公开审判也可以发挥此功能，因为社会共同体有着对少年违法犯罪者的更大关心。

怀特法官在麦基弗案件中的一致意见阐明了少年法院矫治与刑事审判惩罚之间的一些重要差异。更甚于布莱克门法官，怀特法官将其矫治原理用以否定越轨少年对所有的成年人刑事诉讼程序安全保障的获取。刑法惩罚因作出应受谴责的抉择而在道义上应当承担责任的行为人，而少年司法体系认为：越轨少年罪错行为的有责性较小，对其加诸的制裁较轻。怀特强调了少年法院与刑事法院之间的法学理论差异——决定论与自由意志论，以及矫治与惩罚。他宣称：因为少年司法处遇措施的非确定性、非均衡性及其对应受谴责行为抉择的惩罚的排斥，刑事法院和少年法院之间存在真实的差异。

三个持不同意见的麦基弗案件法官继续着他们的纳入观点，争辩道：如果该州指控某少年犯有可能被判处监禁的罪行，那么该诉讼名非但实为一刑事审判，需要获得成年人刑事诉讼的程序保护。在这样一个事实上的刑事诉讼中，邓肯案件业已对相关问题，即作为联邦宪法第六修正案问题的获取陪审团审判的权利，作出了裁决。

假若麦基弗案件判定少年享有获取陪审团审判的宪法权利，那么每一个越轨少年实际上将享有该项权利。在“鲍尔温诉纽约州”① 案中，联邦最高法院裁决：“如果法定刑在6个月监禁以上，该犯罪行为不得被认定为‘轻微’而排除其获取陪审团审判的权利。”鲍尔温案件中，法律规定的而非法官实际判决的刑期决定了某被告人是否享有联邦宪法第六修正案的获取陪审团审判的权利。大多数州的少年越轨处遇法律规定了大大超过6个月的判决，典型

① Baldwin v. New York, 399 U.S. 66 (1970).

者为未成年期、数年的刑期，甚至超越成年期。参见本书第八章。如果少年享有获取陪审团审判的宪法权利，那么基于鲍尔温案件的判决，很少有少年越轨案件的审判会被认定为“轻微”。

(1) 法官与陪审团的合理怀疑

联邦最高法院曾强调：刑事案件排除合理怀疑的证明标准与获取陪审团审判的权利对此标准的适用之间是相互关联的。例如“沙利文诉路易斯安那州”案。① 如此，即便布莱克门法官的观点是正确的，即正当处理及基本公正原则只要求事实调查的准确性，人们可能会提出疑问：法官和陪审团是否类似地判决案件并产生相当的事实结果，以及在实际上，他们对案件的判决是否是不同的。陪审团提供特殊的保障措施，以保证事实的准确性；在适用温希普案件确立的排除合理怀疑证明标准时，使用更高的证据门槛；并比法官更易于判决被告人无罪。参见巴里·C. 菲尔德：《阿普伦迪案件和麦基弗案件之间的宪法冲突：基于少年越轨判决之量刑加重以及少年法院司法之品格》，载《维克福里斯特法律评论》（2003年），第38期，第1111页。②

法官和陪审团在事实判定问题上存在内在的差别，因为前者每年审判成百上千的案件，而后者可能一生只听审一两个案件。由于例行常规地听审许多案件，法官们可能在审查证据时变得不那么一丝不苟，可能更为随意地对事实予以评价，并可能不如陪审员那样严格地贯彻合理怀疑和无罪推定（presumption of innocence）的理念。法官的个性特点不同于陪审员，但被告人无法估计这些因素会对其判决带来怎样的影响。通过对陪审员的诚实审查（voir dire），诉讼当事人得以审查陪审员的态度倾向、信仰和阅历。不存在任何

① Sullivan v. Louisiana, 508 U.S. 275 (1993).

② Barry C. Feld, “The Constitutional Tension Between Apprendi and McKeiver: Sentence Enhancements Based on Delinquency Convictions and the Quality of Justice in Juvenile Courts,” 38 Wake Forest L. Rev. 1111 (2003).

相应的机会以供考察法官的社会背景信息、态度倾向或偏见。陪审团和法官对证人证言的评判也是不同的。在证据不充分的基础上，法官比陪审团更易于作出有罪判决。分析人士将此倾向归诸于法官经常地面对不可采信的证据——而陪审员没有，归诸于法官对经常出庭作证的警察和缓刑官的熟悉，以及法官对被告人证言的更大的怀疑态度。参见菲尔德：《阿普伦迪案件和麦基弗案件之间的宪法冲突》。少年法院的法官反反复复地听取相同的警察和缓刑官的证言，并对其可信度形成了既定的看法。由于对某少年之前的案件进行过审判，主持过其拘留听证会，或在证据合法性审查中对审前诉请作出过裁决，该法官可能已经形成了对该少年的可信度和品格的先决之见。在事实判定上，法官之所以不同于陪审团，乃是因为个体的事实判断者在作出结论之前，不必就法律或证据问题与团体成员进行商讨。尽管法官必须向陪审团就案件所适用的法律作出明确的指引，但在法官审理（bench trial）或无陪审员审理的案件中，法官无须阐释法律，因而在此情况下，更难判断其是否正确地理解和适用了法律。

（2）获取陪审团审判的权利

麦基弗案件注解道：联邦最高法院对联邦宪法的解读，并未阻止各州通过法律规定或通过对州宪法的诠释对越轨少年予以陪审团审判。麦基弗案件之前，许多州法院将高尔特案件和邓肯案件解释为：要求在少年法院中适用陪审团审判。这些意见没有如麦基弗案件那样对陪审团的有利之处及其对少年法院的不利影响予以权衡。他们的理由为：高尔特案件对程序安全保障措施提出了要求，因为犯罪和越轨是近似的，宪法要求对犯罪案件适用陪审团，且照准了对越轨案件的审判适用陪审团。其他一些州在很久以前就赋予了越轨少年获取陪审团审判的法定权利。

在“R. L. R. 诉州政府案”[1] 中，根据阿拉斯加州宪法，州法

---

① R. L. R. v. State, 487 P. 2d 27 (Alaska 1971).

院肯定了少年获取陪审团审判和公开审判的权利。该法院批判性地分析了作为少年法院活动基础的“慈善社会理论”（the benevolent theory），并总结道：对康复理念的诉求并没有令国家得以剥夺少年的宪法权利。在 R. L. R. 案件中，如麦基弗案件中的不同意见者所言，国家对少年的犯罪指控可能导致监禁刑的适用，这一事实确立了获取陪审团审判的权利。再者，根据州宪法，获取陪审团审判的权利与获取律师辩护的权利是共生的，适用于任何可能被判监禁的刑事案件。作为一个司法裁决或法律适用的问题，约有 10 个州赋予了少年在少年法院的某些或所有的刑事案件中，具有获取陪审团审判的权利。参见科罗拉多州、密歇根州、新墨西哥州和得克萨斯州的相关法律规定。[1] 即便是规定陪审团审判权利的司法管辖区也会将其对少年的可适用性限定于更为严重的犯罪，如加重的少年犯罪或暴力犯罪。例见“A. C.，IV 诉民众案”。[2] 尽管麦基弗案件和少年法院陪审团审判的反对者们认为，陪审团审判对少年越轨案件的审判带来重大的妨碍，但各州为少年提供陪审团审判的经验及其相关的实证研究都不会支持这些担忧。参见菲尔德：《阿普伦迪案件和麦基弗案件之间的宪法冲突》。[3] 如同成年刑事被告人，绝大多数的越轨少年坦白认罪，而不是进入审判程序。

惩罚和矫治之间的区别问题，在麦基弗案件中，保持了其作为联邦最高法院相关基本原理当代精神的核心地位。在过去的 10 年中，实际上，每个州都修改了其少年法，以使将某些少年移送至刑事法院接受如同成年人的审判变得更加容易，并使少年法院法官得以对留在少年法院管辖范围内的越轨少年适用更为长期且更为严厉

① Colo. Rev. Stat. § 19 – 2 – 107 (1)(a) (2000); Mich. Comp. Ann. § 712A. 17 (West 1993); N. M. Stat. Ann. § 32A – 2 – 16A (Michies 1988); Tex. Fam. Code Ann. § 54.03(c) (Vernon 2000).

② A. C., IV v. People, 16 P. 3d 240 (Colo. 2001).

③ Feld, *Constitutional Tension Between Apprendi and McKeiver*.

的制裁措施。参见托比特：《国家对策》。[①] 随着各州对“强硬”政策的采取，少年获取陪审团审判之宪法权利的要求得以重提，各州最高法院对少年矫治与犯罪惩罚之间的区别进行了重新的评价，并对麦基弗案件判决的持续的生命力进行了重新的审视。

联邦最高法院应用多个标准来分析：当国家机构对某人适用强制性的控制手段时，是对其予以矫治，还是对其予以惩罚。例见“艾伦诉伊利诺伊州案”。[②] 州法院，在惩罚性立法变革的背景下，用这些因素来评判越轨少年对陪审团审判权利的请求。法院通过考察少年法院的立法序言或目的条款、法律规定、法官裁判惯例、监禁条件以及对矫治效果的评价，来判定少年法院的处遇措施是治疗性的还是惩罚性的。

在最近“强硬”政策的立法变革之后，许多州就麦基弗案件对获取陪审团审判权利的否决是否仍然有效的问题予以了考虑。威斯康星州的几个少年以 1995 年修正案驳斥了该州的少年法——该法废除了获取陪审团审判的法定权利，并同时增加了少年越轨制裁措施的严厉性。参见“威斯康星州诉赫兹亚案”。[③] 赫兹亚案件的多数意见考察了相关理念重心的转移，即从康复理念到有责性与社区保护理念的重心转移，具有标志性的是将《儿童法》（the Children's Code）改名为《少年司法法》（the Juvenile Justice Code)，其法典位置紧接着刑法典，以及与严重犯罪判决相关的刑罚增加和相关后果。这几个少年辩称：该修正案实际上将少年越轨案件诉讼变为了刑事审判，其名非而实至。多数意见否决了他们的诉求，并坚持认为：康复理念仍为少年法的目标，因为法官可以对

① Torbet, Patricia, et al. State Responses to Serious and Violent Juvenile Crime: Research Report (1996), 16, 145, 148, 149, 193, 231, 232, 234, 235, 238, 269, 276, 345, 351, 352, 353, 355.

② Allen v. Illinois, 478 U.S. 364 (1986).

③ State v. Hezzie R., 219 Wis. 2d 848, 580 N.W. 2d 660 (1998).

少年案件作出个别化的判决。尽管对特定不法行为的有罪判决可能导致直至25岁的监禁，但该法院的结论为：国家监禁少年是为了对其予以矫治，并将他们与成年人相隔离。尽管审判政策经历了四分之一个世纪的重大变革，赫兹亚案件仍然将麦基弗案件的裁决视为具有拘束力的权威。赫兹亚案件的一个强烈反对意见认为：少年越轨案件诉讼的目的和效果业已变成了刑事诉讼的性质，故而应当可以适用陪审团审判。目的条款、判决结构的修改以及相关的定罪后果，有效地将少年越轨案件诉讼转变成了事实上的刑事诉讼。由此，麦基弗案件并没有为此提供先例——该时期的少年司法体系与联邦最高法院于1971年所审查的少年司法体系迥然相异。

在“J. F. 和 G. G. 的权益案”[①] 中，宾夕法尼亚州最高法院重新考虑了该州少年法中类似的强硬政策变化，并达成了与赫兹亚案件相同的结论。在此案中，少年亦辩称：法律修正案将少年司法体系转型为一个类似于刑事司法的惩罚体系，并对陪审团审判提出了要求。该法院分析了少年法院的历史、目的条款的修正案、法律规定、刑期增加的越轨判决的连续使用以及判决的相关后果。该法院得出了康复仍为少年司法目标的结论，并再度确认了麦基弗案件判决的有效性。在“D. J. 的权益案”[②] 中，该法院得出的相关结论为：尽管“强硬”政策法律的颁行，对越轨少年和成年人的刑罚严厉程度的差异令两个司法体系之间的程序差异得以正当化，并再度确认了对陪审团审判的否定。即便是基于“三振出局”法（“three - strike” laws），国家将越轨判决归于“严厉打击”以增加刑期的情况下，法院仍然否定少年拥有获取陪审团审判的权利。例如“皮普尔诉福勒案”。[③]

---

① In the Interest of J. F. and G. G., 714 A. 2d 467 (Pa. Super. Ct. 1998).

② In the Interest of D. J., 817 So. 2d 26 (La. 2002).

③ People v. Fowler, 72 Cal. App. 4th 581, 84 Cal. Rptr. 2d 874 (1999).

与此对照，在“L. M. 案”[1] 中，堪萨斯州最高法院推翻了先前的一个判例——“芬德利诉堪萨斯州”案[2]，并认为：基于联邦宪法第六、第十四修正案和该州宪法，少年拥有获取陪审团审判的宪法权利。该法院认为：20 年来，该州少年法的立法变革已经侵蚀了少年法院的区别于刑事司法体系的特性，如社会慈善性、康复性和国家亲权性。该法院列举了作为少年法院康复目标被侵蚀的证据：目的条款的变化，即更加强调保护公众和少年的有责性；以近似于刑法典的术语对少年司法的非惩罚性语词的替代；相关范式的采取，即适用与成年人量刑指南相同的原则，并将少年的判决量刑基于其现有的罪行和先前的记录；以及相关保护措施的移除，如麦基弗案件赖以区分少年法院和刑事法院的不公开和秘密审判程序。“因为少年司法体系如今仿效着成年人刑事司法体系的模式，故而我们的结论为：相关的变革已经淘汰了麦基弗案件和芬德利案件的推理，这些裁决不再是我们应当遵循的先例……堪萨斯州少年司法体系已经变得更类似于成年人刑事诉讼，且我们判定：基于联邦宪法第六和第十四修正案，少年拥有获取陪审团审判的宪法权利。”“L. M. 案”的不同意见认识到：少年司法体系变得更具惩罚性了，但却反驳道：多数意见过分地强调了那些变化，且没能认识到少年司法体系的保护性和康复性一直是区别于惩罚性和报应性的成年人刑事司法体系的特性。

在一个多重目的的制度中，如少年法院，一个纯粹的康复性的少年法院在哪个临界点上得以转变为一个确切的惩罚性的法院，立法变革是否超越了此界线，并造就了一个与刑事法院功能相当的少年法院？在“C. B. 案”[3] 中，路易斯安那州最高法院判定：在其否决被监禁于成年人矫正机构的少年的获取陪审团审判权利之时，

---

① In re L. M., 186 p. 3d 164 (Kan. 2008).

② Findlay v. State, 681 P. 2d 20 (1984).

③ In re C. B., 708 So. 2d 391 (La. 1998).

立法机关超越了该界线。在C. B. 案中，相关立法规定：在越轨少年17岁时，将其转移至成年人矫正机构，以完成其剩余的刑期。该法院总结道：一旦少年法准许法官判决少年进入与成年罪犯同样的监禁机构中，那么少年案件诉讼与刑事诉讼之间的差别荡然无存，且无以令陪审团审判的免除得以正当化。该法院在赫兹亚案件中推翻了威斯康星州少年法中的一个规定，即允许该州将不具有获取陪审团审判权利的被判有罪的少年移送成年人矫正系统。如果某州将少年判入成年人矫正机构，则其显然在惩罚他们，且应当将获取陪审团审判的权利作为其宪法性的先决条件。例如："杰弗里案"（在被判进入成年人监禁机构之前，少年应被赋予陪审团审判的权利）。①

因为绝大多数州否定越轨少年获取陪审团审判的权利，少年有时候会请求少年法院法官放弃其管辖权，将其移送至刑事法院接受审判，以便其可以获得陪审团审判。除非相关法律明确允许少年的放弃管辖请求，州法院一贯会断然地拒绝少年获取陪审团审判的请求。例如"K. A. A案"（允许少年对少年法院管辖权的放弃，会忽视少年和国家关于矫治少年的利益）②；"安娜·玛利亚案"（所有的少年都易于矫治，国家在此具有显著的利益）③；"D. B. 案"（为了其最佳利益，少年必须接受他人的决定）④。

（3）获取公开审判的权利

联邦宪法第六修正案赋予了成年刑事被告人获取公开审判的权利。例如"埃斯蒂斯诉得克萨斯州案"⑤。在"奥利弗案"⑥中，

---

① In re Jeffrey C., 781 A. 2d 4 (N. H. 2001).

② In re K. A. A., 410 N. W. 2d 836 (Minn. 1987).

③ In re Anna Marie S., 99 Cal. App. 3d 869, 872, 160 Cal. Rptr. 495, 497 (1979).

④ In re D. B., 187 Ga. App. 3, 4, 369 S. E. 2d 498, 499 (1988).

⑤ Estes v. Texas, 381 U. S. 532 (1965).

⑥ In re Oliver, 333 U. S. 257 (1948).

联邦最高法院注解道：公开审判可以令争议问题引起未知证人的注意——该证人可能会因此而前来作证；公开审判可以向市民提供关于司法运作的信息；公开审判可以提升人们对审判活动的信任，并为潜在的司法权力滥用提供某种形式的监督。传统上，少年法院实行蔽密的不公开审判，尽管法官可以自由裁量允许特殊利益人出席庭审。允许学生、社会工作者、律师、社会科学家以及其他对儿童或案件不具有特定利益的人观看庭审的实践做法，破坏了蔽密、不公开审判的承诺。参见美国律师协会：《少年司法之审判标准》(1980 年)。[①]

麦基弗案件的多数意见否决了越轨少年的陪审团审判，因为其担心陪审团审判会将“时间拖延的正式程序、抗辩制度的喧嚣以及可能的公开审判”引入少年司法体系中。与此对照，布伦南法官在麦基弗案件中的相关不同意见认为：公开审判和陪审团审判在功能上具有相当性，即防止政府压迫。在“R. L. R. 案”中，法院认识到了公开审判所保护的其他利益，即通过审判的可见性和有责性，减少来自于政府的压迫；使案件引起潜在未知证人的注意；向公众提供关于司法运作的信息；以及保证人们对司法的信任。“R. L. R. 案”的法院观察到：少年法院法官允许了众多的观察者进入名义上不公开的越轨案件庭审现场，由此而损害了其蔽密性，但却没有为其提供公开审判的权益。

“R. L. R. 案”注解道：在能见度低的少年司法体系中，这些保护措施尤为紧要。“我们无可奈何地注意到：总体而言，上诉至本法院的少年案件所展现出来的错误，常常比成年人刑事案件所展现出来的错误要广泛和基本得多。同时，我们怀疑：少年审判的秘密性是不是没有滋长法官对法律适用的随意性。”该法院断然否决了该州对公开审判的限制——这些限制旨在防止少年的轻率鲁莽行

① American Bar Association, *Juvenile Justice Standards Relating to Adjudication* (1980).

为被公众悉知，防止少年染上有碍其康复的污点，保护少年的家庭以免受尴尬或失业的困扰，并劝阻少年进一步地为了引起关注而从事反社会的行为。在“迪诺的权益案”[①] 中，法院也确立了少年越轨案件公开审判的州宪法权利。大约一半的州已经将其少年越轨案件的审判向公众开放，或针对特定的严重犯罪，或针对更为广泛的案件。参见托贝特：《国家对策》。[②] 例如，明尼苏达州将其 16 岁和 17 岁的被指控犯有重罪的所有少年越轨案件的审判向公众开放。参见明尼苏达州的相关法律规定。[③]

不公开的少年越轨案件诉讼制造着某种矛盾冲突，即少年法院蔽密性的限制与联邦宪法第一修正案的获取新闻报道权（press access）之间存在抵触。联邦最高法院认为：新闻界享有联邦宪法第一修正案所赋予的报道刑事审判的权利，以此促进形式上的公平，提升公众对审判程序的关心与尊重，并以此增进“其品质和保障事实调查程序的全面性，从而既有利于被告人，又有利于整个社会”。例见“全球报业公司诉高等法院案”。[④] 与此类似，在“史密斯诉每日邮报案”[⑤] 中，法院认为：如果某新闻机构以合法的方式取得关于少年越轨事件的准确信息，那么国家不得禁止或制裁该新闻机构公开报道该信息。在新闻报道法律规定缺失的情况下，州法院倾向于允许新闻报纸出席不公开的少年法院庭审，并对之予以报道。在“J. S. 案”[⑥] 中，法院强调了传统少年司法审判的蔽密性、保护性和福利性以及少年法院的非惩罚性的目标，并以此否认

① In the Interest of Dino, 359 So. 2d 586 (La. 1978).

② Torbet, Patricia, et al. State Responses to Serious and Violent Juvenile Crime: Research Report (1996), 16, 145, 148, 149, 193, 231, 232, 234, 235, 238, 269, 276, 345, 351, 352, 353, 355.

③ Minn. Stat. § 260B. 155 (West 2000).

④ Globe Newspaper Co. v. Superior Court, 457 U. S. 596 (1982).

⑤ Smith v. Daily Mail Publishing, 443 U. S. 97 (1979).

⑥ In re J. S., 438 A. 3d 1125 (Vt. 1981).

新闻报道权。其他州的法律规定：少年越轨案件审判应当是“不公开的，除非法院有显著理由以为例外”，并将要求公开审判的“显著理由”的证明责任交由新闻机构承担。参见“M. C. 案”。[①]

在其他司法管辖区中，少年法院拥有是否排除公众和新闻机构的自由裁量权。在“州政府支持公诉之明诚出版公司诉吉欧咖郡法院之民事诉讼案”中[②]，法院对两方面进行了平衡：其一，少年在蔽密性和康复性诉讼程序中的利益；其二，司法运作和少年犯的能见度和有责性的增加。该法院的结论为：少年法院可以限制公众对少年越轨案件诉讼的参与，如果该法院发觉：公众参与会伤害到该儿童，或危及审判的公平性，潜在的伤害大于公众参与的益处，且不存在任何合理避免的替代措施。

二、指控内容的告知

回顾本书第四章，如果法院负责收案的工作人员或公诉人决定将某案件提请正式的法院干预，那么他们就提起一项少年越轨案件的诉请（file a delinquency petition）。在由公诉人还是由缓刑官来签发该诉请的问题上，各州的法律规定有所不同。参见佛罗里达州的相关法律规定（少年缓刑官建议政府律师是否提出诉请）。[③] 该诉请是相关的正式指控文件，宣告着法院管辖的理由——越轨行为、身份犯、儿童需要监管或其他类似情况，以及支撑该结论的事实基础。少年法院中的诉请（petition），其刑事诉讼的对等语为：控诉（complaint）、控告（information）或指控（indictment），其民事诉讼的对等语为：起诉（complaint）。

---

① Matter of M. C., 527 N. W. 2d 290 (S. D. 1995).

② State ex rel. Plain Dealer Publishing Company v. Geauga County Court of Common Pleas, 734 N. E. 2d 1214 (Ohio 2000).

③ Fla. Stat. Ann. § 985. 21 (2001).

在高尔特案件中，联邦最高法院要求各州预先地、及时地书面告知少年及其父母其指控内容，以使该少年得以准备辩护——“在民事或刑事诉讼中，基于宪法，告知必须充分”。法律规定了诉请的具体内容和工作时间，对此，国家必须予以告知。参见明尼苏达州和得克萨斯州的相关法律规定。[①] 由于高尔特案件乃是基于联邦宪法第十四修正案之正当处理原则条款，而不是基于联邦宪法第六修正案，因此很多问题没有得到回答。“在民事或刑事诉讼中，告知必须充分”的语句是否要求国家在提起少年案件诉请时，如同在刑事指控文书中那样，声明相信被告人有罪的合理根据（probable cause）？“（必须）告知少年及其父母或监护人”的语句是否赋予了父母和少年获取告知的宪法权利？如是，则如果国家没有告知，其后果如何？如果在审判中，获得证明的事实和罪行与起初的指控有所不同，国家是否可以修改其诉请呢？

有些州的法律规定：少年法院可以当面告知，也可以通过邮件予以告知，并允许后者更长的时间。参见明尼苏达州和北达科他州的相关法律规定。[②] 法律还规定了提起诉请和进行审问之间的时间段，以供少年的辩护律师做准备。参见得克萨斯州的相关法律规定（10 天）。[③]

某些司法管辖区规定：少年案件诉请的具体规定参考刑事法律关于指控或起诉的相关规定。参见“丹尼斯案”；[④] “D. S. H 案件”（少年越轨案件指控要求如同刑事案件的具体性和特定性）。[⑤] 其他的司法管辖区要求少年案件诉请的陈述“具有合理的具体性、时

---

① Minn. Stat. § 260B. 141 (West 2000); Tex. Fam. Code § 53. 01 (Vernon 2000).

② Minn. Stat. § 260B. 141 (West 2000); N. D. Cent. Code § 27 - 2 - 23 (2000).

③ Tex. Fam. Code Ann. § 53. 05 (Vernon 2000).

④ In re Dennis, 291 So. 2d 731 (Miss. 1974).

⑤ In re D. S. H., 549 P. 2d 826 (Okla. Crim. App. 1976).

间、地点和受指控行为的方式，以及相关的刑法或受指控行为所违反的行为准则”，参见得克萨斯州的相关法律规定，[①] 但是不要求刑事指控所具有的具体性。参见“M. A. V. 诉韦布郡法院案”[②]。某些法律要求诉请的陈词提供关于相信被告人有罪的合理根据的陈述。例见纽约家庭法院法的相关法律规定。[③]

某些州要求少年案件诉请在其陈词中或通过补充报告进行有罪理由的陈述，而大多数州不对此予以要求，除非该州对少年进行了拘押。例如加利福尼亚州的有关法律规定（“对事实的简明陈述……以支持相关的结论……该未成年人属于少年法院管辖权的定义范围内”）；[④]“杰西案”[⑤]；马里兰州的有关法律规定（“指控陈词所基于的事实，应当语言清晰、简洁”）；[⑥] 明尼苏达州的有关法律规定（“简明陈述以表明该少年为越轨少年”以及“对被指控的罪行予以描述，并提供所违反的法律或行为准则的参考”）。[⑦] 大多数法律和法院规则只是要求少年越轨案件的诉请包含“平实而简明的陈述，而无须说明证据的属性、申明支撑犯罪行为每一个要素的事实以及少年的不法行为，从而充分准确清晰地告知该少年其作为指控对象的罪行”。北卡罗来纳州的相关法律规定。[⑧] 又如，“A. W. 的权益案”（“少年越轨案件诉请的充分性，其验证标准在于：其是否合理而确然地将指控的性质告知了少年，以便其准备辩

---

① Tex. Fam. Code Ann. § 53.04 (d) (Vernon 2000).

② In re M. A. V., Jr. v. Webb County Court, 842 S. W. 2d 739 (Tex. Ct. App. 1992).

③ N. Y. Fam. Ct. § § 311.1 and 311.2 (McKinney 2000).

④ Cal. Welf. & Inst. Code § 656 (f) (1999).

⑤ In re Jesse P., 3 Cal. App. 4th 1177, 5 Cal. Rptr. 2d 321 (1992).

⑥ Md. R. Proc. Juv. Causes 11 – 103 (2)(c) (1998).

⑦ Minn. R. Juv. Proc. 6.03 Subd. 3(A) and (B) (1999).

⑧ N. C., Gen. Stat. § 7A – 560 (1998).

护和申诉，对抗随之而来的相同罪行的指控”)[1]。

高尔特案件要求告知父母，并告知少年。在没有告知父母是否违宪，以及如是，如何予以适当救济的问题上，不同法院有所分别。在“合众国诉沃茨案”[2] 中，法院认为：没有告知父母并不能自动地推翻少年越轨案件的判决。该法院推理道：关于告知的法律规定旨在向少年提供与其最佳利益最为关切的人进行咨询的机会，旨在令其知晓相关的指控，并为其提供准备辩护的合理机会。该法院的结论为：父母的功能似乎类似于辩护人。尽管具有对告知规定的技术性违反，但该少年的正当处理原则权利并没有被否决，且该法院拒绝认定其为本质上的违法（a per se rule）而推翻此案。其他司法管辖区将要求告知父母的法律规定解释为强制性的规定。少年案件的判决或放弃管辖移送刑事法院的决定，如果不遵从法律的强制性规定，则应当予以推翻。例如“卡林姆诉联邦案”（不遵从强制性法律条款导致案件诉讼无效）;[3]　“贝克诉联邦案”;[4] “C. R. H. 案”（“告知父母是宪法所赋予的权利，如没有对之予以遵从，则法院无权判决越轨少年”)[5]。

少年案件指控的司法实践与成年人案件指控的司法实践，还有一些其他方面的不同。例如，根据加利福尼亚州刑法典，一旦法院解除了对某成年被告人的轻罪指控，则公诉人不得再次提起该指控。针对不严重的犯罪，该州只能“对该苹果咬上一口”。与此对照，在“纳恩·P. 案”[6] 中，法院认为：针对成年人的做法不适用于少年越轨案件，因为康复理念仍为少年司法体系的首要目的，

---

① In the Interest of A. W., 438 N. W. 2d 557, 559 (S. D. 1989).

② United States v. Watts, 513 F. 2d 5 (10th Cir. 1975).

③ Karim v. Commonwealth, 21 Va. App. 652, 466 S. E. 2d 772 (1996).

④ Baker v. Commonwealth, 28 Va. App. 306, 504 S. E. 2d 394 (1998).

⑤ In re C. R. H., 163 Ill. Dec. 100 (1994).

⑥ In re Nan P., 230 Cal. App. 3d 751, 281 Cal. Rptr. 468 (1991).

且国家有着更大的利益于建立相应的管辖权，以“在其发展为成年人犯罪行为之前，遏制其萌芽状态的人格缺陷”。

由于大多数司法管辖地区鼓励不具有技术性刑事抗辩的平实而简明的诉请，因而经常会发现公诉人在诉请的指控内容和审判中的证明内容之间的不一致。州法律通常允许在定罪判刑之前修改诉请的内容。“经法院准许，在判决听审之前，诉请人可以修改其诉请，补充新的指控事实或判决诉求。而如获准，则少年可以要求延迟判决听审。”参见路易斯安那州的相关法律规定。[①]“路易斯安那州诉 R. W. 案”[②] 判定：“诉请的修改应当在判决之前，且案件应当允许少年有机会准备辩护，以抗制修改的诉请。”

在“史蒂文·G. 案”[③] 中，康涅狄格州法院遇到了更为困难的问题，即在少年越轨案件庭审开始后，州检察官是否可以修改其诉请。尽管在成年人刑事诉讼中，国家不得在庭审中修改其指控，添加不同的指控，而不违反正当处理原则，但该法院在“史蒂文·G. 案”中准许了在少年越轨案件诉讼中的这一做法。该法院注解道：该州的少年越轨案件审理不适用陪审团，因而相对于刑事审判而言，其程序更加非正式。少年法院的实践操作允许公诉人修改其诉请，并规定：应当告知对方，并为其提供充分的时间以准备应对新的指控。例见“艾萨克·G. 案”（“法院可以修改诉请，并给予少年准备应对修改指控的辩护准备机会”）；[④]“维多利亚·K. 案”（“由于少年法律规则的变化，法院不再拥有主动修改诉请的权力”）。[⑤] 其他的法院禁止诉请的修改——如果替代的指控需要某种不同于原来指控的辩护。例如“州政府支持公诉之少年事务局

---

① La. Code Juv. Proc. Ann. § 846 (2000).

② State v. R. W., 721 So. 2d 943 (La. Ct. App. 1998).

③ In re Steven G., 556 A. 2d 131 (Conn. 1989).

④ In re Isaac G., 189 Ariz. 634, 944 P. 2d 1248 (Ct. App. 1997).

⑤ In re Victoria K., 11 P. 3d 1066 (Ariz. Ct. App. 2000).

诉亨森案”；[①]“为了M.W.的权益案”（“国家不得弥补指控内容与庭审证据证明内容之间的重大差异”）。[②] 即便国家修改了其诉请，法院也必须延期审理，以容许辩护方准备应对新的指控。如否，则违反正当处理原则。例如“罗伊·C.案”。[③]

法院区别对待修改诉请以提起一项新的指控与判决某少年构成其中所包含的较轻罪行之间的差别——其中所包含的较轻罪行的所有要素皆包含于所告知的较重罪行指控中。例如“D.P.诉佐治亚州案”（该州指控为入室盗窃，而被证实为接受被盗财物）。[④] 其标准为：较大罪行的要素是否总是且必要地包含着较小罪行的构成要素。关于身份犯是否可以构成越轨行为指控“所包含的较轻罪行”的问题，各法院的认识有所不同。例如，在“费尔顿案”[⑤] 中，俄亥俄州法院准许该州修改其诉请、指控，并判定某少年构成身份犯——其“不守规矩”（unruly）的行径危及其自身的健康或道德。

三、审理与证据

随着高尔特、温希普和麦基弗案件裁决的出台，越轨少年在理论上享有了适用于成年刑事被告人的大部分审判权利——获取陪审团审判的权利除外。某些州的法律简洁地规定：“美国联邦宪法或路易斯安那州宪法赋予刑事被告人的所有权利，除获取陪审团审判的权利外，皆应适用于少年法院案件之审判程序。”参见路易斯安那州的相关法律规定。[⑥] 新泽西州的相关法律规定（“所有赋予刑

---

① State ex rel. Juvenile Department v. Henson, 97 Or. App. 26, 775 P.2d 325 (1989).

② In the Interest of M.W., 218 Ga. App. 658, 462 S.E.2d 796 (1995).

③ In re Roy C., 169 Cal. App. 3d 912, 215 Cal. Rptr. 513 (1985).

④ D.P. v. State, 200 S.E.2d 499 (Ga. Ct. App. 1973).

⑤ In re Felton, 124 Ohio App. 3d 500, 706 N.E.2d 809 (1997).

⑥ La. Child. Code Art. 808 (West 1999).

事被告人的权利……除控诉权、获取陪审团审判权和获取保释权……"）。[1] 然而，获取陪审团审判的权利影响着刑事或少年越轨案件审判的程序和证据的其他方面。

州法律和少年法院程序规则通常分别制定关于越轨少年和身份犯的条款，以规范审判管理、辩护律师的指定、证明责任、证据的可采性、父母到场以及诸如此类。参见加利福尼亚州的相关法律规定。[2] 温希普案件之后，各州对少年越轨案件的证明必须达到"排除合理怀疑的程度，且对其予以支撑的证据必须是在刑事案件审判中依法可采信者"。[3] 少年获取陪审团审判的权利取决于州宪法或法律的规定。参见科罗拉多州的有关法律规定（被指控为"严重少年犯"或暴力犯罪的少年可以请求获得六人陪审团的审判）；[4] 明尼苏达州的有关法律规定（少年越轨案件的审判应当不适用陪审团，且应当以非正式的方式进行）。[5]

在国家提起诉请之后，少年法院随之传讯少年。在传讯中，如果该少年尚未聘请辩护律师，则法院会提示其获取律师辩护的权利，以及如果该少年为贫困者而享有的获取法院指定辩护律师的权利。详见本章第四部分第四节，"获取律师辩护的权利"。在传讯中，该少年必须承认或否认诉请中的指控。"在庭审开始之时或之前，少年可以口头或书面的方式对诉请予以答辩。如果没有答辩，则假定其总体否认受指控的行为。"[6] 在绝大多数案件中，少年承认诉请书的指控，即坦白认罪（plea guilty）。详见本章第五部分"坦白认罪"。大部分州的少年法要求少年或承认或否认诉请书的

---

① N. J. Stat. § 2A:4A－40 (2001).

② Cal. Welf. & Inst. Code § 701 (West 2000).

③ 注同上。

④ Colo. Rev. Stat. Ann. § 19－2－107 (West 2000).

⑤ Minn. Ann. Stat. § 260B. 155 Subd. 1(a) (West 2000).

⑥ Tex. Fam. Code Ann. § 53. 04 (Vernon 2000).

指控，而没有包含“不作答辩”（nolo contendere）[①] 的选项。例如“为了 B. P. Y. 的权益案”（否定不作答辩的抗辩）；[②]佛罗里达州的相关法律规定（“在接受坦白认罪或不作答辩之前，法院应当确认：其答辩是知情的、自愿的……”）。[③] 如果少年否认诉请书的指控，那么法院就会将开庭审判的问题纳入日程。

1. 开示（discovery）

在肯特案件中，联邦最高法院认为：少年的律师必须有权获取关于少年的社会历史调查报告（the social history report）——该报告是少年法院法官作出放弃管辖决定的基础。公诉人具有向被告人开示其所掌握的无罪证据的宪法义务。参见“布雷迪诉马里兰州案”。[④] 尽管刑事被告人拥有宪法第五修正案所赋予的避免自证其罪的特权，但该法院认定：将审前开示（pretrial discovery）作为被告人证据在审判中的可采性的条件，只影响证据开示的时机，即要求其在开庭审理之前，将其拟用于审判的信息予以开示。参见“威廉姆斯诉佛罗里达州案”。[⑤] 自 20 世纪 70 年代开始，各州拓宽了刑事案件控辩双方开示的范围。参见拉费：《刑事诉讼程序》。[⑥]

州法院通常在少年越轨案件的审判中应用刑事案件的开示程序，尽管少年法院具有名义上的民事性质。例如“乔 · Z. 诉高等

---

① nolo contendere，“不作答辩”（拉丁语），即指在刑事诉讼中，被告人不认罪但又放弃申辩的情形。对此，一般认为，应将其视为无罪答辩，即没有申辩的无罪答辩。——译者注

② In the Interest of B. P. Y., 712 A. 2d 769 (Pa. Super. Ct. 1998).

③ Fla. R. Juv. P. 8.080.

④ Brady v. Maryland, 373 U. S. 83 (1963).

⑤ Williams v. Florida, 399 U. S. 78 (1970).

⑥ LaFave, Wayne R., Israel, Jerold H. & King, Nancy J., *Criminal Procedure* (4th ed., 2000), 36, 62, 67, 68, 69, 72, 108, 117, 118, 123, 144, 145, 146, 162, 174, 252, 255, 287, 289, 304, 314.

法院案”（少年越轨案件的开示程序衍生于刑事案件的相关实践）；[1]“罗伯特·S. 案”；[2]“汉拉恩诉菲尔特案”（少年越轨案件有异于其他的民事诉讼，不宜自动地适用民事案件开示的条款）。[3]作为肯特案件的结果，开示的规定既适用于审判移送，也适用于少年越轨案件的审判。参“A. M. 案”（开示旨在为放弃管辖程序中的相信被告人有罪的合理根据审理做准备）。[4]

州法律和法院规则规定开示的范围，以及少年和公诉人从对方获取开示信息的程序。参见得克萨斯州的有关法律规定（“开示……由刑事诉讼程序法典和刑事案例的裁决予以规定”）；[5] 阿肯色州的有关法律规定（少年越轨案件诉讼适用刑事诉讼规则）。[6]各州的少年案件开示规则通常效仿刑事诉讼的相关规则。参见明尼苏达州和俄亥俄州的相关规定。[7] 基于这些规则，公诉人必须对少年案件的证据予以开示，而这可能引起相关的宪法问题，如搜查获取的证据、供认、鉴定程序以及诸如此类的以令少年能够为抗制证据而采取适当的行动。各司法管辖区要求公诉人向辩护律师开示其试图纳入的证人名单、证人的先前记录以及任何的书面或记录的陈述、文件、书面材料或有形物，以及该少年或同案犯所作的任何陈述。

由于开示是互惠的——“一条双向的街道”，少年被告人必须向公诉人开示其试图纳入审判的相关信息。“克林顿·K. 诉高等

---

① Joe Z. v. Superior Court, 3 Cal. 3d 797, 478 P. 2d 26, 91 Cal. Rptr. 594 (1970).

② In re Robert S., 9 Cal. App. 4th 1417, 12 Cal. Rptr. 2d 489 (1992).

③ People ex rel. Hanrahan v. Felt, 48 Ill. 2d 171, 269 N. E. 2d 1 (1971).

④ In re A. M., 139 Ohio App. 3d 303, 743 N. E. 2d 937 (2000).

⑤ Tex. Fam. Code Ann. § 51. 17 (Vernon 2002).

⑥ Ark. Code Ann. § 9 – 27 – 325(f) (Michie 2000).

⑦ Minn. R. Juv. Proc. 10; Ohio R. Juv. P. 24.

法院案"[①] 的裁决认为：法院有权批准公诉人在放弃管辖听证会之前的开示。其中包括少年试图纳入审判的文件材料、有形物和检测结果，以及告知确定的辩护事由，如不在现场（alibi）和预期证人(prospective witness)。参见明尼苏达州的相关法律规定。[②]

2. 非法证据排除听证会与证据

面对不可采用的证据，陪审团成员易于受到偏见的影响，这构成了诸多证据规则的基础，并影响着非法证据排除听证会（suppression hearings)[③] 的时机安排与控制。在"杰克逊诉丹诺案"[④]中，法院确立了证据在审判中的宪法意义上的可采纳性的审查程序。杰克逊反对将未经初步司法审查其自愿性的口供采纳为证据的做法，因为通过一个大体的有罪判决，上诉法院无法充分审查：陪审团是否采取了适当的态度，即不理会被证实为非自愿的口供。陪审团无法决定口供的自愿性和可采纳性，及其与被告人有罪问题的分别。有罪证据会影响对自愿性的评价，且就连非自愿的口供也会影响对被告人是否有罪的判定。该法院总结道：国家诉讼程序必须提供一种"关于口供自愿性的可靠而清晰的判定……至于是负责审判的法官、另外的法官，抑或另外的陪审团，但不能是定罪的陪审团，充分解决了自愿性的争议问题，在所不论"。因此，在引介入和排出于陪审团之前，法官应当对警察通过搜查、讯问等方式获取的证据在宪法上的可采纳性进行审查。参见拉费：《刑事诉讼程序》。

---

① Clinton K. v. Superior Court, 44 Cal. Rptr. 2d 140, 37 Cal. App. 4th 1244 (1995).

② Minn. R. Juv. Proc. 10.

③ 非法证据排除听证会(suppression hearings)，或称"非法证据抑制听证会"；"证据合法性听证会"，即在美国刑事诉讼中，由被告人提议的旨在抑制或禁止公诉人使用违反被告人权利的非法证据的听证会。——译者注

④ Jackson v. Denno, 378 U.S. 368 (1964).

在“新泽西州诉T. L. O. 案”[①]中，联邦最高法院未曾涉及这样一个问题，即对少年越轨案件处理程序适用排除性的规则，是否是因为其判定校园搜查是合理的。所有考虑了该问题的州法院已经将该规则适用于少年越轨案件的审判中，并对非法获取的证据进行了排除。例如“斯科特·K. 案”（非法证据排除可以确保实施调查程序符合正当处理原则）；[②]“马希案”；[③]“蒙特瑞尔·M. 案”。[④]在联邦少年越轨案件中，各法院亦适用非法证据的排除规则。

> 在少年越轨案件中，不遵循非法证据的排除规则会大大减损该规则在总体上的威慑效力……如此，则无以就违反联邦宪法第四修正案权利的行为，对少年越轨案件嫌疑人予以切实的救济，这近似于宣告：所有针对少年案件侦查行为的限制规则都被解除了。参见“合众国诉窦伊案”。[⑤]

某些州遵循成年人刑事诉讼程序，并在庭审之前确定证据在宪法意义上的可采纳性。参见加利福尼亚州的相关法律规定（“在被用作定罪处刑可能性（jeopardy）的附件之前，任何通过非法搜查或抓捕所获取的有形物或无形物皆应经过证据合法性的审查……”）；[⑥]“关于J. P. L. 的福利问题案”（少年案件的更好程序

---

① New Jersey v. T. L. O., 469 U. S. 325 (1985).

② In re Scott K., 24 Cal. 3d 395, 155 Cal. Rptr. 671, 595 P. 2d 105 (1979).

③ In re Marsh, 40 Ill. 2d 53, 237 N. E. 2d 529 (1968).

④ In re Montrail M., 87 Md. App. 420, 589 A. 2d 1318 (1991).

⑤ United States v. Doe, 801 F. Supp. 1562 (E. D. Tex. 1992).

⑥ Cal. Welf. & Inst. Code § 700. 1 (West 1999).

应当是：在庭审之前，举行单独的证据合法性听证会）。[①] 然而，与成年人司法实践不一样的是，许多州在少年案件的庭审中进行证据合法性问题的争讼，而不是举行一个单独的庭前证据审查程序，或将其安排在另一个事实调查程序之前。之所以允许法官而不是陪审团在同一程序中判定证据的可采性以及犯罪的成立与否，乃是缘于这样一个假设，即法官的职业培训、性格和经验令其在判案中有能力甄别不可采信的和可采信的证据。上诉法院常常认为：可能引起陪审团歧见的不可采信的证据不会对面临该证据的审判法官造成不适当的影响。法官审判（bench trials）的诸多规则乃是基于这样的假设，即法官们不会受到不可采信的或被抑制的证据的不利影响。再者，令某一法官决定证据的可采纳性，而令另一名法官主持案件的庭审，这可能不具有管理上的可操作性和便利性。

如某些司法管辖区的做法那样，通过提供陪审团审判，或通过规定在庭审前由不同的法官来负责证据可采性的审查，州法院可得以避免少年越轨案件证据污染的风险。在庭审前举行证据合法性听证会，还可以保护国家的中间上诉权（right to an interlocutory appeal）[②]。在具备定罪处刑可能性的情况下，证据不可采信的裁定将会排除对被宣告无罪的被告人的上诉复审或再审。例如"布里德诉琼斯案"（Breed v. Jones）。另外，审前的非法证据排除听证会可以确保：只想证实口供的自愿性或其他证据的可采性等争议问题的少年被告人得以在没有偏见的情况下如愿以偿。在庭审之前举行非法证据抑制听证会，或由另一名法官来主持该听证会，可以通过证据可采性问题与随后的关于有罪无罪问题之间的分离，最大限度地减小事

① In the Matter of the Welfare of J. P. L., 359 N. W. 2d 622 (Minn. Ct. App. 1985).

② 中间上诉（interlocutory appeal），也称"非正审上诉"或"诉讼期间的上诉"，即指对于非法证据排除的裁判，在判决作出前，控方可以提出上诉。——译者注

实调查中可能出现的混乱。

根据加利福尼亚州的成年人刑事诉讼程序,[①]被告人和国家都有权针对非法证据排除诉请的裁定提请审前的上诉复审。而在“阿布杜拉·B. 诉索拉诺郡高等法院案”[②]中，法院支持了关于少年法院法官针对少年提出的非法证据排除诉请的审前裁定的另一种复审程序。与成年被告人不同，在国家将有关证据纳入庭审之前，少年无权获取中间上诉的裁定（an interlocutory appellate ruling）。“阿布杜拉·B. 案”判定：如果少年法院对其作出的有罪判决令这一程序差异发生了偏移，则少年可以获得这一迅速完成的上诉复审。

（1）证据

少年越轨案件审判实际上是刑事诉讼，且许多州明确规定，“证据法应当适用于审判程序。”例如：明尼苏达州的有关法律规定；[③]伊利诺伊州的有关法律规定（刑事诉讼的证据规则适用于少年越轨案件）；[④]得克萨斯州的有关法律规定（案件的判决只能根据“客观的、具有相关性和证明力的证据”，且其可采性应当遵循刑事程序法的规定）。[⑤]

（2）异议

控辩双方有权以先前的不一致陈述、其他证人的证言以及刑事判罪记录，对证人证言提出异议。由于少年越轨案件审判不是正式的刑事审判，其异议的适用可能存在问题。在少年法院中，最为重大的异议问题即以先前的少年越轨判决质疑证人的可信度。利用先

---

① Cal. Penal Code § 1538.5 (West 1999).

② Abdullah B. v. Superior Court of Solano County, 135 Cal. App. 3d 838, 185 Cal. Rptr. 784 (1982).

③ Minn. Stat. Ann. § 260B.155 Subd. 1(a) (West 2000).

④ Ill. Juv. Ct. Act § 704 – 6 (2000).

⑤ Tex. Fam. Code Ann. § 54.03 (Vernon 2000).

前的判决来提出异议，涉及少年法院不公开及尽量减小污点的传统义务与被告人切实获得交叉质询证人的权利之间的平衡问题。

在“戴维斯诉阿拉斯加州案”[①]中，联邦最高法院主张：被告人有权对抗表现出偏见的少年缓刑官，且对其可信度的异议优于该州少年案件保密的法律规定。“如果案件的诉请者获准进行如此程度的调查，则对该州少年案件诉讼优点的严重损害将会成为一种真实的可能……”保护被告人的自由权益优于保密政策，且该法院要求该州不封闭相关证人先前的少年越轨判决记录。

戴维斯案件涉及对控方证人的异议问题，与此不同，各州法院在控方是否有权使用越轨案件判决来对辩方证人提出异议的问题上存在分歧。在“堪萨斯州诉威尔金斯案”[②]中，法院允许了该州对辩方证人提出异议，并推理道：相关的规则适用于任何一方。与此相对照，“密苏里州诉托马斯案”[③]的法院认为：以其少年时代的先前记录来对辩方证人提出异议，是不适当的，因为州政府，与被告人不同，并不享有联邦宪法第六修正案所赋予的藉以抵消其维护保密程序利益的对质权。然而，在辩方证人对少年的良好品格进行证明时，法院允许州政府以其所了解的该少年先前的越轨记录来交叉盘问该品格证人。例如“威尔伯恩诉阿肯色州案”；[④]“罗杰斯诉合众国案”。[⑤]由于越轨案件的判决不是正式的刑事判决，因此法院通常禁止国家以其自己在早先作出的越轨判决记录来对少年被告人的可信度提出异议。例如“州政府支持公诉之 K. P. 案”；[⑥]“人民诉桑切斯案”；[⑦]“安东尼·H. 案”（“少年案件判决之证据通常

① Davis v. Alaska, 415 U.S. 308 (1974).

② State v. Wilkins, 215 Kan. 145, 523 P.2d 728 (1974).

③ State v. Thomas, 536 S.W.2d 529 (Mo. Ct. App. 1976).

④ Wilburn v. State, 289 Ark. 224, 711 S.W.2d 760 (1986).

⑤ Rogers v. United States, 566 A.2d 69 (D.C. App. 1989).

⑥ State ex rel. K.P., 167 N.J. Super. 290, 400 A.2d 840 (1979).

⑦ People v. Sanchez, 170 Cal. App. 3d 216, 216 Cal. Rptr. 21 (1985).

不被允许采纳”于异议程序中)；[①]“关于S. S. E. 案”(只有在刑事审判中可予采纳的证据可以获准纳入少年越轨案件的审判中，且只有关于犯罪的判决方能用以对证据的可信度提出异议)。[②]

3. 避免自证其罪的特权

在高尔特案件中，法院认为：“避免自证其罪的宪法特权适用于少年案件，如其适用于成年人一样。”某些州已经将此项特权法典化，而另一些州规定：在审判开始之际，少年法院的法官应当告知少年及其父母此项特权。例见佐治亚州的相关法律规定；[③]得克萨斯州的相关法律规定。[④]再者，避免自证其罪的特权适用于整个处置审理（disposition hearing）判决，且对审前会见过程中收集的有罪信息的使用可能违反此项权利。例如“关于J. S. S. 案”(联邦宪法第五修正案既适用于量刑处遇阶段，也适用于定罪阶段)。[⑤]在许多的司法管辖区内，对于精神病学专家或心理学专家在放弃管辖程序考量中的强制性的保密信息，国家无权将其用作随后的少年越轨案件或刑事案件指控的有罪证据。详见本书第六章第一部分的有关论述。

在“艾伦诉伊利诺伊州案”[⑥]中，法院考虑了联邦宪法第五修正案避免自证其罪特权在《伊利诺伊州性危险者法》（the Illinois Sexually Dangerous Persons Act）相关诉讼程序中的可适用性。负责审理该案的法院指令艾伦服从精神病学的检测，且精神病学专家们对其从艾伦的非自愿民事收容诉讼程序（involuntary civil commit-

---

① In re Anthony H., 994 P. 2d 407 (Ariz. Ct. App. 1999).

② In re S. S. E., 629 N. W. 2d 456 (Minn. Ct. App. 2001).

③ Ga. Code Ann. § 15 – 11 – 31(b)(1994).

④ Tex. Fam. Code Ann. § 54.03(b)(3)(Vernon 2000).

⑤ In re J. S. S., 20 S. W. 3d 837 (Tex. App. 2000).

⑥ Allen v. Illinois, 478 U. S. 364 (1986).

ment proceeding）中获取的相关信息予以了证实。该法院判定：该州旨在为艾伦提供治疗，而不是对其予以惩罚，并由此否决了其获得此项特权的保护。相关法律所宣示的目的是治疗性的，而不是惩罚性的。正如怀特法官在麦基弗案件一致意见中所强调的，艾伦案件的法院认为：对艾伦的收容期限是不确定的，而这正是其治疗目的的另一个标志。尽管该州为收容诉讼程序提供了许多刑事诉讼程序的安全保障，该法院还是判定：如果该州主张通过民事收容诉讼程序对病人提供治疗，则刑事诉讼程序的安全保障就是不必要的了。艾伦案件的法院凸显了高尔特案件所持的赋予少年越轨者避免自证其罪特权的主张。艾伦案件强调：自由的失去，其本身并不能引起此项权利，而是收容的目的决定了此项特权可否获得的问题。艾伦案件错误地理解了高尔特案件联邦宪法第五修正案的基本原理，即在根本上将其理解为这样一个问题——少年法院以将少年判入成人监狱的方式对少年越轨者进行了惩罚。艾伦案件的不同意见反对该法院对自证其罪特权的否决，并认为：被作为性危险者予以收容的污点至少可与越轨行为的污点相提并论，其自由权的丧失与高尔特案件无异，同时，该不同意见还谴责道：在政府福利目的的伪装下，多数意见切除了程序性的安全保障。

（1）父母—儿童的特权

某些司法管辖区通过法律规定了父母－儿童的特权，该特权保护未成年儿童与其父母之间的保密交流。例如，明尼苏达州的相关法律规定（“不得对父母……与其未成年子女所作的任何私下交流进行监视……”）。[1] 在缺乏此类法律规定的情况下，法院通常会拒绝创制某种父母—儿童的证言特权，并借此特权免除父母在少年越轨案件或刑事案件诉讼中证实其子女透露的事宜。例如，“大陪审团传票案”（家庭内部证言特权的创制应当由立法予以确定）。[2]

---

① Minn. Stat. §595.02 (2001).

② In re Grand Jury Subpoena, 722 N.E.2d 450 (Mass. 2000).

四、获取律师辩护的权利

程序正义紧密关联于对律师有效帮助的获取。高尔特案件将少年获取律师辩护的权利建立在联邦宪法第十四修正案之正当处理原则条款的基础上，而不是将其建立在第六修正案之获取律师辩护权的基础上。该法院认为：作为一个正当处理原则问题，“律师帮助是……必不可少的，因为少年越轨的判定伴随着国家机构监禁的可怕前景”。尽管高尔特案件认识到：律师会令少年案件诉讼更为正式，更具抗辩性，但该法院认为：律师到场可以营造“一种关于有责性的健康氛围”。然而，高尔特案件并没有要求：在越轨少年出现在法庭上时，必须或自动为其指定辩护律师，而只是主张：“儿童及其父母必须被告知其所具有的聘请律师代理的权利，或者如果他们无力聘请律师，可以获得指定辩护律师的代理。”高尔特案件还认识到：少年可以放弃获取律师辩护的权利。

高尔特案件反映了沃伦法院的信仰：抗辩性的程序可以保护宪法权利，限制国家的强制力，保障法律施行的规范性，并维护个人的自由权和自决权。高尔特案件的前些年，在“吉迪恩诉韦恩赖特案”① 中，法院遣用了联邦宪法第六修正案的律师辩护权，并要求州法院为重罪案件中的贫困的成年刑事被告人指定辩护律师。“在我们的刑事司法抗辩制度中，任何因贫穷而请不起律师的人都无法获取公正审判的保障，除非为他们提供辩护律师。”由于高尔特案件所依据的是联邦宪法第十四修正案的正当处理原则条款，而不是联邦宪法第六修正案和吉迪恩案件，因此在少年越轨案件诉讼中，指定辩护律师之宪法权利的范围问题存在某些模糊之处。

在“阿杰辛格诉哈姆林案”② 中，法院考虑了联邦宪法第六修

---

① Gideon v. Wainwright, 372 U. S. 335 (1963).

② Argersinger v. Hamlin, 407 U. S. 25 (1972).

正案是否要求各州为因轻罪指控而被判入狱的贫困成年刑事被告人指定辩护律师的问题，并认为："如果不明白放弃权利的意义，或者缺乏明智的权利放弃，任何人都不应当因任何违法行为被判入狱，无论其属于微罪、轻罪或重罪，除非其获得了辩护律师的代理。"在"斯科特诉伊利诺伊州案"[①]中，联邦最高法院澄清了阿杰辛格案件的问题，并将成年轻罪被告人获取法院指定辩护律师的宪法权利限定于法官实际判决某被告人某种形式监禁的案件。大多数州的少年法赋予了越轨少年获取法院指定辩护律师的法定权利，即便是在可能导致监禁后果的轻罪案件中。参见巴里·C. 菲尔德：《儿童之正义：获取律师辩护权与少年法院》(1993)（以下简称菲尔德：《儿童之正义》）;[②] 美国审计总署：《少年司法：代理率以及辩护律师对法院判决结果影响作用的变化》(1995)（附录之法律规定概要）（以下简称审计总署：《代理率》）。[③]

紧随高尔特案件之后，关于该决定执行情况的评估显示：许多少年法院的法官既没有充分告知少年其获取律师辩护的权利，亦没有为他们指定律师。参见菲尔德：《儿童正义》。20 世纪 80 年代晚期的几项实证研究显示：在许多州，许多少年获取律师辩护的权利仍然未能得以实现。在所研究的六个州中的三个州里，一半以上的少年没有辩护律师，其中的许多少年被法官判决离开家庭，并被置于训导学校（training school，或译为"教养所"）。参见菲尔德：《儿童正义》。1992 年，国会再次颁行《少年司法与少年越轨预防法》[④]，并委托审计总署（G. A. O.）对少年法院律师辩护的执行及

---

① Scott v. Illinois, 440 U. S. 367 (1979).

② Barry C. Feld, *Justice for Children: The Right to Counsel and Juvenile Courts* (1993).

③ United States General Accounting Office, *Juvenile Justice: Representation Rates Varies As Did Counsel's Impact On Court Outcomes* (1995).

④ The Juvenile Justice and Delinquency Prevention Act, 42 U. S. C. A. § 5601(a) (1994).

效果进行评估。审计总署的调查研究还报告了各州之间以及各州内部的律师代理比率的差异性。参见审计总署:《代理率》。

据美国律师协会(the American Bar Association)报道:“许多儿童在历经整个少年司法体系的过程当中,没有获得辩护律师的权益。其中的一些儿童的确有辩护律师,但这些辩护律师因没有受过关于少年案件代理之复杂性的培训而未能提供‘有效的’代理。”参见美国律师协会:《危境中的美国儿童》(1993 年)。① 美国律师协会总结道:为每一个受犯罪指控的少年提供有效的律师辩护,可以缓解少年司法所特有的某些问题,缓解过于拥挤的监禁条件,减小案件处理中的种族差异,减少不当的裁决以及不适当地将少年移送成人法院。另一项研究报告了这样一种情况,即少年法院的辩护律师常常在少年利益面前采取重大的妥协,并从而导致了他们在实际上缺乏抗辩力。参见美国律师协会:《呼唤正义》(1995 年)。② 在 20 世纪的最后一个十年中,美国律师协会和全美少年辩护中心(the National Juvenile Defender Center)对 16 个州的少年法院的法律服务及其品质进行了评估,并描绘了一幅严峻的图景。③ 他们始终发现:许多(如果不是大多数)少年放弃了辩护律师的代理,且少年的代理律师常常因为缺乏培训、资源不足和办案数量的重负而提供着不合标准的服务。

1. 指定与放弃律师辩护

在法律服务提供的问题上,各州的法律及法院规则的规定大相径庭。某些州规定:获取律师辩护的权利适用于如下情形:警察对涉案少年予以了羁押、在羁押听证会上以及“在法院审判程序的所有阶段,除非获取律师辩护的权利是在自由、知情和明智的情况

① American Bar Association, *America's Children at Risk* (1993).

② American Bar Association, *A Call for Justice* (1995).

③ http://www.njdc.info/assessments.php.

下为该少年所放弃”。参见佛罗里达州的有关法律规定。[①] 因为高尔特案件的决定，获取律师代理和法院为贫困少年指定辩护律师的法定权利，至少得以适用于少年越轨案件诉讼程序正式开始之后。参见佐治亚州的有关法律规定；[②] 得克萨斯州的有关法律规定。[③] 除非被合法有效地放弃，少年“在所有诉讼阶段”获取律师辩护的权利可以延伸至处遇审理（dispositional hearing）以及整个审判阶段。参见俄亥俄州的有关法律规定；[④]“关于威廉·B. 案”（推翻了没有辩护律师或没有合法有效的权利放弃的判决）。[⑤] 另一些州禁止任何形式的律师辩护权的放弃。例如得克萨斯州的有关法律（在定性或处遇审理中，不允许放弃律师辩护）。[⑥] 在赋予少年于“案件诉讼的每个阶段”都享有获取律师辩护权的州（如得克萨斯州）[⑦] 中，法院将此项权利延伸至试图以人身保护令（habeas corpus）[⑧] 来对抗少年法院判决的少年——该判决会将该少年纳入成年人矫正机构中。例如“霍尔案”。[⑨]

某些州规定：对于受到重罪指控，或显著恶劣轻罪指控，或州政府欲对其予以离家安置的少年，必须为其指定辩护律师或备用的辩护律师。参见明尼苏达州的有关法律规定。[⑩] 即便少年意图放弃律师辩护，法院规则还是要求法院在重罪案件中为其指定备用的辩

---

① Fla. Stat. Ann. § 985. 203 (West 2000).

② Ga. Code Ann. § 15 - 11 - 30(b)(2000).

③ Tex. Fam. Code Ann. § 51. 10(a)(Vernon 2000).

④ Ohio R. C. § 2151. 352 (2004).

⑤ In re William B., 163 Ohio App. 3d 201, 837 N. E. 2d 414 (2005).

⑥ Tex. Fam. Code Ann. § 51. 10(b)(Vernon 2000).

⑦ Tex. Fam. Code Ann. § 51. 10(a).

⑧ 人身保护令(habeas corpus)，即要求把拘留或监禁的人及时送交法院处理的法令。——译者注

⑨ In re Hall, 2008 WL 1826534 (Tex).

⑩ Minn. Stat. Ann. § 260B. 155 Subd. 2 (West 2000).

护律师，甚至于授权法院在轻罪案件中为其指定备用的辩护律师。参见明尼苏达州的有关法律规定。[①] 法律及法院规则禁止对任何少年适用离家安置措施——如果该少年在处遇审理中或在处遇决定所基于的先前诉讼程序中没有获得律师代理的话。参见威斯康星州的有关法律规定（法院不得将放弃律师辩护的少年安置于矫正机构或监禁机构）；[②] 明尼苏达州的有关法律规定。[③] 最后，某些州认为少年缺乏放弃律师辩护权利的能力，并规定为其指定律师，且只有在满足如下条件的情况下方才允许其放弃律师辩护，即其有确实充分的证据表明：其理解指控的性质、具备自行辩护所必要的成熟与智识，并证实：放弃律师辩护符合其“最佳利益”。例如纽约州的有关法律规定。[④] 关于法律服务提供情况的研究报告显示：少年得以放弃律师辩护的难易程度直接影响着某州律师代理的比率。参见菲尔德：《儿童正义》。

在大多数司法管辖区，少年可以放弃其律师辩护权。例如“曼纽尔·R. 上诉案”。[⑤] 有几个州规定：在放弃权利之前，律师必须到场，并为少年提供咨询。例如“州政府支持公诉之 J. M. 诉泰勒案”（放弃权利前，应当有律师提供咨询）；[⑥] “D. R. 诉共同体案”（“只有之前就放弃律师辩护权问题获得了指定辩护律师及其咨询的情形下，少年方能放弃其获取律师辩护的权利”）。[⑦] 绝大多数州并不要求少年法院的法官指定辩护律师或备用的辩护律师。他们不要求越轨少年在放弃律师辩护之前向某个律师进行咨询。如

---

① Minn. Juv. Proc. Rule 3.02.

② Wisc. Stat. § Ann. 932.23 (1m)(a)(2008).

③ Minn. Juv. Proc. Rule 3.02 Subd. 3.

④ N. Y. Fam. Ct. Law § 249 – a (McKinney 2000).

⑤ In re Manuel R., 207 Conn. 725, 543 A.2d 719 (1988).

⑥ State ex rel. J. M. v. Taylor, 276 S. E. 2d 199 (W. Va. 1981).

⑦ D. R. v. Commonwealth, 64 S. W. 3d 292 (Ky. Ct. App. 2001).

同“米兰达”权利（Miranda rights）[①] 的放弃，在法院庭审中放弃律师辩护的宪法标准，即基于整体情况判断之法则，该少年是否在“知情、明智和自愿的”情况下对其权利予以了放弃。参见：“法尔诉麦克·C. 案”；本书第三章第三部分；明尼苏达州的相关法律规定；[②] 佛罗里达州的相关法律规定（律师辩护权的放弃应当在自由、知情和明智的情况下作出）。[③] 在“法勒塔诉加利福尼亚州案”[④] 中，联邦最高法院允许成年刑事被告人放弃律师辩护，并在法庭上自行辩护（pro se）。法勒塔案件强调：联邦宪法第六修正案将律师辩护视为对被告人的一种帮助，而不是宪法的一种约束。对个人自治权、尊严和选择自由的尊重，要求庭审法官允许被告人在其有能力并尊重法庭礼仪的情况下放弃律师辩护的权利。参见拉费：《刑事诉讼程序》。然而，法勒塔案件提示法官谨慎地进行一番“彻底而全面的调查”，并以此发现关于被告人理解和自行辩护能力的事实，其中包括：年龄、教育程度、社会背景、先前的庭审经验，以及对庭审复杂性、律师代理辩护的好处和自行辩护的不利之处的理解，以及如果不及时主张则会丧失某些可能的辩护事由，等等。在“范·莫尔科诉吉列斯案”[⑤] 中，法院认为：知情且明智的律师辩护权利放弃，要求法官就被告人是否理解指控罪名、惩罚的幅度、可能的辩护事由和减轻情节以及其他方面的问题进行一番彻底的评估。上诉法院允许少年在法勒塔案件的框架下放弃其律师辩护权，并对其是否具有理解并放弃其权利的充分背景进行审查。参见“关于克里斯托弗·H. 案”（相关因素包括年龄、教育程度、心理健康状况、先前的法庭经验、对指控的理解、遵守法庭规则的

① 即沉默权。——译者注

② Minn. Juv. Proc. Rule 3.04.

③ Fla. Stat. Ann. §985.203 (1) (West 2000).

④ Faretta v. California, 422 U.S. 806 (1975).

⑤ Von Moltke v. Gillies, 332 U.S. 708 (1948).

意愿，以及类似的因素)。[1]

即便合法有效的理由存在于成年人放弃其律师辩护权的准许规则中，法院是否应当允许少年放弃其权利？是否应当对他们适用与成年人相同的权利放弃标准？在“关于曼纽尔·R. 案”中，法院审查了允许少年放弃律师辩护的背景政策，以及法院保障放弃权利之合法有效性所应当遵循的程序。该法院否决了涉案少年对缺乏放弃律师辩护权利能力的自行辩护规则的请求，而是将放弃权利的合法有效性诉诸对每个少年之弃权能力的逐案评估。该法院就为何应当允许少年（如同成年人那样）放弃律师辩护的问题提出了几点政策理由。其以为：律师辩护的放弃可以令少年承担其行为之责任，令其实质地参与诉讼，并可以迈出走向康复的第一步。相反，强制指定辩护律师的规定会减弱其对诉讼的参与感，并令其成为相关诉讼活动的被动观察者。

为了证实律师辩护权的放弃是“知情的、明智的和自愿的”，“关于曼纽尔·R. 案”要求法院和少年之间进行一次会谈，并对此予以记录，以此确认如下事实：已就获取律师辩护权问题为涉案少年提供了咨询；涉案少年有能力识别权利放弃的后果；涉案少年理解相关诉讼及其后果；以及涉案少年意识到了自我辩护（self - representation）的风险。这一会谈包括如下内容：关于指控罪名性质及其包含的较轻罪行的讨论、可适用的刑罚幅度、可能存在的辩护事由、该少年享有的获取指定辩护律师的权利、对辩护律师角色的解释，以及其他审判权利的可获得性。该法院要求：法官与少年之间的会谈应当充分，且应当“特别谨慎”地确证任何权利放弃的基础。其他法院则强调：法官必须对此予以细致调查，因为这是“极为令人怀疑的——社会经验有限的儿童何以能理解律师辩护的重要意义”。例如“州政府诉 T. G. 案”（法院在接受少年对律师

① In re Christopher H., 359 S. C. 161, 596 S. E. 2d 500 (App. 2004).

辩护的弃权时，应当比接受成年人的律师辩护弃权更为小心谨慎）；[①]“关于克里斯托弗·H. 案”（要求进行相应的记录以显示：少年具备弃权的充分背景，且该少年获得了关于相关权利的清晰明了的咨询）。[②] 再者，如果少年放弃了律师辩护，那么法官必须在庭审的每一个阶段重新表示为其提供律师辩护。参见佛罗里达州的相关法律规定。[③] 尽管有详尽的法律规定和审判规则，许多庭审法官仍然常常会对之予以漠视——给予越轨少年粗略而仓促的警示，未能举行预设的调查会谈，不作充分的记录，以及允许众多的少年放弃律师辩护。参见玛丽·伯克海泽：《子虚乌有的少年律师辩护权：少年法院之弃权》，载《佛罗里达法律评论》2002 年第 54 期，第 577 页。（限制弃权的理念以及详细的法定程序皆未能防止少年法院的法官运用其自由裁量权，认可弃权，并排除律师的辩护）。[④]

负责“州政府支持公诉之 J. M. 案”、“G. E. 诉泰勒案”和“A. H. 诉特伦特案”[⑤] 审判的法院讨论了在少年法院中放弃律师辩护权的标准。尽管认识到相关法律对少年放弃律师辩护权利能力的设想，但该法院还是要求：在此之前，少年应当获得律师的咨询，以确保其是在知情、明智和自愿的情况下作出弃权的决定。先行咨询的政策要求各州在少年法院中建立法律服务的供给制度。要求少年在弃权之前向律师进行咨询，可资以确认相关的决定是有策略的、有战略意义的、合法的，而不是对该项权利的简单而抽象的认识。某些州通过适用更高的弃权标准、创制其没有能力弃权的假设前提以及对少年肯定地展示其能力加诸更高的证明责任，来弥补少

---

① State v. T. G., 800 So. 2d 204 (Fla. 2001).

② In re Christopher H., 359 S. C. 161, 596 S. E. 2d 500 (App. 2004).

③ Fla. R. Juv. P. 8.165.

④ Mary Berkheiser, “The Fiction of Juvenile Right to Counsel: Waiver in the Juvenile Courts,” 54 Fla. L. Rev. 577 (2002).

⑤ A. H. v. Trent, 166 W. Va. 511, 276 S. E. 2d 199 (1981).

年有限的经验、判断力和能力。参见纽约州的有关法律规定。[1]

尽管高尔特案件意识到律师辩护会令少年越轨诉讼更具抗辩性，但负责该案审判的法院却将其视为可取的。然而，对少年法院辩护律师的表现及作用的实证研究表明：有辩护律师代理的少年可能比没有辩护律师代理的少年的遭遇更不幸。参见菲尔德：《儿童之正义》；审计总署：《代理率》。在对其他法律变量，如罪行严重程度、前科和审前羁押状态予以控制之后，有律师辩护的少年比放弃了律师辩护的少年受到了更为严厉的处遇措施。与此项研究发现相一致的几个因素为：律师辩护的不力、法官对判决的预先判断以及法官对少年运用权利的敌意。

其一在少年法院中，代理越轨少年的律师可能是能力不足的，或是对其当事人的案件有所偏见的。诸如办案数量和准备不充分之类的组织机构压力，可能对辩护律师的表现造成负面影响。[2] 其他一些因素也会导致律师的热忱表现有所减退，如与法院人员合作并保持稳定关系的组织压力、法官对争讼的当事人的敌意，以及康复与惩罚的双重目标所造成的角色模糊。不尽如人意的就业条件、长时间的工作、薪酬低廉、资源不足、办案数量的重负以及难缠的当事人，可能减损律师代理的品质。公共辩护人事务所（public defender office）可能不会指派其最好的律师，并可能将指派的少年法院辩护工作当作职业性的惩罚，或以此令新律师获取庭审的经验。其二，如果意图在其后对少年施以更为严厉的判决，法官可能会为其指定辩护律师。例如，基于其从传讯、拘留、审前程序或审判外的其他资源中所获取的信息，法官可能会在少年到庭前对最终的判决予以预先的判定。其三，法官可能会对运用律师辩护权的少年施以更为严厉的惩罚——其差异可以类比于刑事被告人诉诸审判和认罪服法之间的差异。少年对其判决的上诉率远远小于成年刑事被告

① N. Y. Fam. Ct. Act § 249 – a（McKinney 2000）.

② 参见：http://www.njdc.info/assessments.php.

人。办案数量的压力、少年法院的国家亲权理念、对少年辩护律师预设的角色差异以及代理少年案件的困难，会导致律师对上诉的不情愿。参见唐纳德·J. 哈里斯：《正当处理原则与帮助困境儿童》，载《迪金森法律评论》1994 年第 98 期，第 209 页。（该文注：成年人上诉率是少年上诉率的 10 倍，且这一差异可归因于国家亲权理念和职业文化）[①]。

2. 辩护律师的角色

少年法院处遇和刑事法院惩罚之间的理念差异、代理预先被假定为缺乏行为能力的儿童（而非自我决定的成年人）的困难、平衡儿童与父母之间冲突意见的问题、在高度自由裁量的法律环境中进行实践操作的风险，以及在诉讼的不同阶段扮演不同角色的需要，皆会导致辩护律师的角色冲突。从历史上来说，如果律师在少年法院出庭辩护，那么法官会希望其起到指定监护人或社会工作者的作用，并协助法院采取适宜的处遇措施。少年法院的法官希望辩护律师以一种非对抗、开放和合作的态度来参与，并以此实现儿童“最佳利益”的目标。高尔特案件预期了一种更为复杂、更具对抗性的少年法院辩护律师角色，而麦基弗案件对不公开、保密和无陪审团等程序的坚持，构建了一种有异于成年人司法体系的少年司法体系，并由此而要求了其辩护律师的相应的不同角色。

分析家们指出了少年法院律师的几个角色：从刑事法院移植而来的抗辩诉讼典范、维护该儿童“最佳利益”的指定监护人以及作为少年法院助理的社会工作者。参见菲尔德：《儿童正义》。评论者认为：律师会根据其所认为的该儿童的“最佳利益”以及法院是否会维护此项利益来调适其角色。尤其是在处置阶段，律师具

① Donald J. Harris, “Due Process v. Helping Kids in Trouble,” 98 Dick. L. Rev. 209 (1994).

有更为广泛的作用——寻求安置措施并将其呈请法院。参见“州政府支持公诉之 D. D. H. 诉多斯特尔特案”。[①] 刑事被告人几乎恒定不变地想获得宽仁，而如果有别的处遇措施选项，少年辩护律师可能会更为疑虑于将少年送回其令人无法容忍的家庭环境中，或者是令其回到药物依赖的生活中去。少年法院通常比刑事法院拥有更多的处遇选项，而相应的识别项目和准入安排则为辩护律师设置了额外的职责。有效的辩护要求律师向临床医生、社会服务工作者等进行咨询，以为少年当事人制定适宜的处遇方案。参见艾伦·马鲁斯：《最佳利益匹敌于热忱辩护：关于少年犯罪被告人全权代理的一种不太激进的观点》，载《马里兰法律评论》2003 年第 62 期，第 288 页。[②] 这些额外且非法律的社会工作角色可能会令律师不乐意参加处遇阶段的审理，或令其不乐意在该阶段的审理中发挥积极的作用。

美国律师协会提出了一种将刑事辩护律师角色直接移植于少年法院的方案。参见美国律师协会：《私人一方当事人律师辩护之少年司法标准》（1980 年）。[③] 高尔特案件本身提供了某种支撑抗辩角色的基本原理。令律师以其对儿童“最佳利益”的判断来替代其对当事人喜好的遵循，即以律师的父权主义替代法官或社会工作者的父权主义。然而，抗辩模式假定：具有行为能力的当事人有能力作出有利于自己的决定。再者，遵循孩子的喜好，可能会在律师和孩子的父母之间制造矛盾冲突。父母和孩子所寻求的结果或利益可能有所不同，二者之间可能会发生强烈的冲突，如父母是其孩子

---

① State ex rel. D. D. H. v. Dostert, 165 W. Va. 448, 269 S. E. 2d 410 (1980).

② Ellen Marrus, “Best Interests Equals Zealous Advocacy: A Not So Radical View of Holistic Representation for Children Accused of Crime,” 62 Md. L. Rev. 288 (2003).

③ A. B. A., *Juvenile Justice Standards Relating to Counsel for Private Parties* (1980).

的越轨行为的被害者。父母控制其孩子，且律师必须获得他们的配合以代表该儿童进行切实有效的辩护，例如，令孩子回家的处遇。这一压力促使律师顺应父母和儿童的利益。尽管存在这些压力，律师终究还是只能扮演儿童辩护人的角色。参见明尼苏达州的有关法律规定。[①]

不论律师起到什么样的作用，少年还是享有获取辩护律师有效帮助的权利。律师援助不力的检测要求少年展示：辩护律师的表现是欠妥当的，且其不妥当的表现造成了实际的损害。参见“斯特里克兰诉华盛顿案”。[②] 律师未能给考虑坦白认罪的少年提供“实际而充分的”帮助——如评估证据和磋商坦白认罪的后果，则可以成立援助不力。参见“州政府诉 S. M. 案”。[③] 未能遵循某一“合理性的客观标准”可以成立援助不力。参见“A. V. 上诉案”（在缓刑撤销程序中，不知道可以适用的证明标准）。[④] 少年法院拒绝允许律师进行总结性的辩论，或拒绝律师在处遇审理阶段就替代性的判决处遇措施发表意见，即对少年获取辩护律师有效帮助的权利的违反。参见“关于 F. 案”；[⑤] “州政府诉肯尼斯·Y. 案”。[⑥] 少年享有与成年人一样的获取律师辩护的权利——不受多重代理和利益冲突的妨碍。参见“霍洛维诉阿肯色州案”；[⑦] “为了 V. W. 的权益案”；[⑧] “A. I. E. 上诉案”（如果公共辩护人代理少年被告人，

---

① Minn. R. Proc. Juv. Ct. 3.01.

② Strickland v. Washington, 466 U. S. 668 (1984).

③ State v. S. M., 996 P. 2d 1111 (Wash. App. Div. 2, 2000).

④ In re A. V., 285 Ill. App. 3d 470, 220 Ill. Dec. 847, 674 N. E. 2d 118 (1996).

⑤ In re F., 11 Cal. 3d 249, 113 Cal. Rptr. 170, 520 P. 2d 986 (1974).

⑥ State v. Kenneth Y., 217 W. Va. 167, 617 S. E. 2d 517 (2005).

⑦ Holloway v. Arkansas, 435 U. S. 475 (1978).

⑧ In Interest of V. W., 112 Ill. App. 3d 587, 67 Ill. Dec. 965, 445 N. E. 2d 445 (1983).

且同时在其他事务中代理控方证人，则其间存在实质的冲突）。[①]

五、坦白认罪

作为避免自证其罪特权的当然推论，少年享有出庭作证和承认犯罪的权利。在绝大多数案件中，越轨少年都坦白认罪。成年人的坦白认罪可以构成对审判权利的“放弃”——这些审判权利包括聆听庭审的权利、与证人对质和交叉盘问的权利、避免自证其罪的权利、证明超越合理怀疑，以及对事实上有罪的承认。参见“博伊金诉亚拉巴马州案”；[②] 拉费：《刑事诉讼程序》。由此，关键的问题即在于：儿童是在“知情、明智和自愿的”情况下坦白认罪的，且其中包含着支撑该坦白认罪的充分的事实基础。少年法院应用着与刑事法院相同的认定放弃权利之合法有效性和坦白认罪之事实基础的标准。例如“麦克·M. 上诉案”；[③] “查韦斯上诉案”；[④] “A. E. K. 诉州政府案”（鉴于有关的记录缺乏对宪法规定的审判权利的放弃的知情性和明智性的显示，该案撤销了越轨行为的自认）；[⑤] 佛罗里达州的有关法律规定（权利之放弃应当是知情的和自愿的，且应当具备相应的事实基础，以及法庭对话的细节）。[⑥]

法律规定和法庭规则描述了坦白认罪的程序。参见西弗吉尼亚州的有关法律规定；[⑦] “州政府支持公诉之 J. M. 诉泰勒案”。[⑧] 在庭审开始之际，法院询问少年：其是否愿意承认或否认诉请书的指

---

① In re A. I. E., 120 F. Supp. 2d 537 (D. Virgin Islands 2000).

② Boykin v. Alabama, 395 U. S. 238 (1969).

③ In re Michael M., 11 Cal. App. 3d 741, 96 Cal. Rptr. 887 (1970).

④ In re Chavis, 230 S. E. 2d 198 (N. C. Ct. App. 1976).

⑤ A. E. K. v. State, 432 So. 2d 720 (Fla. Ct. App. 1983).

⑥ Fla. R. Juv. Proc. 8.080.

⑦ W. Va. Code § 49 – 5 – 11 (2000).

⑧ State ex rel. J. M. v. Taylor, 166 W. Va. 511, 276 S. E. 2d 199 (1981).

控。如果该少年承认指控，那么该法院必须确证：该少年充分理解其权利，并知情、明智和自愿地对其权利予以了放弃，且对支撑指控罪名判定的所有事实要素予以了承认。作为坦白认罪谈话的一部分，法院必须直接与少年谈话，并告知其指控罪名的性质、其中所包含的较轻罪行、可能的辩护事由、坦白认罪所放弃的宪法及法律所赋予的权利，以及法院所可能施加的最高刑罚。如果法官未能遵循这些程序，则会导致该坦白认罪的无效和该案件的发回——进行一场适当的谈话，或重新审判。参见“哈里·W. 案”。[①]

六、记录与上诉

基于其他方面的程序理由，高尔特案件推翻了亚利桑那州最高法院的判决，但其并没有决定高尔特是否享有上诉复审和获取相关文书的宪法权利问题。而该法院注解道：“未能给予上诉权、未对诉讼过程予以记录，或未能证实或未能说明少年法院判决的理由”给上诉法院带来了大量的问题，且在某些时候需要针对其程序缺失举行一场重新的审理。各州法律通常规定“以速记或电子、机械或其他适当的方式”对诉讼程序予以记录。参见得克萨斯州的有关法律规定；[②] 华盛顿州的有关法律规定（少年越轨案件诉讼程序“应当得以逐字的记录，其方式应当是精确的，且可以被化解为书面形式”）。[③] 在事实调查审理结束之时，法庭必须制作书面的事实调查结果，并就诉请书的相关指控作出法律结论。参见华盛顿州的相关法律规定；[④] 威斯康星州的相关法律规定。[⑤]

---

① In the Matter of Harry W. , 204 W. Va. 583, 514 S. E. 2d 814 (1999).

② Tex. Fam. Code Ann. § 54. 09 (Vernon 2000).

③ Wash. R. Juv. Ct. 10. 2.

④ Wash. Rev. Code. § 13. 34. 110 (2000).

⑤ Wis. Stat. § 938. 31 (2000).

在上诉复审的范围和期间的规定上，各州的法律大相径庭。关于来自少年法院的上诉案件，某些州颁布了综合性的上诉立法，而其他州则鲜有成文法的规定或判例法的指导。关于上诉的法律规定通常将少年案件的上诉复审限定于“终局命令”或“终局裁判”。例如：科罗拉多州的相关法律规定（上诉“可针对任何的命令、裁定或判决”）。① 为了避免诉讼期间的部分审查以及案件处置的延迟，大部分州只在法院最终判决之后方才允许少年对越轨案件的裁判提出上诉。参见“B. F. 诉州政府案”。② 成文法或判例法对终局命令的构成予以了限定，如少年法院对少年予以非正式监管的决定以及延迟判决的决定不得上诉。参见“瑞基·J. 诉高等法院案”。③ 各州关于上诉的成文法常常给予少年在上诉立案和快速复审方面的优先权。例如，加利福尼亚州少年越轨或身份犯案件的上诉“应当优先于在该上诉法院中审理的所有其他案件”。④ 其他州的法律规定：少年上诉案件“应当优先于该上诉法院的所有其他事务”。⑤ 即便有加速的复审，许多少年越轨案件的上诉还是会因为处置决定的期满或少年已获释放而失去实际的意义。参见“A. M. 诉州政府案”。⑥ 某些法院在其对少年上诉案件的审理中，无视其是否具有实际意义。参见“杰里米·M. 上诉案”（越轨少年“之于法院进一步的可归责性”的撤销，“不能因为没能对其予以实际的减除而将其认为是没有实际意义的”）。⑦

---

① Colo. Rev. Stat. Ann. § 19 - 1 - 109 (2008).

② B. F. v. State, 550 P. 2d 991 (Okla. Crim. App. 1976).

③ Ricki J. v. Superior Court, 128 Cal. App. 4th 783 (2005).

④ Cal. Welf. & Inst. Code § 800(a) (2008).

⑤ Ala. Code 1975 § 12 - 15 - 120(a) (2008).

⑥ A. M. v. State, 653 P. 2d 346 (AK. Ct. App. 1982).

⑦ In re Jeremy M., 918 A. 2d 944 (Conn. App. Ct. 2007).

七、身份犯的程序权利

高尔特案件只对被控犯罪且面临机构监禁可能的越轨少年的宪法权利进行了规制。于是，各州可能会对身份犯规定某种不同的程序权利。身份犯，即如“不守秩序者”、“无法管束者”、“屡教不改者”、“离家出走者”、“逃学者”、“需要监管者”以及非法持有酒类或烟草者等，检察官不对其予以犯罪之越轨行为指控的人。这些程序上的差异依次影响着少年法院法官给予身份犯和少年越轨者的处置措施的类型。具体见第八章第四部分。

在“关于斯波尔丁案”① 中，法院考察了身份犯是否在审判中享有避免自证其罪特权的问题。高尔特案件将联邦宪法第五修正案的特权赋予了越轨少年，而负责“艾伦诉伊利诺伊州案”审判的法院辨析了高尔特案件的判决，并否决了此项特权对“性危险犯罪”民事收容诉讼的适用。斯波尔丁案件提出了这样一个问题，即身份犯案件的裁判更像是越轨—刑事案件的审判，还是更像“国家亲权”或民事收容诉讼。高尔特案件将此项特权扩展于越轨少年的基本原理包括：有罪判决的污点、机构监禁的条件、少年越轨案件与刑事案件诉讼之间的功能相当性、自证其罪陈述的确切性问题，以及在国家和个人之间保持平等的意愿。

斯波尔丁案件的多数意见认为：联邦宪法第五修正案不适用于身份犯——“需要监管的儿童”（Children in Need of Supervision，简称 CINS）的审判。该法院将高尔特案件的判决——该案的判决是以犯罪行为和机构监禁为必要条件的，与 CINS 案件的裁判进行了辨析——CINS 案件涉及的是非犯罪的不良行为，且相关法律禁止将身份犯与少年越轨者关押在一起。斯波尔丁案件的不同意见辩

---

① In the Matter of Spalding, 273 Md. 690, 332 A. 2d 246 (Ct. Spec. App. 1975).

称：该法院 CINS 案件管辖所根据的主要行为——吸毒和性侵犯，构成犯罪，且涉案儿童仍然面临自由权的丧失。此不同意见还辩称：避免自证其罪特权的可获得性取决于国家对自由权的限制，而非单单取决于少年越轨的机构监禁。然而，联邦最高法院在艾伦案件中对高尔特案件判决的再解释清晰地界定了此项特权的更小适用范围，并借此否决了自由权限制可以单独满足此项特权正当化需要的主张。

某些州将获取律师辩护的权利扩展于少年越轨案件诉讼以及身份犯案件的诉讼。参见佐治亚州的相关法律规定；① 内华达州的相关法律规定；② 新墨西哥州的相关法律规定。③ 其他的司法管辖区授权法官基于自由裁量为“屡教不改的”身份犯指定辩护律师，并要求由公共辩护律师代理其诉讼。例如“哈斯诉科洛西案”。④ 在缺乏成文法授权的情况下，对于因“危及其自身福利”行为而受审的少年，法院不得将其判入监禁机构，且不能享有高尔特案件判决的获取律师辩护的权利。例如“K. 上诉案”。⑤ 在“沃克上诉”⑥ 案中，法院考虑了少年在其最初的身份犯案件裁判中是否享有获取律师辩护权利的问题。在其最初的没有辩护律师代理的审理中，少年法院判定沃克为“无视纪律者”，并将其置于缓刑（probation）中。随着其对缓刑规定的违反，其在辩护律师的代理下出席随后的撤销缓刑的审判，其间，少年法院认定其为越轨少年，并将其判入监禁机构。该法院认为：在其被认为是“无视纪律者”的最初审判中，该少年不享有获取律师辩护的权利，因为国家并未

① Ga. Code Ann. § 15－11－30(b)(2000).

② Nev. Rev. Stat. § 62.085 (2000).

③ N. M. Stat. Ann. § 32A－2－14(H)(2000).

④ Haas v. Colosi, 40 P.3d 1249 (Ariz. App. 2002).

⑤ In re K., 26 Or. App. 451, 554 P.2d 180 (1976).

⑥ In re Walker, 282 N.C. 28, 191 S.E.2d 702 (1972).

指控其犯罪，且不能判其进入监禁机构。由于成文法禁止将身份犯与少年越轨者监禁在一起，因此该法院认为其不享有获取律师辩护的权利。

沃克案件的基本原理类似于“阿杰辛格诉哈姆林案”与“斯科特诉伊利诺伊州案”之间的差别，其中，联邦最高法院将轻罪成年被告人获取律师辩护权的条件限定于：法庭是否实际地判处了监禁刑。在“尼科尔斯诉合众国案”[①] 中，法院支持了利用先前没有律师辩护的判决来增加随后的量刑判决的做法。尼科尔斯案件的判决认为：法庭用于增加之后量刑的先前判决，在当时具有宪法上的有效性。沃克的辩护律师辩称：其先前的身份犯判决成立为应当具有获取律师辩护权利的一个“关键阶段”，因为庭审法官将其随后的判决建立在了其先前没有律师辩护的判决上。沃克案件的多数意见否决了被告方的“关键阶段”主张，并认为：相关的程序阶段是可以分离的。该法院认为：先前的诉讼程序——身份犯案件的判决，并不必然决定其后来的机构监禁，因为该判决要求单独的行为——其随后对缓刑规定的违反，而法院在此后的确认其是否违反缓刑规定的审判中为其指定了辩护律师。沃克案件的不同意见辩称：其“无视纪律者”的判决成立为其随后机构监禁的前提条件，故而其应当在先前的诉讼中享有获取律师辩护的权利。与此相对照，负责“哈钦斯上诉案”[②] 审判的法院认为：“无法管束”之判决成立为其后监禁的关键前提，并因此而构成了应当享有获取律师辩护权利的“关键阶段”。在缺乏这一限制的情况下，少年面临着由身份犯判决而“步步为营”至越轨判决以及机构监禁的局面。《少年司法与越轨行为防治法》[③] 1980 年修正案规定：少年法院法

① Nichols v. United States, 511 U.S. 738 (1994).

② In re Hutchins, 345 So.2d 703 (Fla. 1977).

③ The Juvenile Justice and Delinquency Prevention Act, 42 U.S.C. 5601 §223(a)(12)(A).

官可以违反某一有效的法院命令（如缓刑考察之规定）为由，判定身份犯藐视法庭，并将其置于监禁机构。少年法院可以利用其针对藐视法庭行为的权力，对屡教不改的身份犯予以越轨少年似的监禁（参见本书第八章）。然而，在可能导致监禁的藐视法庭案件的诉讼中，法院必须为少年指定辩护律师。参见“阿肯色州民事服务局诉梅纳德案”。①

关于身份犯案件诉讼必须满足的证明责任问题，各州的法律规定有所不同。温希普案件对被指控犯罪的少年适用了“排除合理怀疑”的证明标准。然而，在身份犯的判决中，各州可能适用“优势证据”标准、“清晰且令人信服”的证据标准，抑或“证明排除合理怀疑”的标准。参见加利福尼亚州的有关法律规定（“在民事案件中得以合法适用的优势证据规则，应当得以援用于将未成年人认定为身份犯的事实判定中”）；②“亨德森上诉案”（“清晰且令人信服”的证据标准，且与温希普案件有异的是，其涉及犯罪指控和机构监禁的可能）；③“关于卡伦·普赖斯案”（因国家未能排除合理怀疑地证明涉案少年“习惯性地不服管教”和“超越法律控制”，而驳回了其“需要监管者”的诉请）。④

---

① Arkansas Dept. of Human Services v. Mainard, 358 Ark. 204, 188 S.W. 3d 901 (2004).

② Cal. Welf. & Inst. Code § 701 (West 2000).

③ In re Henderson, 199 N.W.2d 111 (Iowa 1972).

④ In the Matter of Karen Price, 94 Misc. 2d 345, 404 N.Y.S. 2d 821 (1978).

第八章　处置决定

有几类少年司法人员对少年的福利、法定身份和监护问题作出处置决定。处置是指这些人员决定对涉案儿童采取何种处理措施的程序，而这些儿童因其行为而陷于少年法院越轨案件或身份案件的管辖范围。处置决定具有累积性，且警察或受案工作人员作出的最初判断会影响到后续人员的选择。参见菲尔德：《坏孩子》；麦科德：《少年犯罪与少年司法》。[①] 正如我们在本书第三章和第四章中所见，警官可以在街面或警署非正式地处理某起案件，也可对其予以转处分流，或移送法院立案部门进入正式诉讼程序。接下来，立案工作人员或缓刑工作人员可以对案件予以非正式监管的处理，或予以转处分流的处理，或将少年移送少年法庭接受正式的审判。检察官则通过其起诉决定来行使进一步的滤筛、分流和把关的职能。法官则通过判决来终结上述司法人员的决定，即少年法庭法官对最终呈交上来的案件予以判别，并作出正式的处置决定。

在处置听证会上，成文法和法院规则赋予法官广泛的自由裁量权以从一系列宽泛设置的判决选项中予以抉择，如撤销案件、裁决越轨行为不成立的后续处置、赔偿、附条件或不附条件的缓刑、监管或非监管的缓刑、离家安置以及机构监禁。对于州政府提起诉请的所有少年，少年法院几乎都将他们判定为越轨者或身份犯，因而这种处置决定成为整个诉讼过程中的至关重要的阶段。

---

① Feld, *Bad Kids*; McCord, *Juvenile Crime*, *Juvenile Justice*.

本章聚焦于少年案件诉讼程序的最后一种司法人员——少年法院的法官，以及其对相关处置措施予以选择所适用的程序。我们可以将相关处置措施视为一种目标与手段的关系。少年越轨处置措施的目标是什么，且什么样的干预策略能够实现这些目标？少年法院应当使用何种程序来选择适当的治疗或制裁措施，以实现这些实体目标？上诉法庭应当如何审查一审法院法官所使用的程序手段，所判令的干预措施，以及所追求的目标？

从历史角度来看，少年法院法官为了少年犯的最佳利益而对其采用了非确定性和非比例性的处置措施。

> 法官判定的问题不在于该男孩或女孩犯了某个特定的过错，而在于该少年是怎样一个人，其何以至此，以及为了其本人和国家的利益，怎么做才能最好地将其从堕落生涯中挽救出来。于是很显然，刑事法院通常使用的法定证据在这样一种诉讼程序中不能作为被审理的证据种类。参见朱利安·W. 麦克：《少年法院》。[1]

根据康复理想的理论，司法调查仅仅关注于少年违法行为的治疗诊断意义。参见“州政府支持公诉之S. J. C. 诉福克斯案”（“其犯罪行为和先前越轨行为的性质、次数、严重程度及其与当前指控的关系，是判定该少年康复矫治前景的相关考虑因素”）。[2] 少年法院的作用在于拟订一个方案，以消解导致少年越轨行为的各种条件。越轨处置措施意在表明：法官和临床医生能够鉴别导致越轨行为的各种因素，对其如若不予治疗的可能进程予以诊断，开发并实施适当的干预措施，以改变这些原因，并对其最终的成功前景予以评估。简言之，处置决定需要作出诊断、开出处方、予以干预和预测后效。

---

① Julian W. Mack, *The Juvenile Court*, 23 Harv. L. Rev. 104 (1909).

② State ex rel. S. J. C. v. Fox, 165 W. Va. 314, 268 S. E. 2d 56 (1980).

由于其无法精确预测确保成功治疗所必要的时间，少年法院通常采取非确定性和非比例性的判决。由于每个少年的需求都具有独特性，因而其违法犯罪行为不能限定其治疗的强度或期限。

自高尔特案件和麦基弗案件以来，司法、立法和行政方面的变化已经侵蚀了少年案件审判的原初理念。由于实证的分析研究、实践的缺陷、资源的缺乏以及刑罚政策的变化等原因，各州致力于康复矫治审判的努力在20世纪七八十年代期间有所下降。自20世纪80年代末以来，主张强硬手段的政客一直呼吁对少年犯罪予以严厉打击，这极大地增强了少年法院的惩罚力度，并促进了少年法院与刑事法院在法学理念和实体法律上的融合。许多州已经放弃了其对康复矫治理念的单一努力，并采取了惩罚性的制裁措施，如确定性的判决、强制性的最低判决、假释的指导准则，以作为传统矫治政策的补充或替代选项。越轨少年对陪审团审判的请求权提供了一种对抗这些更具惩罚性的实体政策的程序性策略。参见本书第七章第一部分。

一个旨在处理违反刑法的少年的司法体系的目标是什么？是康复矫治？是报应？是一般威慑还是特殊威慑？是有选择性地剥夺犯罪能力？是在成年人刑罚的基础上减轻少年犯的惩罚严厉程度？还是限制犯罪追诉的相关后果？少年法院越来越追求其多元目标，即儿童最佳利益和保护社会，对此，州法律和少年法院法官应当如何平衡社会福利与犯罪的社会控制之间的冲突？

在“州政府支持公诉之D. D. H. 诉多斯特尔特案”① 中，法院分析了少年越轨案件处置的冲突目标，并描述了不同参与者在处置听证会上的角色作用。该案观察到：少年越轨案件的处置同时包含着治疗性目标和惩罚性目标，即社会控制、保护公共安全、威慑、有责性、仁爱与宽恕、康复矫治、赔偿补偿以及责任。该法院认识

① State ex rel. D. D. H. v. Dostert, 165 W. Va. 448, 269 S. E. 2d 401 (1980).

到了干预的替代性目的，即康复矫治并改变某少年，改善其社会环境，以及提供一种比严厉的成年人刑罚更为宽仁的制裁措施。该案还分析了实现这些目标的手段问题，提到了规则与自由裁量之间的紧张关系问题，并考察了如何规范建构相关处置程序的问题。在处置程序中，少年法院法官必须回答一系列问题：我们应当对该儿童采取什么措施？我们为何应当适用这种处置措施而不是另一种？我们应当如何决定并基于什么证据证明这是恰当的处置措施？上诉法院应当如何审查初审法官对程序规则和实体决定的遵守？

“D. D. H. 案”描述了辩护律师在处置程序中的角色如何不同于其在裁决程序中的角色。为了正确履行职责，辩护律师必须向法庭分析该儿童的背景，考察可以适用的对自由限制最小的变通措施，并拟订和展示现实的变通安置措施。借助于辩护律师和缓刑官提交的信息，法官必须权衡关于犯罪人的考虑和关于犯罪的考虑，并采取某种适当的处置措施。法院会考虑该儿童的治疗和救助需求、社会的防卫需求，以及相关的刑罚问题，如威慑、责任以及责任承担的程度。这要求法院对两方面的问题予以评估：其一，该儿童的违法行为是被决定的还是被自由选择的；其二，是否存在可以改变导致该行为的相关条件的办法。相关社区的变通措施的不足、方案成效的系统评估的缺乏、某些类型的资源供给机构的重叠以及某些儿童的糟糕的生活条件常常束缚着法院的决定。

一、处置程序

处置听证会可以为少年案件诉讼实体目标的实现提供相应的程序方法。尽管高尔特案件没有提及处置程序的问题，但各州的少年法典都规定了某种类型的正式的量刑听证会（sentencing hearing）。有诸多的成文法和法院规则规定了听证程序、处置标准以及法官为适用某种适当制裁措施而可以考虑的证据。

1. 两阶层听证会

高尔特案件赋予越轨少年的程序权利仅仅适用于裁决听证会（adjudicatory hearing）。“裁决前的处遇和裁决后的处置是少年案件诉讼中的独特问题；因此，我们在本判决意见中关于裁决阶段的程序规定未必适用于少年案件诉讼程序的其他阶段。”尽管有这种限制，但高尔特的一个结果即对少年越轨案件的审判程序予以分层，即将审判程序分为裁决阶段（adjudication）和处置阶段（disposition）：前者旨在裁决涉案少年是否构成犯罪以及该法院是否有管辖权的问题；后者旨在决定该法院应当如何行使其权利并适用何种处置决定的问题。“处置听证会应当在裁决听证会之后进行，且应当与之相独立、相分别。”参见得克萨斯州家庭法的相关规定、加利福尼亚州法院的相关规则和佐治亚州相关法典的官方注解。[①] 只要法官对这两种听证会予以功能上的区分，其便无须将二者安排在不同时间进行，且可以即刻从裁决听证会转换至处置听证会。例见“民众诉哈丁案”；[②] 佐治亚州相关法典的官方注解（在少年越轨案件裁决听证会之后，法院“应当立即举行或稍后举行处置听证会”）。[③] 然而，该法院必须单独举行处置听证会，以使少年能够展示有关适当处置措施的证据。参见“C. W. 案”。[④]

高尔特案件和温希普案件所规制的程序不是必然适用于裁量程序。少年越轨案件的裁决集中关注于涉案少年是否实施了违法犯罪行为以及法院只考虑采信合法证据的问题。与此相对，处置听证会则考虑涉案少年的“最佳利益”及其需要的问题。除当前的违法

---

① Tex. Fam. Code Ann. § 54.04(a) (Vernon 2000); Cal. R. Court 1431; O. C. G. A. § 15 - 11 - 33(c) (1998).

② People v. Hardin, 184 Mich. App. 107, 457 N. W. 2d 347 (1990).

③ O. C. G. A. § 15 - 11 - 65 (2001).

④ In re C. W., 227 Ga. App. 763, 490 S. E. 2d 442 (1997).

犯罪行为外，处置报告可以包括尚未审理的犯罪指控、家族病理学的证据、教师和邻居的传闻报告、医学临床评估、生理和精神健康报告，以及警方、学校和法院的记录。由于在裁决审理中确认罪责所需要的证据与拟订某种适当处置措施所必要的社会与心理学的证据之间存在差异，过早展示后者证据可能对前者的判定制造偏见，因而各州法律和法院判决坚持对二者予以严格的区分，以避免证据之间的感染。参见“格拉迪丝·R. 案”（推翻了少年法院法官的相关决定，因为该法官在越轨裁决之前审查了社会历史调查报告）；[①]“L. H. 案”；[②]以及《纽约家庭法院法》的相关规定（社会调查报告“不得在事实调查听证会完成之前提交法庭”）。[③]相关的制定法赋予了少年获得相关诉讼程序告知的权利以及获得与法院处置决定相关的听证和示证的机会。参见“D. L. W. 案”和“J. L. P. 案”。[④]

（1）获取律师辩护的权利

在“肯特诉合众国案”[⑤]中，联邦最高法院认为：少年在放弃管辖听证会上享有获取律师辩护的宪法权利，因为该转移管辖的决定具有关键性。有几个法院认为：少年在越轨裁决阶段享有获取律师辩护的正当处理原则权利，甚至是在身份违法行为处置阶段也享有此项权利。参见“A. A. 诉州政府案”、“D. H. 诉州政府案”和

---

① In re Gladys R.

② In re L. H., 102 Ill. App. 3d 169, 57 Ill. Dec. 714, 429 N. E. 2d 612 (1981).

③ N. Y. Fam. Ct. Law § 750(1) (McKinney 2000).

④ In re D. L. W., 543 N. E. 2d 542 (Ill. App. Ct. 1989); In re J. L. P., 100 Cal. Rptr. 601 (Ct. App. 1972).

⑤ Kent v. United States, 383 U. S. 541 (1966).

"托里·B. 案"。[1] 由于州制定法和法院规则统一规定了在少年越轨案件处置阶段或"该诉讼的任何一个阶段"中的律师辩护权，因此少有相关判决的报道。参见得克萨斯州家庭法和北达科他州的相关法律规定。[2] 为了实现该项权利，少年必须出席处置听证会。参见"塞西莉亚·R. 案"。[3] 如同裁决审理程序中的律师辩护权一样，少年可以在处置程序中放弃其律师辩护权，如果该少年明知、明智且自愿地作出该决定的话。参见"D. L. 案"[4]。

在肯特案中，联邦最高法院准许辩护律师获取少年的社会调查报告，并赋予了其质疑缓刑官的事实调查结果和处置意见的权利。"若缓刑官呈交的报告中包含易遭质疑和责难的信息资料，'涂黑'这些信息资料正是律师的作用。缓刑官调查报告的相关推断并不具有不容置疑的精准性。"尽管在某些司法管辖区，法院可能会指令律师不得向少年或其父母披露可能有害于该少年的敏感信息，但州制定法还是允许律师获取社会调查报告的信息。例见佛罗里达州的相关法律规定（社会成长历史"应当可容少年的辩护律师获取"）；[5] 得克萨斯州家庭法的相关规定（法院"应当向律师提供"其将于处置审理阶段考虑的所有书面材料，但法院可命令律师不得披露有害信息）。[6] 法院将交叉盘问证人的权利解释为包括处置听

---

① A. A. v. State, 538 P. 2d 1004 (Alaska 1975); D. H. v. State, 688 N. E. 2d 221 (Ind. Ct. App. 1997); In re Torrey B., 6 Neb. App. 658, 577 N. W. 2d 310 (1998).

② Tex. Fam. Code Ann. § 51. 10 (a), (b) (Vernon 2000); N. D. Cent. Code § 27 – 20 – 26 (2000).

③ In re Cecilia R., 36 N. Y. 2d 317, 327 N. E. 2d 812, 367 N. Y. S. 2d 770 (1975).

④ In re D. L., 999 S. W. 2d 291 (Mo. Ct. App. 1999).

⑤ Fla. Stat. Ann. § 39. 09 (2000).

⑥ Tex. Fam. Code § 54. 04 (b) (Vernon 2000).

证阶段和裁决听证阶段。参见“G. S. J. 案”。[①]

在处置听证阶段，少年被赋予了获取有效的律师帮助的权利。参见“斯特里克兰诉华盛顿案”。[②] 为了令律师帮助缺乏有效性的主张得以接受，少年必须揭示实际的影响诉讼结果的有缺陷的表现。因此，如若没有关于其证言的额外证据，则律师在处置阶段中未能要求对心理学评估予以更新，抑或未能请求对少年予以身体治疗，不构成无效帮助。参见“S. P. 案”。[③]

2. 处置标准

关于法官在作出处置决定时应当考虑的各种因素，各州制定法的具体描述有所差异。某些州的制定法主要关注于违法犯罪人的特性，如“儿童的最佳利益”或为何该处置措施是“该少年的康复矫治所必需的”。某些州的制定法要求法官作出书面调查结论以说明“为何所指令的处置措施符合该儿童的最佳利益”。参见明尼苏达州的相关法律规定；[④] 得克萨斯州家庭法的相关规定（只有在该少年“需要康复矫治”或为了“保护公众”时，方能作出处置决定，且法院应当具体说明“处置的理由”）。[⑤] 其他州的制定法则强调法官对罪行标准的关注，如该少年罪行的严重程度、其参与犯罪的罪责程度、其加重或减轻的情节、其前科以及参与相关矫治项目的意愿程度。例见康涅狄格州和爱荷华州的相关法律规定。[⑥]

为了限制处置的严厉性，许多司法管辖区要求法官根据少年越轨行为的情况适用“具有最小限制的选项”。参见阿肯色州的相关

---

① In re G. S. J., 281 N. W. 2d 511 (Minn. 1979).

② Strickland v. Washington, 466 U. S. 668 (1984).

③ In re S. P., 9 S. W. 3d 304 (Tex. App. 1999).

④ Minn. Stat. Ann. § 260B. 185 (2000).

⑤ Tex. Fam. Code § 54. 04 (c) and (f) (Vernon 2000).

⑥ Conn. Stat. § 46b – 140 (2000); Iowa Code Ann. § 232. 52 (1) (West 2000).

法律规定（“优先考虑与该少年和公众的最佳利益和福利相一致的具有最小限制的处置措施”）；[①] 加利福尼亚州和阿拉斯加州的相关法律规定。[②] 机构监禁被认为是最后的手段，即只有在严厉程度较低的选项不能实现法院目的的情况下方能适用。例如，基于某少年对社会的威胁、其他矫正选项使用殆尽、治疗的可能性、愿意配合某治疗方案以及应受处罚性的情况，不存在任何具有更小限制性的处置选项，此时，某法院方能判决该少年入监禁机构。参见“州政府支持公诉之 R. S. 诉特伦特案”。[③] 这种具有最小限制的处置措施选项要求法官在处置时针对少年的需要作出个别化的评估，且法官不得仅仅为了保持与其同案被告人犯罪情节相一致的处置措施而对某少年作出更为严厉的量刑。参见“州政府支持公诉之 S. J. C. 诉福克斯案”。[④] 这种具有最小限制的处置措施选项是一种法定权益，且若这种替代措施切实可行，则法院只能适用非机构监禁的处遇措施。参见“B. B. 案”（州政府对团体之家安置措施的数量限制没有违反获取最小限制处置措施的权利）。[⑤] 其他一些法院认为：法官不能仅仅因为没有其他适合的处置措施选项就将某少年判入监禁机构。参见“B. S. 案”和“艾琳 · D. 案”。[⑥]

尽管制定法赋予了法官自由裁量的权力，但某些上诉法院还是可以用罪刑均衡原则来限制这种权力。“为了考量其必要性，初审法院必须评估两个因素：该少年越轨行为的严重程度和拟用矫治措施的严厉程度。当干预的严厉性与干预的问题不成比例时，则这种

① Ark. Code Ann. § 9 – 27 – 329 (c) (Michie 2000).

② Cal. Welf. & Inst. Code § 626 (West 2000); Alaska Stat. § 47. 10. 080 (2000).

③ State ex rel. R. S. v. Trent, 169 W. Va. 493, 289 S. E. 2d 166 (1982).

④ State ex rel. S. J. C. v. Fox, 165 W. Va. 314, 268 S. E. 2d 56 (1980).

⑤ In re B. B., 516 N. W. 2d 874 (Iowa 1994).

⑥ In re B. S., 549 N. E. 2d 695 (Ill. App. Ct. 1989); In re Aline D., 536 P. 2d 65 (Cal. 1975).

干预措施既无必要也无合法性。”参见“L. K. W. 案”①。

(1) 社会调查报告

法官需要有关少年真实需要的背景信息，以适当地作出个别化的处置决定。缓刑部门工作人员负责对涉案少年进行相关的调查，并编制一份名为社会经历、社会研究或与处置问题相关的报告——其相当于刑事案件量刑之前的调查。“在处置听证程序中，除了考虑证人证言外，少年法院还会考虑缓刑官、法院聘用的专业人员或职业咨询人员所制作的书面报告。”参见得克萨斯州家庭法的相关规定。②

社会调查报告旨在调查涉案少年的先前记录、当前罪行、未决罪行、家庭状况、学校表现、先前所接受的来自于公立或私立机构的社会服务、以往的医学临床评估以及该少年对之前治疗措施的反应。参见印第安纳州的相关法律规定。③ 少年法院在其法院档案、缓刑档案或拘留听证的备案材料中积累着大量的相关信息。在一些更为疑难的案件中，缓刑部门可以获取心理学家或精神病学家所提供的评估和报告。对于被控较为严重罪行的少年，一些州的制定法对社会调查报告予以了强制性的要求。参见纽约家庭法院法的相关规定（对于被判特定重罪的少年，必须作出相关的社会调查报告）。④ 法官在作出处置决定前未对社会调查报告予以考虑，其决定可被推翻。参见“B. B. 案”⑤。

(2) 证据

与裁决听证会不同——该听证会只允许纳入刑事审判可采信的证据，在处置听证会中，法官还可以接受传闻性的和其他“具有

---

① In re L. K. W., 372 N. W. 2d 392 (Minn. Ct. App. 1985).

② Tex. Fam. Code Ann. § 54. 04 (b) (Vernon 2000).

③ Ind. Code Ann. § 31 – 34 – 18 – 1 (Michie 2000).

④ N. Y. Fam. Ct. Act § 750 (McKinney 2000).

⑤ In re B. B., 647 So. 2d 268 (Fla. Dist. Ct. App. 1994).

关联性和证明力”的证据。法院通常会考虑“所有有助于判定相关问题的信息，包括口头的和书面的报告”。参见佐治亚州相关法典的官方注解和肯塔基州的相关法律规定。[1] 社会调查报告本身通常包含着传闻证据，如教师、邻居、社会工作者、提供治疗服务者或者其他熟悉该少年的人员的各种陈述。宪法的证据排除规则通常不适用于处置听证程序。参见“迈克尔·V. 案”（在裁决听证阶段被排除的非法获取的证据可以纳入处置听证中）[2]；“皮特·B. 案”（在裁决审理中不可采信的供述可在处置听证中予以适当考虑）[3]。然而，反对自证其罪的特权既可适用于处置听证会，也可适用于裁决听证会。参见“米切尔诉合众国案”和“埃丝特尔诉史密斯案”。[4] 尽管有人认为该特权可能会不当地限制法官对相关信息的获取，但有些法院仍然主张：少年应当在接受处置前的会见之前获得米兰达警告，并在处置听证会中获得不自证其罪权利的提示。例见“J. S. S. 案”。[5]

（3）个别化处置

法官在适用个别化处置时，必须令其符合涉案少年的需要。尽管关于少年案件量刑的制定法可能允许根据少年越轨行为的逐量对策[6]，但在“罗尼·P. 案”[7]中，法院要求少年法院作出个别化和特定化的事实调查以支撑其处置决定，且不得简单地沿用先前的处置措施。

---

① O. C. G. A. § 15－11－65 (2001); Ky. Rev. Stat. Ann. § 610. 110(2) (2001).

② In re Michael V., 223 Cal. Rptr. 503 (Ct. App. 1986).

③ In re Peter B., 84 Cal. App. 3d 583, 148 Cal. Rptr. 762 (1978).

④ Mitchell v. United States, 526 U. S. 314 (1999); Estelle v. Smith, 451 U. S. 454 (1981).

⑤ In re J. S. S., 20 S. W. 3d 837 (Tex. Ct. App. 2000).

⑥ “逐量对策”，即罪刑均衡或罪刑相适应，即重罪重刑，轻罪轻刑，罪量与刑量相适应。——译者注

⑦ In re Ronnie P., 10 Cal. App. 4th 1079, 12 Cal. Rptr. 2d 875 (1992).

3. 处置决定的上诉审查

制定法要求法官作出书面的事实调查，以支持其所决定的处置方案。某些制定法还要求法院对法官考虑的处置措施替代选项进行审查，并说明为何这些替代处置选项不如所决定采取的处置措施适当。参见明尼苏达州的相关法律规定。①

关于法官处置决定的上诉审查范围问题，各州的规定有所不同。某些法院对少年法院的处置决定进行书面审查。参见“B. B. 案”。② 即便是在审查标准为重新审理的地方，上诉法院“相当倚重于”少年法官的事实调查以及基于这些事实调查作出的处置决定。参见“S. J. 案”。③ 更为普遍的是，上诉法院遵从初审法官的处置决定，而只有在其“明显错误”或“滥用自由裁量”时才对其处置决定予以推翻。参见“J. M. 案”和“L. K. W. 案”。④ 某些上诉法院赋予初审法官作出处置决定的绝对的自由裁量权。参见“J. A. 案”(法官有权采用各种处置决定，无须提供理由以说明其正当性)⑤。在制定法规定处置决定应当基于“儿童需要而进行保护和康复矫治”的地方，上诉法院对那些旨在惩罚或威慑其他少年的机构监禁判决予以了推翻。参见“第 179 号案”。⑥

二、关于量刑的法律规定

立法序言、关于量刑的法律规定（sentencing statutes）、法官

---

① Minn. Stat. § 260B. 185 (2000).

② In re B. B., 516 N. W. 2d 874 (Iowa 1994).

③ In re S. J., 304 N. W. 2d 685 (N. D. 1981).

④ In re J. M., 546 N. W. 2d 383 (S. D. 1996); In re L. K. W., 372 N. W. 2d 392 (Minn. Ct. App. 1985).

⑤ In re J. A., 510 N. W. 2d 68 (Neb. 1994).

⑥ In re Appeal No. 179, 327 A. 2d 793 (Md. Ct. Spec. App. 1974).

的量刑实践以及所采取的各种矫正方案体现着少年法院处置措施的目的。参见菲尔德：《坏孩子》。[①] 最初，少年法院法官采用不确定和非比例均衡的量刑以满足少年的“真正需要”。在理论上，罪行仅仅是一种征表，一旦矫治人员确定该罪犯已获改造，他们就会将其释放。与此相对照，当法院对罪犯进行惩罚时，其通常基于该罪犯以往罪行的严重程度采用确定性的或强制性的底线量刑判决。“确定刑与不确定刑之间的差异不是语义学上的，而是表明公共政策上根本的差异。不确定刑乃是基于康复矫治的理念，而确定刑乃是基于报应或惩罚的意念。”参见“菲尔德尔案”。[②] 将不确定刑、非比例均衡刑和以犯罪人为导向的处置方式与确定刑、比例均衡刑和基于罪行的量刑进行对比，可以向我们提供关于少年法院逐渐更加强调惩罚的一种指标。

本节拟描述少年法院的量刑法律以及近期的立法变化。量刑法律可能强调犯罪人的特性或犯罪的严重性，亦即少年未来的福利或其过去的行为。如果立法者或法官主要关注于少年的罪行，那么他们可能适用强制性的最低刑，或确定的比例均衡的量刑，以达到惩罚、剥夺或威慑的目的。如果法官主要关注于犯罪人，那么他们便会采用不确定的、非比例均衡的处置措施，以为其提供广阔的改造空间。从历史上看，少年法院的干预是为了促进少年的“最佳利益”。由于法官和矫正人员无法预测成功矫治所必要的过程或期限，因而大多数的少年法典授权其适用不确定的量刑。某些制定法指示法官考虑“具有最小限制性的处置选项”，然而大多数的制定法允许法院对越轨少年采取某种幅度的自由限制，数年时间，抑或直至其达到成年人年龄或某个其他的年限。

---

① Feld, *Bad Kids*.

② In re Felder, 93 Misc. 2d 369, 402 N. Y. S. 2d 528 (1978).

1. 不确定刑：少年法院的矫治措施

改造是着眼于犯罪人的，是着眼于未来的；惩罚是着眼于罪行的，是着眼于过去的。“从概念上看，改造与惩罚可能是相互排斥的两种刑罚目标。惩罚是回顾性的，并对既往的罪行施以严厉的报应。其目标在于根据罪行的严重性采取比例均衡的刑罚。然而，改造是前瞻性的，并试图促进犯罪人的未来福祉。改造倚重于个体的情况，故其量刑为非比例均衡的不确定刑。”参见“M. D. N. 案”。[①] 如果改造是其目标，则法院会考虑少年的罪行所表明的矫治需要。由于每个犯罪人的情况各异，因此其处置措施应为个别化的，且法官对某一越轨少年的量刑判决与另一少年的需要或量刑之间毫不相关。尽管某一严重罪行可能意味着更大的矫治需要，但罪行与矫治需要及其期限之间并不存在必然的关系。

少年法院对低于某一特定年龄的少年行使司法管辖权，该特定年龄通常为 18 周岁。然而，关于处置判决的法律规定可能授权期限更长的量刑判决，其可能持续数年的期间，超出管辖年龄或成年人年龄的期限，直至 21 周岁，甚至 24 周岁。参见康涅狄格州的相关法律规定（不确定刑的期限可多达 18 个月）；[②] 爱荷华州的相关法律规定（不确定刑的期限可直至 18 周岁）；[③] 肯塔基州的相关法律规定（司法管辖的年龄上限为 19 岁生日）；[④] 爱达荷州的相关法律规定（直至 21 周岁）。[⑤] 对于接近管辖年龄上限的少年，少年法院需要更长期限的处置权，以为其提供适当的矫治措施。参见爱荷华州的相关法律规定（对于已满 17 周岁少年的管辖权自处置决定

---

① In re M. D. N. , 493 N. W. 2d 680 (N. D. 1992).

② Conn. Gen. Stat. § 46b – 141 (2000).

③ Iowa Code § 232. 53 (2002).

④ Ky. Rev. Stat. § 635. 090 (2001).

⑤ Idaho Code § 20 – 507 (2001).

之日起延续1年6个月）。[①]

在大多数州，少年法院所采用的不确定处置判决可以持续至管辖的上限。参见明尼苏达州的相关法律规定（不确定刑的期限直至19周岁）；[②] 康涅狄格州的相关法律规定（不确定刑的期限可多达18个月）。[③] 对于被判处某一期限而非整个未成年期间的刑罚的少年，制定法授权监禁机构，如矫正部门，向少年法院申请延长起初的判决。各州的制定法允许在某少年达到司法管辖的年龄上限后对其处置期限进行一至两年的延展。参见康涅狄格州的相关法律规定（18个月的延展）。[④] 在准予延期时，法院会举行另一个处置听证会，以判定延期是否符合"少年或社区的最佳利益"或是否为"实现相关目的之必要"。参见佐治亚州相关法典的官方注解。[⑤] 在"T. B. 案"[⑥] 中，上诉法院支持了法官对起初的处置判决期限予以延长的权力。尽管T. B. 诉称：这种期限延长增加了惩罚，并违反了关于双重处罚的宪法禁令，但该法院认为：该制定法授权的是矫治的延长而非惩罚的延长。

由于少年越轨的处置措施是不确定的、非比例均衡的，且持续以至于整个未成年期，至少是对轻罪而言如此，因而在理论上，越轨少年可能获得比刑事法院法官对犯有相同罪行的成年人适用更长期限的量刑。例如，在高尔特案件中，法官将一名15岁的男孩判入州工读学校（the State Industrial School），"其期限为该少年的整个未成年期（即直至21周岁），除非经由法律之正当程序而更早获释"。而一名刑事法院的法官只会对犯有相同罪行的成年人处以

① Iowa Code § 232.53 (2) (2002).

② Minn. Stat. § 260B.185 Subd. 4 (2000).

③ Ct. Stat. § 46b – 141 (2000).

④ Ct. Stat. § 46b – 141 (2000).

⑤ O.C.G.A. § 15 – 11 – 41(g) (2000).

⑥ In re T. B., 268 Ga. 149, 486 S. E. 2d 177 (1997).

不超过50美元的罚金或2个月以下的监禁。

因相同罪行而受到超过成年人量刑上限的越轨处置判决的少年辩称：其判决有违平等保护的原则。那些将少年越轨处置判决定性为保护性或改造性而非惩罚性的法院认为：矫治需要更长时间的拘禁，并对这些抗辩予以了否决。其他一些法院认为：立法机构可以有理由相信少年需要不同于成年人的处置期限和种类，因为他们具有更大的可塑性和治疗反应性。参见“埃里森案”。[①] 其他一些法院则基于少年与成年人的自由权益差别对少年的平等保护抗辩予以否决。在“史密斯诉州政府案”[②] 中，法官将一名15岁的少年判入某监禁机构，且“其不确定刑期的延展不得超过其21周岁生日”，即近5年，而对于犯有同样罪行的成年人，法官对其判处的监禁不会超过一年。该法院总结道：少年法院的目的是改造和治疗，而不是惩罚，这便为延展的不定期刑提供了合理的根据。此外，该法院还认为：立法机关可以基于政策目的而合理地将少年与成年人予以不同的类别区分。尽管诸多法院采取严格的审慎态度来评估影响嫌疑人类别或侵犯基本自由权的类别划分，史密斯案件的判决还是认为：年龄不是嫌疑人的一个分类标准，且较长期限的处置措施不会对任何的基本自由权造成不利的影响。该法院拒绝评估监禁之利是否大于其弊的问题，拒绝以立法部门关于成本与效益的权衡来取代其判断，并坚持主张相关类别划分的合理性。

在“埃里克·J. 案”[③] 中，加利福尼亚州最高法院考虑了成年人量刑上限是否应当限制少年处置判决的问题。该案的判决援引了一个之前的判例，即“民众诉奥利瓦斯案”[④]，该判例主张：法院

---

① In re Allison, 547 S. E. 2d 169 (N. C. App. 2001).

② Smith v. State, 444 S. W. 2d 941 (Tex. Ct. Civ. App. 1969).

③ In re Eric J., 159 Cal. Rptr. 317, 601 P. 2d 549 (1979).

④ People v. Olivas, 17 Cal. 3d 236, 551 P. 2d 375, 131 Cal. Rptr. 55 (1976).

将少年轻罪犯（即被视同成年人审判的少年）判入加利福尼亚州少年矫正署服刑，其刑期不得比犯有同样罪行的成年人所适用的最高刑期更长。该案法院拒绝适用奥利瓦斯案的限制，因为其认为：被视为少年审判的少年和被视为成年人审判的少年，二者之间的情形并不相同。少年享有较少的自由权益，而这可令国家对少年施以比成年人更大的控制得以正当化。不同于对成年人的确定性和惩罚性的量刑判决，该法院认为："少年案件诉讼旨在改造和矫治，而非惩罚。"其总结道：惩罚与矫治的差异，成年人与少年的差异，使得对少年处以更为长期的量刑判决具有正当性。

在"州政府诉赖斯案"[①]中，少年法院判定一名少年构成了未遂的轻罪。该案法官没有适用相关的少年处置判决指导性规则——该指导性规则只是要求适用适中的本地处罚，而是对该少年处以了监禁一年的"明显不公"的量刑判决。而对于一名犯有轻罪的成年人，法官可能对其处以最多90天的刑期。再一次，该少年辩称：对其处以超出成年人上限的更长刑期违反了平等保护的原则。赖斯案的法院认为：成年人刑期上限并没有限制少年的量刑处置，因为后者并非简单地映对着刑法的刑罚政策。该法院对少年法的政策与目的予以了考察，并认为：少年法要求少年法院兼顾改造与惩罚。对越轨少年的改造可能需要比刑事判决的上限更长的期限。该法院认为：少年的矫治需要更大的灵活性。尽管该法院鉴于监禁对自由权的侵夺而采取了非常审慎的分析，其还是认定：在对少年的改造中，存在某种显著的国家利益。

通过将少年越轨判决的刑期限定于相应成年人判决刑期的范围之内，一些州避免了少年与成年人之间同罪而不同刑期的问题。例见北卡罗来纳州的相关法律规定；[②] 田纳西州的相关法律规定（少

① State v. Rice, 98 Wash. 2d 384, 655 P. 2d 1145 (1982).

② N. C. Gen. Stat. § 7A - 652(c)(2000).

年刑期不得长于犯有相同罪行的成年人的刑期)；[1] 西弗吉尼亚州的相关法律规定（刑期不得超过犯有相同罪行的成年人的最高刑期)。[2]

在“合众国诉 R. L. C. 案”[3] 中，联邦最高法院对这样一个问题予以了考察，即联邦少年法院法官对少年的量刑是否应当比照成年被告人基于量刑指南所获的量刑，或是根据刑法的规定获得更长期限的量刑判决。赖斯案、埃里克案和史密斯案以改造的理念对少年的更长刑期进行合理化，与这些州法院的判决不同，R. L. C. 案件的法院认为：联邦量刑指南规则替代了作为确定量刑幅度依据的刑法规定。该法院援引了从宽的规则，并通过有利于被告的法律解释解决了制定法中的模糊性问题。但在该案中，持不同意见的法官们反对道：采用量刑指南的量刑上限向少年法院法官加诸了一项计算越轨少年刑期的负担。

2. 少年法院的确定刑和强制刑

尽管大多数的普通越轨少年通常被处以不确定的、矫治性的处置措施，但在大约一半的州中所颁行的强硬立法采取了确定性的或强制性的最低量刑规则来规范某些越轨少年的处置判决、机构监禁以及刑满释放。参见菲尔德：《坏孩子》；托比特：《国家对策》。[4] 确定性的量刑条款限制着司法的自由裁量。强制性的底线量刑法律反映着立法机关的量刑规定。关于矫正或假释的指导性规则有助于法律执行部门确定监禁的期限。大多数的这些立法变化乃是针对严重的罪犯和惯常的罪犯，并表明少年法院从矫治向惩罚的转向。这些条款采用罪行标准来规范量刑，来增加惩罚性，并有助于立法者

---

① Tenn. Code Ann. § 37 – 1 – 1378(a)(1)(B) (2000).

② W. Va. Code § 49 – 5 – 13 (5) (2001).

③ United States v. R. L. C., 503 U. S. 291 (1992).

④ Feld, Bad Kids; Torbet, State Responses.

象征性地展示其强硬的立场。

（1）目的条款

矫治的原理可资以否决平等保护的抗辩，对少年处以比成年人更为长期的量刑判决，并可资以否决少年的刑事诉讼程序安全保障，如陪审团审判。在“麦基弗诉宾夕法尼亚州案”（McKeiver v. Pennsylvania）和“艾伦诉伊利诺伊州案”（Allen v. Illinois）中，法院采用了目的条款、量刑法律、量刑实践以及监禁条件等标准来区分矫治与惩罚。自1899年伊利诺伊州库克郡少年法院创建以来，少年法院法的历史性目的一直为：

> 致力于确保每个少年接受如此的照管和指导，优先考虑在其自己的家庭中，将有助于实现该少年的道德、情感、心理和身体方面的福利以及社区的最佳利益；尽一切可能地维系和加强该未成年人的家庭纽带，且只有在福利、安全或公共保护措施不足以充分保障其安全时，才能令其脱离其父母的监护；而且，在该未成年人脱离其家庭的情况下，应当尽量确保其受到近似于其父母应当给予的监护、照管和约束……（参见伊利诺伊州的相关法律规定。①）

许多州采用了伊利诺伊州少年法院目的条款的某种版本，作为其少年法的序言。某些州还规定了额外的目的，即“对犯有越轨违法行为的未成年人予以犯罪污点和犯罪行为刑罚后果的消除，并代之以某种形式的咨询、监督管理、治疗和改造的个别化处置方案”。

从20世纪80年代开始，许多州的立法机构着手修订目的条款，以减少对少年法院的专门改造功能的强调，并强调罪责性、有

① Ill. Ann. Stat. ch. 37, ? 701 – 2 (Smith – Hurd 1972).

责性和其他的刑罚目的。参见菲尔德：《坏孩子》。[①] 1984 年，加利福尼亚州修订了其目的条款，并将惩罚目的纳入其中。“与公众的安全及保护利益相一致，因越轨行为而被置于少年法院管辖范围的未成年人应当受到符合其最佳利益的照管、矫治和指导，且应当令其对其行为承担责任，且这些措施应当适合其相关的具体情况。本指南可能包含着与本章的康复矫治目标相一致的惩罚措施。”参见加利福尼亚州的相关法律规定。[②] 康复矫治性的惩罚措施包括罚金、强制性的社区服务、附条件的缓刑和判入监禁或矫治机构，但“不包括报应刑”。[③]

在“查尔斯·C. 案”[④] 中，上诉法院分析了相关的修订条款，并总结道：“附加的惩罚措施，作为少年法院法的一种明确目的，并没有改变具有陪审团审判规定的少年司法制度的最重要目的和制度设计……少年司法制度的根本目标……是对少年的治疗和改造……国家对未成年人的惩罚是一种‘改造工具’，有别于脱离改造目标的具有纯粹惩罚目的的成年人刑事司法制度。”在“杰威尔·C. 案”[⑤] 中，法院对相同的法律变化予以了审查，并得出了相反的结论。“少年越轨案件诉讼……要求法院判定某少年是否违反了具体的刑法规定，并判定这种违反构成重罪还是轻罪。如果该法院排除合理怀疑地判决该少年实施了犯罪行为，则为了‘保护公众免受犯罪行为的侵害’，该法院可以剥夺该少年的自由权，且其刑期可以等同于相同罪行的成年人。”

尽管促进少年之最佳利益仍然是少年法院的首要目标，但各州

---

① Feld, Bad Kids.

② Cal. Welf. & Inst. Code § 202 (b) (2000).

③ Cal. Welf. & Inst. Code § 202 (e) (2000).

④ In re Charles C., 232 Cal. App. 3d 952, 284 Cal. Rptr. 4 (5th Dist. 1991).

⑤ In re Javier A., 159 Cal. App. 3d 913, 206 Cal. Rptr. 386 (1984).

力图对矫治少年与保护公共安全以及其他目标之间的关系予以平衡。各州的矫正政策强调“罪责性、社区保护和能力发展……法院所作出的处置判决应当保护社区，令少年对其行为承担责任，并帮助少年发展技能以成为多样化社会中的有益成员”。参见爱达荷州的相关法律规定。[①] 其他一些法典所规定的目的条款包括“公众和公共安全的保护”和“对犯罪行为惩罚”的促进。参见得克萨斯州家庭法的相关规定。[②]

各法院认识到：目的条款的变化是少年法院理念方向变化的信号，但有关法院仍坚持认为：惩罚可以在改造性的处置措施中发挥作用。在“州政府诉劳利案”[③] 中，华盛顿州最高法院认为：“有时候，惩罚即矫治”，并对立法机关的结论予以了支持，即“犯罪行为、先前罪行的罪责性及其刑罚与年龄之间具有相关性，而犯罪以及犯罪经历与越轨少年的矫治、改造和引导相关，并与重点关注于特定少年的个别化特性的理念相关”。内华达州最高法院将惩罚视为少年法院的一种适当功能。“通过正式认可其对犯罪行为的惩罚性和威慑性制裁措施的合法性，少年法院将得以适当地、稍显延迟地表达社会对少年犯罪的坚决反对，并将得以清晰地形成一种针对少年人群的对犯罪行为的刑罚威慑。”参见“关于七个未成年人案”。[④] 某些法院赞同对越轨少年予以监禁，因为这样做可以威慑其他少年，因为某些少年该当惩罚，且这样做可以维护刑法的统一性。参见“斯科特·L. 诉州政府案”。[⑤]

（2）确定刑的法律规定

1977 年，华盛顿州颁行了越轨少年的量刑指南。该法律采用

---

① Idaho Code § 20 – 501 (2000).

② Tex. Fam. Code § 51.10 (Vernon 2000).

③ State v. Lawley, 91 Wash. 2d 654, 591 P. 2d 772 (1979).

④ In re Seven Minors, 99 Nev. 427, 664 P. 2d 947 (1983).

⑤ Scott L. v. State, 760 P. 2d 134 (Nev. 1988).

了预设性、确定性的指导规则，且该指导性规则是基于少年违法的严重性和持久性的。该指导性规则的目标包括“罪责性”和“与少年犯的年龄、犯罪和犯罪经历相适应的惩罚”，以及“治疗、监管和监护”。参见华盛顿州的相关法律规定。[①] 该量刑处置指南规定了一套标准的基于罪行和犯罪经历的制裁措施。参见华盛顿州的相关法律规定。[②] 在处置听证阶段，法官应当对加重处罚和减轻处罚的事实因素予以考虑，从而在标准化的处置措施上下进行浮动。法官应当在标准范围内采取预设性的量刑判决，除非该量刑判决会造成一种“明显的不公正”，如过度严厉或过度宽仁。参见华盛顿州的相关法律规定。[③] 控辩任何一方都可以就偏离标准范围的量刑判决提起上诉。基于罪行及其前科，该指南规则指示法官：既可施以监禁刑，也可施以就地的制裁措施，如基于社区的缓刑处置措施。参见华盛顿州的相关法律规定。[④]

麦基弗案件依据惩罚与矫治之间的差异否决了越轨少年获取陪审团审判的权利，并否决了少年通过要求陪审团审判的方式而对刑罚裁量规定提出的宪法性抗辩。在华盛顿州采用其关于该当惩罚性的少年法之后，一名少年辩称：修订后的目的条款和关于确定刑的法律规定赋予了其获得陪审团审判的权利。参见“州政府诉劳利案”。[⑤] 华盛顿州最高法院承认：确定刑可能似乎将少年越轨案件诉讼转换成了一种刑事诉讼，但该法院得出的结论却是：罪刑均衡的惩罚可以同个别化处遇一样具有改造性。10 年后，该法院再次确认了其对陪审团审判之州宪法权利的否决。参见“州政府诉沙

---

① Wash. Rev. Code § 13.40.010 (2000).

② Wash. Rev. Code § 13.40.030 (2000).

③ Wash. Rev. Code § 13.40.020 (2000).

④ Wash. Rev. Code § 13.40.020(5) (2000).

⑤ State v. Lawley, 91 Wash. 2d 654, 591 P. 2d 772 (1979).

夫案”。[1] 尽管少年法院对犯罪行为施以确定刑，但沙夫案件仍宣称：少年的罪责程度有别于成年人，因而需要较少的程序安全保障。

有几个司法管辖区在其少年法院中采取基于罪行的量刑判决。参见菲尔德：《坏孩子》；托比特：《国家对策》。[2] 新泽西州的少年法院法官在少年量刑判决中对罪行、犯罪经历以及加重处罚和减轻处罚等因素予以考量。参见新泽西州的相关法律规定。[3] 俄克拉荷马州对暴力犯和惯常犯采用了一种“严重的和惯常的少年犯”法，并创立了一种旨在发展确定量刑指南的机制。参见俄克拉荷马州的相关法律规定。[4] 得克萨斯州采取了“累进制裁指南”以“确保……法律后果与惩罚措施的统一性和协调性，且相关的法律后果和惩罚措施能够与每个少年犯的当前罪行、先前越轨经历相匹配……并在令少年犯承担责任时，能够平衡公众保护与少年矫治之间的关系”。参见得克萨斯州的相关法律规定。[5] 得克萨斯州的这一指导性规则基于少年的罪行严重程度不同，对不同少年进行了不同安全等级和量刑后果的派定。

（3）强制最低刑

约半数州采用基于罪行的指导性规则来规范法官自由裁量判决的某些方面。这些制定法采取年龄和罪行的标准来界定严重或惯常的罪犯，并以此规定其量刑判决。许多州允许或要求法官对特定的严重犯罪或指定的重罪适用强制性的最低刑。参见菲尔德：《坏孩子》；托比特：《国家对策》。[6] 根据某些法律，法官可以保留是否

---

① State v. Schaaf, 109 Wash. 2d 1, 743 P. 2d 240 (1987).

② Feld, *Bad Kids*; *Torbet*, *State Responses*.

③ N. J. Stat. Ann. § § 2A:4A-43(a), -44(a), (d) (West 2000).

④ Okla. Stat. Ann. Tit. 10, § 7303.5.3 (West. 1995).

⑤ Tex. Fam. Code Ann. § 59.001 (Vernon's 2000).

⑥ Feld, Bad Kids; Torbet, State Responses.

适用强制量刑幅度的自由裁量权，而另一些法律则要求法官对被判有罪的少年适用强制性的最低刑。例如，在特拉华州，法官必须对被判二级重罪的少年处以6个月以上、一年以下的监禁。参见特拉华州的相关法律规定。[①] 有些州的强制最低刑适用于“暴力犯和累犯”、“适用强制量刑的罪犯”、“具有加重情节的少年犯”、“惯犯”、“罪行严重的少年犯”以及“指定的重罪犯”。参见亚拉巴马州、科罗拉多州和路易斯安那州的相关法律规定。[②]“1992年以来，有15个州和哥伦比亚特区增补或修订了关于对犯有特定暴力或其他严重罪行的少年适用强制性的最低监禁刑期的法律规定。”参见托比特：《国家对策》。[③]

这些关于强制性量刑的法律规定所针对的少年，比起那些被放弃管辖而移送至刑事法院审判的少年而言，其在某种程度上具有较小的罪责，其罪行的严重性较小，或者其年龄较小。在少年法院对其司法管辖权予以保留的情况下，强制性的量刑可以确保法官和矫正官员对这些少年进行足够期限的监禁。这些制定法所规定的监禁刑期幅度从12至18个月，以至21周岁，或直至成年人重罪量刑的上限。例如，在佐治亚州，少年法院法官可以将一名犯有特定重罪的少年判入少年服务所（the Department of Youth Service）服刑5年，而其所附加的最低监禁期为12或18个月。参见佐治亚州的相关法律规定。[④] 如果某少年犯有某特定的二级重罪或严重地伤害了某较为年长的人，则法官必须对其判处最少18个月的监禁刑。亚拉巴马州颁行了一部关于“严重少年犯”的法律，该法规定：对被判犯有A类重罪或涉及身体伤害或使用枪支的少年，必须判处

---

① Del. Code tit. 10 § 1009 (2000).

② Ala. Code § 12 - 15 - 71.1 (2000); Colo. Rev. Stat. § 19 - 1 - 103 (2000); La. Child. Code Art. 897.1 (2000).

③ Torbet, State Responses.

④ Ga. Code Ann. § 15 - 11 - 37(2) (2000).

其至少1年的监禁刑。参见亚拉巴马州的相关法律规定。[①] 路易斯安那州也颁行了一部强制性的量刑法，该法要求法官将被判犯有暴力重罪的少年交付“拘禁场所，直至其达到21周岁，并不得假释、缓刑、暂缓或中止其判决执行”。参见路易斯安那州的相关法律规定。[②] 尽管细节不同，但各种基于严重犯罪或持续犯罪的强制性量刑规定皆排斥考虑少年真正需要的个别化裁量。在艾伦案中，法院强调：“在最短时间的监禁后获释”的可能性意味着：相关的制裁措施是治疗性的，而非惩罚性的。

（4）关于矫正或假释的指导性规则

有几个州的矫正部门采取了行政性指导规则的形式来规定罪刑均衡或最低期限的监禁刑。参见菲尔德：《坏孩子》。[③] 这些指导性规则代表了另一种形式的基于罪行的刑罚裁量。除非预设性的或强制性的底线量刑法对其自由裁量权予以了限制，法官仍保留其是否对少年判处监禁刑的“进与出”的控制权。关于假释的指导性规则仅仅影响那些被判入矫正机构的少年。例如，亚利桑那州矫正部门的少年监禁与释放指南具体规定了强制性的底线刑期，其幅度根据罪行的严重程度从3个月以至18个月。参见亚利桑那州的相关法律规定。[④] 明尼苏达州矫正部门采用了确定的“拘禁时间长度”的指导性规则，该指导性规则乃是基于当前的罪行和诸如前科及缓刑或假释身份等人身危险因素。参见菲尔德：《坏孩子》。[⑤] 加利福尼亚州少年犯假释委员会根据犯罪严重程度的七个等级类别来决定是否对被判入少年犯管教所（the Youth Authority）的少年予以释放。其他州则采用类似的罪行分类体系来决定服刑少年的拘禁时间

---

① Ala. Code § 12 – 15 – 71.1 (a) and (b) (2000).

② La. Child. Code Art. 897.1 (2000).

③ Feld, *Bad Kids*.

④ Ariz. Rev. Stat. Ann. § 8 – 241 (2000).

⑤ Feld, *Bad Kids*.

长度以及警戒等级。参见托比特：《国家对策》。[①]

所有的这些法定量刑规定，即关于确定刑或强制最低刑的法律规定以及关于矫正和假释的指导性规则，具有其共同的特征，即其处置措施的采取乃是根据罪行而定，且其刑期的长短乃是根据犯罪的严重程度，而非根据少年的真正需要。它们对司法裁量权予以规制，并将少年判决的刑期长短及行刑强度与当前罪行及犯罪前科相联系。

三、处置选项

少年法院的制定法赋予了法官从一系列处置选项中进行选择的裁量权，如驳回起诉、越轨事实不成立之后的案件处置、缓刑、离家安置以及机构监禁。参见佛罗里达州的相关法律规定。[②] 法官在某种程度上参考法律的明确规定，回答"应当对这名少年采取何种措施"的问题。量刑指南以及预设性和强制性的量刑条款对法官的裁量权具有正式的限制作用。尽管近年来的制定法有所变化，但少年法院法官仍然行使着比刑事法院法官更大的自由裁量权，因为少年法院法官需要考虑"少年的最佳利益"。即便是在拥有正式的量刑法的州中，其少年司法体系也采用更为灵活的案件处理方法，因为康复矫治的理念鼓励更强的非正式性和更大的自由裁量权。

关于少年法院法官自由裁量的量刑实践的评估研究报告了两项大体的发现。其一，罪行原则，即根据当前犯罪与犯罪前科的原则，可以说明少年越轨案件量刑判决的大多数差异。任何一项从方法论上针对少年量刑实践的缜密研究皆表明：在对越轨少年予以量刑时，法官主要关注的是该少年的当前罪行和犯罪前科。参见菲尔德：《坏孩子》。[③] 简而言之，少年法院法官关注于刑事法院法官所

---

① Torbet, *State Responses*.

② Fla. Stat. § 985.231 (2002).

③ Feld, *Bad Kids*.

关注的同样的犯罪因素。其二，在对罪行变量进行控制之后，少年法院的个别化司法会在未成年犯的量刑上产生种族歧视。在对少年的年龄、性别、拘押状况和罪行等变量进行控制之后，研究表明：少年法院法官对少数族裔少年的量刑判决比其对罪行和前科近似的白人少年的量刑判决更为严厉，其对二者的量刑在比例上不均衡。参见菲尔德：《坏孩子》；托比特：《国家对策》。①

在法官对越轨少年进行量刑时，各种官僚主义因素鼓励法官将罪行严重程度和犯罪前科因素放在首要的位置。分析学家将法官对刑事裁量标准的倚赖归因于少年法院的组织性要务，即一种避免流言飞语和令人不快的政治及媒体关注的愿望。避免流言飞语的愿望促使法官对犯有更为严重罪行和具有更多犯罪前科的越轨少年处以更为严格的量刑判决。组织内和组织外的因素也制约了法官的裁量自主权。少年法院开发了官僚主义的策略，以使其在根据少年"最佳利益"作出判决的权力与其他的诸如"公共安全保护"、"惩罚与改造目标相一致"以及"控制少年不法行为发生"等矛盾目的之间得以调和。少年法院采集关于少年当前罪行和犯罪前科的信息，而这些事实因素易于令其进入判决规则，为其提供区分和判决少年的理由，并有助于法院在必要时对其判决予以辩护。由于少年越轨案件的司法管辖具有其刑罚的根据，鉴于官僚主义和行政管理方面的考虑，罪行原则左右着少年法院的处置判决。

实证研究表明：种族歧视普遍存在于少年法院的案件处理程序与判决之中。不平等现象发生于不同司法管辖区的不同阶段，且当少年更为深入地贯穿于该体系中，相关的判决会进一步放大少数族裔的过度呈现（over – representation）。参见麦科德：《少年司法》。② 与公然歧视有所不同，少年司法工作人员会认为黑人少年比白人少年更具威胁性或更具再犯可能性，并对他们予以不同的处

① Feld, *Bad Kids*; Torbet, *State Responses*.

② McCord, *Juvenile Justice*.

理。在某种程度上，少数族裔少年的过度呈现反映着犯罪率上的种族差异。参见麦科德：《少年司法》。[①] 少年法院的量刑处置判决是以少年的社会环境为根据的，而这种社会环境反映着社会经济状况以及种族的不平等性。由于少数族裔少年的社会环境和需要不同，他们因此而可能受到比白人少年更为严厉的处置。例如，家庭构成上的种族差异、父母在承担及提供对越轨少年的非住院式的监管能力上的种族差异，以及在提供某种形式的防止再犯的担保能力上的种族差异，都可能对少数族裔少年的处置判决产生不利的影响。

少年法院决策的社会结构背景也可能将少数族裔少年置于不利的地位。例如，更为正式的都市少年法院比郊区或乡村的少年法院更倾向于对所有未成年犯处以更为严厉的判决。参见菲尔德：《儿童正义》。[②] 都市少年法院还可以更多地获取拘留场所，且被羁押的少年通常比那些依然保有自由的少年获得更为严厉的判决。少数族裔少年居住在都市的比例远大于居住在乡村的比例，且警察对暴力犯罪和毒品犯罪的少数族裔少年的拘捕和拘留比例是失衡的。参见施奈德、西格蒙德：《2006年全国报告》。[③] 于是，犯罪模式、都市主义、社会经济状况以及种族因素相互作用，造成了拘留场所和监禁机构中少数族裔的过度呈现。

少数族裔少年在少年拘留所和矫正机构中比例失衡的过度呈现，促使了国会在1988年对《少年司法与少年越轨预防法》的修订。该修正案要求获得联邦少年司法基金的各州确保在此基础上的公正待遇，尤其是在种族问题上，并对少数族裔在拘留场所和矫正机构中过度呈现的缘由作出评估，即《少数族裔监禁比例失衡问

① McCord, *Juvenile Justice.*

② Feld, *Justice for Children.*

③ Snyder and Sichmund, *National Report.*

题报告》强制令。[①] 作为对该强制令的回应，各州审查并发现了在其少年司法体系中的种族歧视现象，其中既包括审前的羁押场所，也包括判后的监禁机构。参见麦科德：《少年司法》。[②] 少年司法程序各阶段的自由裁量放大了种族歧视，并导致少数族裔少年比类似情形的白人少年获得了更为严厉的处置判决。截至 1991 年，少年法院在公立的长期监禁机构中监禁的非西班牙裔白人少年不足 1/3（31%），而被监禁的少数族裔少年却超过了被监禁少年的 2/3（69%）。参见施奈德、西格蒙德：《2006 年全国报告》。[③]

1. 缓刑

关于少年法院法官如何对少年予以量刑处置判决的问题，可从三组变量进行解释。其一，法官对越轨少年是处以缓刑还是将其判入监禁机构，乃是根据该少年的当前罪行和犯罪前科所显现出来的危险性和公愤。其二，父母或法定代理人承担并在社区中对其子女予以监管的意愿和能力，会影响到法官对该少年的风险性的评估。其三，当其罪行的严重程度和父母的监管不能清晰地指示应当对某少年处以监禁刑还是处以缓刑时，则可以获取的矫治设施和监禁床位可能会左右法官的判决。

关于量刑的法律规定授权法官对少年处以缓刑，是一种最古老和最常用的少年处置措施。参见施奈德、西格蒙德：《2006 年全国报告》（在 1996 年，法官对 54% 的被判构成越轨行为的少年处以了缓刑）。[④] 在正式裁决之前，法院可能对少年处以非正式的缓刑，其中该少年自愿地同意遵守相关的缓刑条件。在越轨行为是否成立

① The Disproportionate Minority Confinement（DMC）mandate. 42 U. S. C. § 5633(a)(16)（1993 Supp.）.

② McCord, *Juvenile Justice*.

③ Snyder and Sichmund, *National Report*.

④ Snyder and Sichmund, *National Report*.

的裁决之后，法院可以发出缓刑的指令，且该少年必须遵守缓刑的期限和条件。少年法院将约一半的被提交其审判的少年置于非正式的缓刑，而没有对其予以是否成立越轨行为的正式判定。参见施奈德、西格蒙德：《2006 年全国报告》。[①] 某些州将越轨少年的缓刑期限制在 2 年以内，在“特殊情况”下可以延长一年。参见纽约家庭法院法的相关规定。[②] 除非制定法对缓刑期限予以了明确的限制，法院都会支持及于整个未成年期的缓刑判令，即便是对轻罪。参见“韦斯特布鲁克斯案”（逛商店时偷窃商品的行为）。[③]

（1）缓刑条件

法院享有根据少年需要制定缓刑具体条件的广泛的自由裁量权。缓刑官保持与缓刑少年的接触，以确保其遵守缓刑的条件。如果该少年未能遵守缓刑条件，则法官可以撤销缓刑并对其采取更为严厉的处置判决。

在缓刑期间，少年通常身居家中或由其他亲属监护，并可以继续正常的活动，如上学和工作。尽管缓刑条件通常要求少年与父母一起居住，但法院有权判令少年与其某一亲属、监护人居住，或判令其居住于某一适宜的寄养家庭或其他住所，以作为缓刑的一项条件。参见康涅狄格州的相关法律规定；[④] 加利福尼亚州的相关法律规定（亲属、团体之家或寄养家庭照管）。[⑤] 该法院可以命令缓刑少年定期会见缓刑官，遵守宵禁或其他对自由权的限制规定，完成社区服务令，接受医学或精神病学的评估，参与门诊咨询或治疗项目，接受酒精或毒品滥用的治疗，接受随机的检测，补偿受害人，

① Snyder and Sichmund, *National Report*.

② N. Y. Fam. Ct. Act § 353. 2(6) (McKinney 2000).

③ In re Westbrooks, 288 S. E. 2d 395 (S. C. 1982)

④ Conn. Stat. Ann. § 46b – 140(b) (2000).

⑤ Cal. Welf. & Inst. Code § 727(a) (2000).

等等。参见康涅狄格州的相关法律规定。[①] 当法官适用缓刑条件时，其指令必须旨在对犯罪少年予以康复矫治，而不仅仅是为了惩罚该少年犯。法官的指令可以规定缓刑的具体条件，以令其符合该少年的需要，以令缓刑官能够对该少年予以监控，以对该少年的生活加以规范，并培育该越轨少年的长远前途。

法院有权采用"与少年的需要相关的……且能合理必要地保证该少年过上守法生活"的缓刑条件。参见北卡罗来纳州的相关法律规定。[②] 作为特殊的缓刑条件，某少年法院曾指令某过失杀人罪的少年在被害人生日和祭日时到其墓前探望和献花，戴上镶有被害人照片的项链，并不得参与诸如足球赛和舞蹈等校园活动。参见"J. B. 案"。[③] 有的上诉法院对要求少年上学的缓刑条件予以了支持，参见"杰拉尔德·B. 案"[④]；有的上诉法院对要求少年争取升学的缓刑条件予以了支持，参见"安杰尔·J. 案"[⑤]；还有的上诉法院对要求少年遵守包括宵禁令在内的所有法律的缓刑条件予以了支持。有些法院的缓刑条件可能要求缓刑者服从无嫌疑的搜查和随机的酒精状况检测。参见"A. L. J. 诉州政府案"（越轨少年被判涉酒犯罪，而酒精检测的缓刑条件旨在避免将来的任何涉及酒精的问题）[⑥]；"凯茜·S. 案"（尿液检测的缓刑条件）[⑦]。如果法院发现看电视促成了该少年的越轨行为，则该法院可能会适当地禁止该少年观看电视一年。参见"麦克唐纳案"[⑧]。某些法院以违反美国

---

① Conn. Stat. Ann. §46b－140(c) (2000).

② N. C. Gen. Stat. §7B－2510(a) (2004).

③ In re J. B., 172 N. C. App. 747, 616 S. E. 2d 385 (2005).

④ In re Gerald B., 164 Cal. Rptr. 193 (Ct. App. 1980).

⑤ In re Angel J. (Cal. Ct. App. 1992).

⑥ In the Matter of the Interests of A. L. J. v. State, 836 P. 2d 307 (Wyo. 1992).

⑦ In re Kacy S., 68 Cal. App. 4th 704, 80 Cal. Rptr. 2d 432 (1998).

⑧ In re McDonald, 515 S. E. 2d 719 (N. C. Ct. App. 1999).

联邦宪法第一修正案为由，将要求少年出席教堂或参与宗教培训的缓刑条件判定为无效。例见“L. M. 诉州政府案”。[①]

加利福尼亚州的上诉法院明确规定了审查少年法院缓刑条件的标准：“缓刑条件将不得被裁定为无效，除非其：①与行为人被判的犯罪无关；②所关涉的行为本身并非犯罪行为；③所要求或禁止的行为与未来的犯罪可能性不具有合理的关联。缓刑条件必须符合所有这三项规定方能被判定为无效。”参见“弗兰克·V. 案”[②]。因此，法院可以采用与导致越轨行为裁决的违法行为无明显关联的缓刑条件。参见“为了詹姆斯·P. 的权益案”（被判枪支犯罪，而被要求服从血液检测，以判定其父亲血缘）[③]。

（2）赔偿

法院可以适用旨在矫治越轨少年而非惩罚越轨少年的缓刑条件。例如，在制定法对适用罚金刑没有明确规定的情形下，法院通常将向国家支付罚金视为一种无效的刑罚。参见“加丁尼案”（撤销包含罚金的处置令，因为“法院旨在通过罚金惩罚上诉人的行为”）[④]。然而，许多州的制定法授予其少年法院适用罚金的权力。参见加利福尼亚州的相关法律规定（罚金上限为 250 美元）；[⑤] 明尼苏达州的相关法律规定（罚金上限为 700 美元）。[⑥] 这些法律规定要求法官根据少年的支付能力来确定罚金数额及支付时间。

实际上，所有的处置判决法律规定均包含着赔偿被害人的条款，或将其作为一种特别的处置措施，或将其作为一种缓刑的条

① L. M. v. State, 587 So. 2d 648 (Fla. Ct. App. 1991).

② In re Frank V., 285 Cal. Rptr. 16, 21 (Ct. App. 1991).

③ In the Interest of James P., 180 Wis. 2d 677, 510 N. W. 2d 730 (1993).

④ In re Gardini, 243 Pa. Super. 338, 365 A. 2d 1252 (1976).

⑤ Cal. Welf. & Inst. Code § 731 (2000).

⑥ Minn. Stat. § 260B. 185 (2000).

件。参见内布拉斯加州和纽约家庭法院法的相关法律规定。[1] 当少年的犯罪行为造成了金钱上的损失时，要求其予以赔偿是合适的。参见“州政府支持公诉之少年矫正署诉迪克森案”和“R. W. S. 诉州政府案”。[2] 在团伙犯罪的情况下，法院可以责令同案被告人对其所造成的损失承担连带赔偿责任。参见“州政府诉布莱尔案”和“J. M. 诉州政府案”。[3] 少年法院法官常常判令被告人对财产损失或人身伤害进行赔偿，以作为其缓刑的条件。例见康涅狄格州的相关法律规定（赔偿包括“对物质损毁或人身伤害的金钱偿还”）；[4] 加利福尼亚州的相关法律规定。[5]

赔偿令可以要求少年对“被害人予以全部赔偿”，并说明违法行为与损害结果之间的联系。上诉法院要求少年法院法官对赔偿进行设计，以令其有助于少年的矫治。赔偿令可以是矫治项目的组成部分，但赔偿数额必须根据少年的偿付能力合理确定。参见“州政府诉克里斯托夫案”；以及[6]佛罗里达州的相关法律规定（赔偿令不得超过少年能够有望支付的合理数额）。[7] 法院在处置听证会中作出赔偿令的判定，且少年有权获得律师帮助，并有权获得提供确定合理赔偿数额的证据的机会，除非其对这些权利作出了合法有效的放弃。参见“E. C. M. 诉州政府案”（未经对少年的权利告知

---

① Neb. Rev. Stat. §43 – 286(1)(a)(2000); N. Y. Fam. Ct. Act §363.6 (1)(a) (McKinney 2000).

② State ex rel. Juvenile Dep't v. Dickerson, 100 Or. App. 95, 784 P. 2d 1121 (1990); R. W. S. v. State, 162 Wis. 2d 862, 471 N. W. 2d 16 (1991).

③ State v. Blair, 56 Wash. App. 209, 783 P. 2d 102 (1989); J. M. v. State, 786 P. 2d 923 (Alaska Ct. App. 1990).

④ Conn. Stat. Ann. §46b – 140(d) (2000).

⑤ Cal. Welf. & Inst. Code §731 (West 2000).

⑥ State v. Kristopher G., 201 W. Va. 703, 500 S. E. 2d 519 (Sup. Ct. App. 1997).

⑦ Fla. Stat. Ann. §985.231 (2001).

或未获得其合法有效的律师辩护权利的放弃，法院不得进行赔偿听证程序)；[①]“C. A. D. 案”[②]。受害方必须向法庭提供评估损失数额的合理依据，而该依据的证实无须“排除合理怀疑”。参见“州政府诉法布拉夫案”(根据少年法之赔偿之损失证明类似于侵权诉讼案件中所要求的损害证明)。[③] 法院所判令的赔偿数额必须考虑少年合理履行其义务以及其赔偿被害人的能力。参见“J. J. 案”[④]。“少年法院在制作赔偿令时，如果未能考虑下列因素，则为对自由裁量权的一种滥用：①少年的经济来源和赔偿义务；②支付赔偿将产生的负担；③少年的年龄、受教育程度、社会背景以及其他所有的相关因素；④赔偿令的矫治作用。”例见“D. J. W. 诉州政府案”。[⑤]

(3) 社区服务

法官可以判令社区服务，以作为少年缓刑条件的组成部分。法官施加社区服务令的目的通常在于造福社区，令少年对其行为承担责任，并为其提供工作经验。社区服务令的范围包括清扫公园或公共场地、担任公共机构的维护或事务性工作、在缓刑官或正式机构工作人员的监督下协助开展幼儿娱乐项目。参见“T. S. 案”(45小时的社区服务是一种适当的缓刑条件，可令少年领略到责任的意义，并作为对其康复矫治的一个部分)[⑥]；“香农·A. 案”(在少年服务机构的监督下，为某脑残儿童提供1000个小时的社区服务工作，以作为对其康复矫治努力的组成部分)[⑦]。

---

① E. C. M. v. State, 835 So. 2d 1280 (Fla. App. 2003).

② In re C. A. D., 11 Kan. App. 2d 13, 711 P. 2d 1336 (1985).

③ State v. Fambrough, 66 Wash. App. 223, 831 P. 2d 789 (1992).

④ In re J. J., 848 A. 2d 1014 (Pa. Super. 2004).

⑤ D. J. W. v. State, 705 So. 2d 521 (Ala. Crim. App. 1996).

⑥ In re T. S., 144 Vt. 592, 481 A. 2d 21 (1984).

⑦ In re Shannon A., 60 Md. App. 399, 483 A. 2d 363 (1984).

（4）缓刑撤销

联邦最高法院认为：成年缓刑者在缓刑撤销听证程序中享有正当处理原则的宪法权利。参见“加尼翁诉斯卡佩里案”。[①] 然而，由于缓刑者已被定罪，因而在程序上，与刑事审判相比较而言，缓刑撤销听证会更接近于量刑或处置听证会，且当事人需要获取权利告知、获取听证机会以及出示证据的权利。

一旦法官对某越轨少年处以缓刑，如果该少年随后又犯有新罪或违反了缓刑条件，则法官可以撤销其缓刑。当缓刑官或检察官有适当理由认为某少年犯有新罪或违反了缓刑条件时，他们就可以启动撤销缓刑的诉讼程序。缓刑官可以对该少年予以监管，请求法院继续适用缓刑，并附加缓刑的条件，或请求法院撤销该少年的缓刑，并对其处以更为严厉的处置措施。参见佛罗里达州的相关法律规定。[②] 缓刑撤销诉讼会影响到少年的自由权益，并从而需要诸如获取权利告知和获取听证等基本的正当处理原则保护。某些州对少年适用与成年人相同的缓刑撤销程序。缓刑撤销听证程序规定：当事人有权获取被指控违反行为的告知，有权承认或否认对其作出的指控，并有权获取旨在判定其违反行为是否发生以及该法院是否应当撤销其缓刑并对其判处另一种处置措施的听证机会。参见明尼苏达州的相关法律规定。[③] 关于缓刑撤销诉讼的证明责任问题，各州的规定有所不同。某些州要求缓刑官或检察官以明确可信的证据（clear and convincing evidence）来证实相关的违反行为。例如，明尼苏达州的相关法律规定。[④] 而在其他一些州中，当撤销缓刑的理由为犯罪行为时，其对越轨少年缓刑撤销诉讼采用排除合理怀疑的

---

① Gagnon v. Scarpelli, 411 U.S. 778 (1973).

② Fla. Stat. §985.231 (2001).

③ Minn. R. Juv. Proc. 15.07.

④ Minn. R. Juv. Proc. 15.07 (D).

成年证明标准。参见“为了 C. B. 权益案”。[①] 还有一些州在越轨少年缓刑撤销诉讼中采用优势证据的标准（the preponderance of the evidence standard）。例见“民众诉贝尔彻案”（少年缓刑者与成年缓刑者类似，且成年犯缓刑撤销所采用的证明标准即优势证据）。[②] 如果法院认定某少年违反了缓刑条件，则法官有权决定对其继续适用缓刑，增设缓刑条件，适用短期监禁刑，抑或撤销其缓刑，并对其判处更为严厉的处置措施。参见佛罗里达州的相关法律规定。[③]

2. 离家安置[④]

关于处置裁量的制定法授权法官裁定将少年安置于以社区为基础的团体之家(group homes)或寄养照管机构(foster care facilities)。此类处置措施是在父母不能或不愿对其子女予以监护或不能提供必要的监管之时采取的。参见西弗吉尼亚州的相关法律规定。[⑤] 此类处置措施允许少年继续留在社区中，为其提供一种针对功能失调的家庭的替代，并确保其比在家庭更有规矩，更具公共安全性。缓刑的附加条件可以包括离家安置。

3. 机构监禁

封闭式机构（如“训导学校”或“工读学校”）中的监禁，是少年法院可适用的最为严厉的处置措施。关于对少年予以判决的法官与对少年予以接纳的矫正机构之间的关系问题，各州的法律规定有所不同。在大多数州，法官有权将少年判入矫正机构，但无权

① In the Interest of C. B., 196 Colo. 362, 585 P. 2d 281 (1978).

② People v. Belcher, 143 Mich. App. 68, 371 N. W. 2d 474 (1985).

③ Fla. Stat. § 985. 231 (2001).

④ 离家安置(out - of - home placement)，相当于我国的收容教养。——译者注

⑤ W. Va. Code § 49 - 5 - 13(4) (2001).

控制该矫正机构是否将该少年拘禁于某一特定场所以及拘禁多长期限的问题。参见爱达荷州的相关法律规定。[1] 一旦将法定监护权转移至矫正机构，法院便不得审查或推翻该矫正机构对该少年的拘禁或释放的决定。参见"K. A. 案"（一旦法院将少年交付少年健康服务部门监护，其便丧失了指导如何安置或如何治疗的权力）；[2] "M. D. A. 案"；[3] "B. L. T. 案"[4]；"L. A. J. 案"（法院无权掌控具体的安置措施）。[5] 在某种程度上，矫正部门行使着对少年予以照管和安置的绝对权力，以控制其矫治工作的开支，而审判机构不得掌控行政部门的资源配置决定。参见"州政府支持公诉之 T. A. 案"。[6] 对于犯有更为严重罪行的少年，州制定法可以授权法院对其处以强制性的最低监禁刑。参见康涅狄格州的相关法律规定（"对于应当被安置于居留机构中的少年，法院可以将其最低期限设置为 12 个月"）。[7] 有少数一些州的制定法授权法官作出关于少年安置的特定机构的决定。参见西弗吉尼亚州的相关法律规定；[8] "哈里 · W. 案"。[9]

少年很少在监禁场所中度过判决规定的全部监禁期限。不到一半的被判处监禁的少年服刑满 6 个月，且只有约 15% 的服刑超过一年。参见施奈德、西格蒙德：《2006 年国家报告》。[10] 在机构监禁的初期阶段之后，矫正部门通常会以假释监管或"释后观护"

---

① Idaho Code § 20 – 504（2001）.

② In re K. A. , 879 A. 2d 1（D. C. 2005）.

③ In re M. D. A. , 306 Minn. 390, 237 N. W. 2d 827（1975）.

④ In re B. L. T. , 853 P. 2d 1226（Mont. 1993）.

⑤ In re L. A. J. , 495 N. W. 2d 128（Iowa App. 1992）.

⑥ State ex rel. T. A. , 801 So. 2d 351（La. 2001）.

⑦ Ct. Stat. § 46b – 140(i)（2000）.

⑧ W. Va. Code § 49 – 5 – 13(b)(2000).

⑨ In re Harry W. , 514 S. E. 2d 814（W. Va. 1999）.

⑩ Snyder and Sickmund, *National Report*.

的方式释放未成年人。如果该少年违反了释放条件或犯有新罪，则在假释撤销听证会之后，该少年会被送回监禁场所执行起初判决的剩余刑期。联邦最高法院认为：在假释撤销听证程序中，被假释的成年人享有针对违法行为指控以及假释是否应当被撤销的相关程序权利。参见“莫里西诉布鲁尔案”。[1] 假释撤销的诉讼程序类似于缓刑撤销的诉讼程序。

（1）监禁条件

在高尔特案件中，联邦最高法院认识到：对实施了刑事不法行为的越轨少年的监禁具有刑罚的特性。

> 被判入监禁机构的这名男孩可能在其中被限制若干年的人身自由。该结果不具有合宪性，且其实践意义也是有限的，而他被判入的机构名为工读学校（Industrial School）。该事实的真相是，无论其称呼如何委婉——少年“收容家庭”或少年“工读学校”，这些机构就是一种监禁机构，该少年在其中会被关押或长或短的时间。他的世界变成了“一座由白石灰粉刷的墙壁、军事化的日常管理和制度化的作息时间所构成的建筑物……”他的世界没有父母、兄弟姐妹和朋友同学的陪伴，而是由警卫、监管人员、政府雇员以及因恣意妄为、强奸、杀人等各种恶劣行径而与其同监的“越轨少年”所组成。

康复矫治的美辞与监禁条件的现实之间的矛盾促使高尔特案件的判决赋予了少年某些程序上的安全保障。

高尔特案件的10年之后，关于少年矫正机构的评估揭示了康复矫治的美辞与严厉的监禁和惩罚现实之间的日渐增大的差距。参

---

① Morrissey v. Brewer, 408 U.S. 471 (1972).

见巴里·C. 菲尔德：《平定囚犯暴力：监禁中的少年犯》（1977 年版）。[①] 由“少年司法与少年越轨预防处”（OJJDP）发起的一项研究采用了全国公认的专业标准，对 984 所少年拘留中心和训导学校进行了评估，这 984 所机构容纳着所有越轨少年的 2/3 强（69%）。参见戴尔·G. 帕伦特等：《监禁条件：少年拘留与矫正场所》（1994 年版）。[②] 该研究报道了地方监禁机构人满为患的状况。几乎一半（44%）的长期性的公立监禁机构所容纳的囚犯人数超过了其设计的承载量，且 3/4（79%）的最大型的监禁场所超员 350 名以上。将近 2/3（62%）的被监禁者居住在过于拥挤的场所。随着各州将更多的少年判入监禁机构，这些场所的监狱式的特性也在不断增强，更加依靠栅栏和围墙维持周边的安全，并采用监控设备来维护内部的安全。OJJDP 的此项研究将接近一半（46%）的训导学校划分为拥有防护栅栏、封闭式内部警戒或两者兼而有之的中度或强度的监禁场所。

少年量刑法律的近期变化加剧了监禁机构的拥挤状况。根据强硬法律而被处以更长监禁刑的少年常常包括那些犯有最严重罪行和最难以矫正的越轨少年。而容纳他们的监禁机构面临着过于拥挤、身体活动受限以及矫正项目资源不足的困顿局面。过于拥挤会导致更高比率的囚犯暴力与自杀。参见帕伦特：《监禁条件》。[③] 这些少年矫正机构显现出许多与成年人监狱相关的负面特征，且有时其功能与少年监狱无异。有不少针对少年机构监禁条件的案件诉称：其监禁条件违反了联邦宪法第八修正案关于禁止酷刑的规定（prohibition of cruel and unusual punishment），抑或侵犯了联邦宪法第十四

① Barry C. Feld, *Neutralizing Inmate Violence: Juvenile Offenders in Institutions* (1977).

② Dale G. Parent, et al., *Conditions of Confinement: Juvenile Detention and Corrections Facilities* (1994).

③ Parent, *Conditions of Confinement.*

修正案赋予囚犯的获得矫治的正当处理原则权利。关于评估监禁条件的适当标准问题，联邦下级法院的规定有所不同。某些法院运用联邦宪法第八修正案禁止警卫对少年使用戒尺。参见“纳尔逊诉海涅案”。[①] 另一些法院则运用正当处理原则条款来禁止监禁机构的虐待行为。参见“休伊特代理 H. C. 诉贾洛德案”（将正当处理原则条款适用于监禁条件）；[②]“桑塔娜诉科拉佐案”（将联邦宪法第八修正案作为宪法的底线，而将正当处理原则条款适用于因身份罪错和轻罪而被拘禁的少年）[③]；“米洛纳斯诉威廉姆斯案”（将正当处理原则条款适用于因违纪和犯罪而被监禁的少年的监禁条件）[④]；“加里·H. 诉赫格斯特罗姆案”。[⑤]

有些法院运用联邦宪法第八修正案来禁止某些实践做法，并依此对监禁条件的底线标准进行了规定。各法院或以良知检测的方法，或以量化分析的方法来评估监禁的条件。参见“被监禁男孩训导学校诉阿弗莱克案”（“发展有尊严的标准”）。[⑥] 该法院诘问道：这种受质疑的做法是否对良知有所冲击，或是难以在文明社会中获得容忍。相关的量化分析重点关注于如下问题，即鉴于其目标，受质疑的实践做法是否属于不必要的残酷，譬如该惩罚与其罪行或违法行为不相称；再者，严厉程度较低的方法能否达成相同的目标，譬如某种具有更小限制性的替代措施。参见“纳尔逊诉海涅案”（被监禁者被博爱的戒尺击打，被注射精神药物以达到社会

---

① Nelson v. Heyne, 491 F. 2d 352 (7th Cir. 1974).

② H. C. by Hewett v. Jarrard, 786 F. 2d 1080 (11th Cir. 1986).

③ Santana v. Collazo, 714 F. 2d 1172 (1st Cir. 1983), cert. denied, 466 U. S. 974 (1984).

④ Milonas v. Williams, 691 F. 2d 931 (10th Cir. 1982), cert. denied, 460 U. S. 1069 (1983).

⑤ Gary H. v. Hegstrom, 831 F. 2d 1430 (9th Cir. 1987).

⑥ Inmates of Boys' Training School v. Affleck, 346 F. Supp. 1354 (D. R. I. 1972).

控制的目的，以及被拒绝给予最低限度的监护和个别化矫治）；[1]“莫拉莱斯诉特曼案”（体罚与虐待，工作人员主使的殴打，喷射催泪瓦斯，过度的单独监禁，有辱人格的劳作以及很少的诊疗服务）；[2]“摩尔根诉斯普罗特案”（少年被拘禁在无窗户或无家具和抽水马桶的囚室内，且不能获得矫治服务、培训项目或阅读资料）。[3]

（2）获得矫治的权利

获得矫治的权利是政府应用国家亲权对少年予以照管的一种逻辑延伸。对精神病或智障者的拘禁不提供用于刑事监禁的程序安全保障。这是一种利益的承诺，即一种治疗性的“替代目标”，令其严格程序安全保障的缺乏得以正当化。缺乏所承诺的矫治的监禁成立为刑罚，并有违于正当处理原则。州政府只能通过提供补偿性的康复矫治的途径，来令其缺乏刑事诉讼程序安全保障的监禁得以正当化。参见“唐纳森诉奥康纳案”和“劳斯诉卡梅伦案”。[4]

法院认为：被监禁的少年享有联邦宪法第十四修正案所规定的获得矫治的实体性的正当处理原则权利，此项权利向州政府加诸了给予少年利益的积极责任。州政府设定了其父母亲权的角色，因而未能履行其相关责任便违反了正当处理原则。获得矫治的权利的等价有偿原理（the quid pro quo rationale），即州政府在监禁之前否决了越轨少年的相关诉讼程序安全保障，而作为回报，州政府必须在监禁之后给予少年相关的实体利益。将越轨少年拘禁于州训导学校即业已援引了民事案件的等价有偿原理，其目的在于获得矫治，而

---

① Nelson v. Heyne, 355 F. Supp. 451 (N. D. Ind. 1972), aff' d, 491 F. 2d 352 (7th Cir. 1974).

② Morales v. Turman, 383 F. Supp. 53 (E. D. Tex. 1974), rev' d on other grounds, 535 F. 2d 864 (5th Cir. 1976).

③ Morgan v. Sproat, 432 F. Supp. 1130 (S. D. Miss. 1977).

④ Donaldson v. O' Connor, 493 F. 2d 507 (5th Cir. 1974), vacate on other grounds, 422 U. S. 563 (1975).

不是在于获得羁押监禁。参见“佩娜诉纽约州少年署案”、“莫拉莱斯诉特曼案”和“马尔塔雷拉诉凯莉案”。[①]

获得矫治的权利是一个有争议的学说，其引发着关于联邦主义与分权的争议。少年通常向联邦法院起诉州政府矫正部门，并指控其违反了联邦宪法。加之实体性正当处理原则权利本身的模糊性，少年的诉讼主张将联邦法院陷于与州政府行政机构之间的对立。在大多数情况下，该权利的贯彻需要州政府获取适当的资源。于是，对此项权利的满足会令联邦法院法官卷入关于资源配置的立法性判断中。关于此项权利的存在和可适用于被监禁少年的救济措施的两起案件得出了完全相反的判决结论。“在桑塔娜诉科拉佐案”中，[②]法院发现：除了予以矫治之外，还有拘禁少年的其他理由，即保护社会以及保护少年免受危险和不健康的环境影响。监禁条件必须具有与其目的之间的某种合理关系，于此，桑塔娜案件的法院认为：那些其他目标并不能证实康复矫治的积极权利。该法院总结道：宪法赋予少年犯的程序安全保护措施较少于其赋予刑事被告人的，从而不存在宪法意义上的等价有偿问题。该法院认为：诸如单独拘禁这样的做法可能有违于联邦宪法第八修正案的酷刑禁令。与此相反，在“亚历山大诉博伊德案”中，[③]其法院认为：少年的确享有联邦宪法第十四修正案所赋予的获得矫治的正当处理原则权利，其定义为“可接受的最低限度的治疗和改造标准”。该法院并非有意于创设一项矫治少年的积极义务，而只是意在确保为少年提供一种矫正其行为的合理机会的必要条件。尽管该法院明确了对培训人

---

① Pena v. New York State Div. for Youth, 419 F. Supp. 203, 211 (S. D. N. Y. 1976); Morales v. Turman, 383 F. Supp. 53, 64 (E. D. Tex. 1974), rev'd on other grounds, 535 F. 2d 864 (5th Cir. 1976); Martarella v. Kelly, 349 F. Supp. 575, 602 (S. D. N. Y. 1972).

② Santana v. Collazo, 714 F. 2d 1172 (1st Cir. 1983).

③ Alexander v. Boyd, 876 F. Supp. 773 (D. S. C. 1995).

员、培训项目的最低充分水平以及为提供合理改进机会的必要服务的需要，但该法院拒绝具体阐明州政府为满足获得矫治权而必须采用的宪法政策和实践做法。上诉法院通常会为了贯彻适当的制度变革而将案件发回地区法院重审。参见“纳尔逊诉海涅案”。地区法院法官常常会指定一位特别专员，令其监督原告律师与矫正部门之间的谈判，并以此提出某种可接受的救济措施。

尽管诸如“纳尔逊诉海涅案”之类的案件反映出获得矫治权在20世纪70年代至80年代初期的优胜，但在“扬伯格诉罗密欧”[①] 案中，法院的裁决停止了该学说的扩张。扬伯格案件考虑了非故意犯、深度精神迟滞成年人的实体性正当处理原则权利。该法院同意为被监禁的人提供为避免伤害所需要的监禁条件，以及为保护被拘禁者人身安全获得必要培训的权利，但该法院拒绝确立一种导向长期改善之路的积极的获得培训权。国会颁行的《监狱诉讼改革法》（缩写为PLRA）[②] 对州政府和联邦法院基于联邦宪法权利之违反事由而作出的预期缓解监禁条件的判令权力进行了限制。该法适用于少年拘禁场所和矫正机构。该法对可用于缓解监禁条件的预期救济措施予以了限制，即其为“纠正对某特定原告或原告们之联邦宪法权利之违反之必需”。此外，任何准许的救济措施必须被予以狭义的制定，不得超过纠正联邦权利违反的必要限度，且必须为具有最低侵犯性的必要手段。

一些州的制定法规定了一种替代性的理由，少年可以借此对监禁条件提出抗辩，并借此主张其获得矫治的权利。许多州的法律包含了对被判越轨的少年予以照管、指导和培训的条款。例如，伊利诺伊州的相关法律规定（“有权获得……适当发展所必要的服务，其中包括健康、教育和社会服务”）；[③] 新罕布什尔州的相关法律规

① Youngberg v. Romeo, 457 U.S. 307 (1982).

② The Prison Litigation Reform Act (PLRA), 18 U.S.C. § 3626 (1999).

③ Ill. Comp. Stat. Ch. 705 ? 405 (Smith – Hurd 1997).

定（少年法院的目的在于提供“保护、照管、治疗、咨询、监督和改造资源”）。[1] 州法院偶尔会认可某种法定的“获得矫治的权利”。参见“州政府诉 S. H. 案”（根据州少年法的获得康复矫治的权利）[2]；“州政府支持公诉之 J. D. W. 诉哈里斯案”（“获得康复矫治的法定权利”）[3]；“州政府诉特伦特案”（“宪法和法律所规定的获得矫治的权利”）[4]。各州对少年获得陪审团审判权利的否决，以及对适用超出成年人量刑幅度的处置判决的否定，对少年获取康复矫治服务的权利主张起到了支撑作用。例见“州政府诉沙夫案”（陪审团审判之否决）[5]；“埃里克·J. 案”（为了改造，对其处以比成年人更为长期的监禁）[6]。

四、身份犯的处置

除了在羁押场所与矫正机构警戒拘禁之外，少年法院法官可以对少年身份犯采用与少年越轨犯相同的处置措施，但拘留场所和机构中的监禁措施除外。参见密西西比州和内布拉斯加州的相关法律规定。[7] 高尔特案件的判决对少年法院的越轨诉讼程序予以了正规化，且在 20 世纪 70 年代至 80 年代期间，少年越轨案件处置的惩罚性不断增强。各州对少年身份犯的指控不是刑事违法指控，且非刑事犯所享有的程序安全保障甚至更少于越轨少年所享有的程序安全保障。参见本书第七章第七部分。这些程序差

---

① N. H. Rev. Stat. Ann. § 169 – B:1 (2000).

② State v. S. H., 877 P. 2d 205 (Wash. Ct. App. 1994).

③ State ex rel. J. D. W. v. Harris, 319 S. E. 2d 815 (W. Va. 1984).

④ State v. Trent, 289 S. E. 2d 166 (W. Va. 1982).

⑤ State v. Schaaf, 109 Wash. 2d 1, 743 P. 2d 240 (1987).

⑥ In re Eric J., 601 P. 2d 549 (Cal. 1979).

⑦ Miss. Code Ann. § 43 – 21 – 607 (2000); Neb. Rev. Stat. § 43 – 287 (2000).

异的一个必然结果，即各州不得将少年身份犯与少年越轨犯监禁在一起。在“哈里斯诉卡伦戴恩案”[①] 中，法院认为：将身份犯与越轨犯一同监禁违反了平等保护原则和实体的正当处理原则，并构成了酷刑。哈里斯案件的法院推理道：由于身份犯实施的行为并不构成犯罪，因而州政府只能给予与其“国家亲权”相一致的帮助性的处置措施。该法院要求州政府穷尽每一种合理的替代监禁的措施，且如果监禁是剩余的唯一选项，那么也只能将身份犯与其他身份犯监禁在一起。如果法官决定将身份犯安置于某监禁机构，那么哈里斯案件的判决规定：处置判决的档案应当包含关于缺乏其他合理替代处置措施的具体调查和判定。哈里斯案件得出这样一个结论，即州政府未能提供合理的替代处置措施并不能令机构监禁措施得以正当化。

1974 年，国会通过了《少年司法与少年越轨预防法》。该法规定：应当对非刑事犯罪的身份犯予以非监禁化（DSO）。[②] 未遵守联邦（DSO）强制令的州将承担相关项目资助金分配减少或丧失的风险。[③] 该法劝阻将身份犯与越轨犯予以混合监禁的做法，而鼓励将身份犯从少年法院中分流出来，并采取对少年拘留与矫正机构的替代措施。为了令各州有资格获得联邦资助金，该法要求各州将所有身份犯从监禁机构中转移出来。例见“麦克·G. 案”（将身份犯与越轨犯予以隔离）[④]；“窦伊诉诺里斯案”（身份犯与越轨犯的混合拘禁是对前者的违宪性的惩罚）[⑤]。

非监禁化的规定限制了少年法院法官对身份犯的处置选项，并

---

① Harris v. Calendine, 160 W. Va. 172, 233 S. E. 2d 318 (1977).

② The Juvenile Justice and Delinquency Prevention Act, 42 U. S. C. A. § §5601, et seq.

③ 42 U. S. C. A. §5633 (c).

④ In re Michael G., 747 P. 2d 1152 (Cal. 1988).

⑤ Doe v. Norris, 751 S. W. 2d 834 (Tenn. 1988).

削弱了其制定处置令的权力。如果各州不能将身份犯限制在监禁场所中，那么防止他们从非监禁场所中逃跑将变得更加困难。法官有时会判定从非监禁场所中逃跑的身份犯构成藐视法庭生效令或脱逃的犯罪。如果某少年反复地实施非犯罪的违法行为，那么法官可以将其“升格”（bootstrap）为越轨犯，并将其安置于监禁机构。尽管各州关于监禁身份犯的政策有所差异，但《少年司法与少年越轨预防法》在1980年的修正案淡化了关于监禁的联邦限制，并允许各州扩大法官针对藐视法庭和监禁问题的权力。该修正案准许法官对那些从社区安置场所逃跑或违反法庭命令的身份犯予以藐视法庭罪的指控，即一种少年越轨行为的指控，并可以将他们作为越轨犯交付监禁场所进行羁押（“构成一种违反法庭生效令的犯罪”）。[①]

继联邦DSO强制令之后，关于少年法院对违反法庭生效令的身份犯进行控制的权力问题，各州的规定有所不同。尽管立法意图禁止羁押，但大多数州赞成少年法院对藐视法庭的身份犯判处监禁。在其他较少限制性的替代措施被证明为无效的情况下，这些司法管辖区授权法官对身份犯予以监禁，以作为一种最后诉诸的手段。例见“为了D. L. D. 之利益案”（对藐视生效令的少年予以监禁，其旨在维护法院迫使身份犯遵守法庭矫治令的固有权力）；[②]“州政府支持公诉之L. E. A. 诉哈默格伦案”（法庭记录必须表明：少年明白不遵守法庭判令可能导致监禁的后果）；[③]“J. E. S. 案”（法官为了贯彻其法庭判令，有权对藐视法庭令的身份犯予以监禁，而立法机关对此予以禁止则有违于权力分立原

① 42 U. S. C. A. §5603（16）.

② In the Interest of D. L. D. , 110 Wis. 2d 168, 327 N. W. 2d 682（1983）.

③ State ex rel. L. E. A. v. Hammergren, 294 N. W. 2d 705（Minn. 1980）.

则）；[1]“麦克·G. 诉高等法院案”（未成年人已获告知，违反行为非常恶劣，不存在任何具有较少限制自由性的有效替代措施，且身份犯被隔离于越轨犯，从而准许对藐视法庭的身份犯予以监禁）。[2] 少数州不同意以藐视法庭为由将身份犯判入监禁机构。例见“W. M. 诉印第安纳州案”和“有关塔斯因·H. 之利益案”。[3]

在“哈里斯诉卡伦戴恩案”[4] 中，法院注解道：“身份犯立法对女性具有歧视”。对少年法院中的性别偏见问题的研究报告表明：法官以藐视法庭为由将身份犯升格为越轨犯，并将他们交付监禁机构的做法，成为少年法院性别不平等问题的持续缘由。参见唐纳·M. 毕晓普、查尔斯·E. 弗雷泽尔：《少年司法案件处理中的性别偏见：少年司法与少年越轨预防法的内涵》。[5] 当联邦与州法律持续加强对非犯罪的身份犯的机构监禁的限制时，少年法院和家庭也在寻求针对问题少年的替代性处置措施。在 20 世纪 70 年代至 80 年代期间，精神健康机构、青少年精神病诊所以及药物依赖矫治机构为此提供了私立的监禁场所，以控制某些先前被少年法院作为身份犯处置的少年。身份犯的非监禁化（DSO）减少了其进入公立监禁机构的机会，与此同时，父母却利用私立机构来监管与其家庭发生冲突的非犯罪的问题少年。

关于父母自愿将其子女送入精神健康矫治收容部门，其法律规则不同于高尔特案件赋予越轨少年的程序安全保障。在“帕勒姆

---

① In re J. E. S., 817 P. 2d 508 (Colo. 1991).

② Michael G. v. Superior Court, 44 Cal. 3d 283, 747 P. 2d 1152, 243 Cal. Rptr. 224 (1988).

③ W. M. v. State of Indiana, 437 N. E. 2d 1028 (Ind. App. 1982); Interest of Tasseing H., 281 Pa. Super. 400, 422 A. 2d 530 (1980).

④ Harris v. Calendine, 160 W. Va. 172, 233 S. E. 2d 318 (1977).

⑤ Donna M. Bishop and Charles E. Frazier, *Gender Bias in Juvenile Justice Processing: Implications of the JJDP Act*, 82 J. Crim. L. & Crim. 1162 (1992).

诉 J. R. 案”[1] 中，法院考虑了少年在民事收容诉讼程序中的宪法权利。该案采用了“马休斯诉埃尔德里奇”案中的平衡测试法来权衡受到相关行为影响的个人利益、相关诉讼程序所需要承担的错误风险以及额外程序安全保障所可能带来的价值与负担。尽管帕勒姆案件的判决认识到：少年享有避免监禁的自由权益，但该法院却主张：这里的个人利益既包括少年的自由权益，还同时包括了父母对其子女福利和健康的关注。该案认为：父母乃是为了其子女的最佳利益而行事的，且其享有代表其子女做决定的实质权力，即便其子女不同意。尽管州政府对避免错误的和不必要的民事收容具有某种重大的利益，但其也有利于向病人配给治疗资源，而不是对相关的评估及审理予以预判。为了平衡这些利益，该法院要求一名中立的事实调查者对该少年进行评估，以评测该少年的情况是否符合收容的标准。根据帕勒姆案件，一位对某少年的心理状况和治疗需要进行独立评估的医务人员即可成为一名中立的事实调查者。由于民事收容涉及医学问题，它只要求胜任的工作人员作出相应的评估。帕勒姆案件的法院担心：正式的听证会可能会加剧业已紧张的父母与子女的关系。帕勒姆案件判决的不同意见认为：收容前的对抗式的听证程序可能吓住某些父母为其子女寻求医学关注的试图，延误治疗的实施，并加剧家庭的冲突。然而，该案的判决意见辩驳道：如果在收容之后举行一个正式的听证会，这势必将少年的自由权益问题置于收容机构人员和医生的对立面，此时，收容机构人员和医生而非父母将成为被告方。

帕勒姆案件的判决回避了收容之前的听证会，也回避了收容之后的审查，而这便带来了错误收容的重大危险。而医生很难对少年及其监禁治疗的需要作出精确的诊断。尽管帕勒姆案件的判决依靠医生作为中立的事实调查者为少年的收容问题作出评估，但医院和医生却对填补尚待利用的床位有着经济上的动机。保险责任范围及

---

① Parham v. J. R. , 442 U. S. 584 (1979).

其返还政策的变化鼓励住院治疗，而不鼓励非住院治疗，尽管后者可能更适合于大多数的少年。帕勒姆案件确立的最低程序安全保障、医生的经济利益以及第三方付款人的可获得性，这几方面汇聚在一起，为少年司法体系提供着一种既经济又富有效率的选项——将麻烦的和引起麻烦的少年关起来。参见洛伊丝·韦茨恩：《问题少年的精神医治：一项关于飙升入住率的分析》。①

① Lois Weithorn, *Mental Hospitalization of Troublesome Youth: An Analysis of Skyrocketing Admissions Rates*, 40 Stan. L. Rev. 773 (1988).